王崧舟 林志芳——著

诗意语文

课堂实录与品悟

大夏书系·语文之道

Shiyi Yuwen
Ketang Shilu yu Pinwu

诗意语文课堂教学年谱
（2011—2020）

华东师范大学出版社
ECNUP
全国百佳图书出版单位
上海·

"诗意语文"年表

王崧舟十年经典课堂列表

（2011—2020）

时 间	课 品	意 义
2011 年	《望月》	文化之月的哲思与追寻
2012 年	《去年的树》	阅读与写作的目标融合
2013 年	《孔子游春》	文化三课之"儒"
2014 年	《桃花心木》	文化三课之"释"
2015 年	《天籁》	文化三课之"道"
2016 年	《爸爸的花儿落了》	教学设计的存在论体证
2017 年	《湖心亭看雪》	文言四课之"雪"
2018 年	《记承天寺夜游》	文言四课之"月"
2019 年	《爱莲说》	文言四课之"花"
2020 年	《秋声赋》	文言四课之"风"

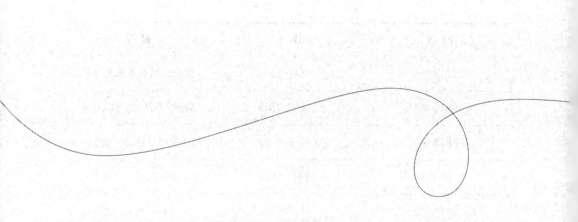

目　录

第 三 编

"儒"：千古一课堂
——《孔子游春》课堂实录与品悟

第 四 编

"释"：于不确定中把握实相
——《桃花心木》课堂实录与品悟

第 五 编

"道"：与天地精神往来
——《天籁》课堂实录与品悟

第 六 编

那些生命里的离别与成长

——《爸爸的花儿落了》课堂实录与品悟

第 七 编

"雪"之情

——《湖心亭看雪》课堂实录与品悟

第 八 编

"月"之境

——《记承天寺夜游》课堂实录与品悟

第 九 编

"花"之品
——《爱莲说》课堂实录与品悟

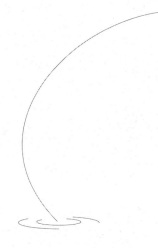

第 十 编

"风"之声
——《秋声赋》课堂实录与品悟

序一

谱写言语生命的诗意

    《诗意语文课谱：王崧舟十年经典课堂实录与品悟》出版于 2011 年。该书收录了我 2001 年至 2010 年十年间诗意语文的代表课例，每年一课，依时间顺序而编，它们是：《荷花》《圆明园的毁灭》《只有一个地球》《一夜的工作》《长相思》《两小儿辩日》《慈母情深》《枫桥夜泊》《普罗米修斯》《与象共舞》。每一课，均按照"课品综述""课文呈现""课堂品评""课程反思"的体例加以编写。课品综述，从小学语文课程变革的历史背景切入，以一个相对宏观的视角对该课的变革缘起、课程理念、教学特色以及课品传播的价值与影响力加以说明和阐述；课堂品评，则采用流水点评的方式，对该课的教学实录进行详细解读与鉴赏，或阐明教学意图，或指示教学路径，或体察教学艺术，或评估教学效果。以上两个板块均由志芳撰写。课程反思，则是该课教学之后，相隔一段时日，甚至相隔多年，由我对自己的课堂教学做出的反观与省思。

    之所以称之为"课谱"，主要着眼于三个方面的考量。第一，取"谱"之"大致的标准"义，即所谓的"靠谱"。既然收录的都是诗意语文的课堂教学实录，且又是具有一定代表性的实录，自然需要拟立一些收录标准。凡收录的课例，均符合我们心目中对诗意语文的基本要求，如教学目标的生命性、教学内容的统整性、教学结构的创新性、教学过程的艺术性、教学氛围的审美性、教学效果的陶冶性等。第二，取"谱"之"按照系统加以编辑"义，即所谓的"年谱"。课谱所选取的十个课例，既是相对独立的，具有各自独特的课程地位与研究价值，又是相互联系的，其内在的诗意语文追求是高度一致的。它们连缀成一个诗意语文的发展轨迹，反映出我在追求诗意语文的过程中，思想的嬗变、精神的演进以及文化的承续，像一条大河，绵延不断地流向诗意语文之海。第三，取"谱"之"用来指导练习的格式"义，即所谓的"画谱"。诗意语文作为新一轮课程改革中涌现出来的语文教学流派，其传播路径也是多维度、多渠道的，其中最重要的形式就是课堂教学观摩，以课立派、观课悟派、借课促派、用课传派，那么，课谱的所有课例，自然成了传播诗意语文的某种格式，愿意学习诗意语文的教师，自然可以模仿这些课例，来提升自身的语文教学水平、促进专业素养的高阶发展。当然，格式不能"化"，一旦课例被格式化了，那就意味着诗意语文的固化、僵化。而这，恰恰与诗意语文的精髓背道而驰。

弹指一挥间，十年过去了。新十年间，诗意语文不忘初心，始终行进在求索的道路上。它依然是一条滚滚东逝的河流，越过山丘，穿过峡谷，流经平野，拥抱大海。新十年间，诗意语文不断探索教学内容的加工机制，不断突破教学类型的审美边界，不断创造教学过程的崭新生态，我一直在求变、求新、求活。以《爸爸的花儿落了》为代表，我自觉将语文知识（语文要素）的学习纳入诗意语文的课程视野，探索一个亲历知识产生过程、亲证知识产出效能的习得模式，通过体验式、融合式学习，擦亮语文知识的生命之光；以《去年的树》为代表，我抓住语用学习这条主线，融内容感悟、情感陶冶、学法渗透于一体，彰显了诗意语文对课程本体的深度思考。

尤为重要的是，新十年间，在诗意语文的总谱系视域下，我们探索了不同子谱系的诗意语文教学。第一个子谱系，即"文化三课"。该子谱系致力于探索传统文化与诗意语文的深度融合。我通过《孔子游春》的教学，探索儒家文化与诗意语文的融合；通过《桃花心木》，探索佛家文化与诗意语文的融合；通过《天籁》，探索道家文化与诗意语文的融合。这个子谱系的探索，一方面，丰厚了诗意语文的文化底蕴，拓宽了诗意语文的文化疆域，提升了诗意语文的文化品位；另一方面，也验证了传统文化和语文课程深度融合的可能性，构筑了文化课程化的有效路径。

第二个子谱系，即"文言四课"。该子谱系致力于探索诗意语文视域下小学文言文教学的价值取向与实践智慧。我以颇具传统诗意色彩的"风花雪月"为主题，从文言文经典作品中选择《秋声赋》（风）、《爱莲说》（花）、《湖心亭看雪》（雪）、《记承天寺夜游》（月）这四个文本，根据每个文本的体裁特点、写作主题、行文风格等，努力探索小学文言文的诗意化教学。实践证明，文言文的诗意化教学不仅是可能的，而且是可行的；不仅不会受制于文言文学习的困难与障碍，恰恰相反，完全可以迸发出更具民族精神、更显母语本色的诗意火花。

当然，在求变、求新、求活的过程中，也总有一些更本质的东西是如如不动的。变与不变的对立统一，也是诗意语文之所以还是诗意语文的哲学自觉，这是一种价值坚守，更是一种信仰敬畏。

蒋勋说，过得像个人，才能看到美。柳宗元说，美不自美，因人而彰。言语从来不外在于生命，生命的诗意彰显着言语的诗意，离开了生命的诗意，言语的诗意空无一物。

潘新和先生说，语文课程是一门学习以言语表现服务人生，彰显人、人类存在价值，培养写作者、立言者的课程。

是的，言语和人，文字和人，从来就是一体的。

语文教育的根本问题，在功利主义。功利是必需的，功利主义则是可怕的。作为语文教育的主流价值观，甚至是唯一价值观，功利主义将学语文、教语文的人当作工具，借由人这个工具，无限度、无操守地追逐语文教育的功利——更高的分数、更高的升学率、更高的知名度和美誉度、更高的品牌效应。

功利本身无可厚非，字词句段篇，必须积累；听说读写书，必须习得；语修逻文章，必须掌握。但是，功利主义只要"字词句段篇"、只要"听说读写书"、只要"语修逻文章"，人成了"语文"的受体和工具。这是典型的缘木求鱼、本末倒置。语文教育的所有问题，根子都在这里。

相反，存在主义将"人"视为目的，且是唯一的也是最终的目的。学语文、教语文的人，不是"语文"的受体，乃是"语文"的主体；不是"语文"的工具，乃是"语文"的目的。字词句段篇，才是工具；听说读写书，才是工具；语修逻文章，才是工具。人为了要活得更好，才需要语文这一工具；掌握了语文这一工具，人应该活得更好。这更好，不仅体现在应世上，更体现在应性上。

语文教育的功利主义，是整个基础教育功利主义的折射；基础教育的功利主义，是整个社会功利主义的折射。社会有病，教育必然有病，语文自然也在劫难逃。

但这并不意味着语文教育只能束手就擒、坐以待毙。指望社会先好起来、教育先好起来，语文才能好起来的观望主义、逃避哲学，只能陷语文于万劫不复的深渊，成为误尽天下苍生的笑柄。

子曰："仁远乎哉？我欲仁，斯仁至矣。"经过 20 年孜孜不倦的探索，诗意语文能否破解当前语文教育的困境，我依然不敢说，说了也不算数。但是，我敢说，诗意语文反对功利主义，旗帜鲜明，从未动摇，过去如是，现在如是，未来依然如是。

新十年的探索，再次确证，诗意语文不是某种固化的教学模式。我宁愿相信，诗意语文是教师个体的一种生命境界。教语文，首在境界。事实上，并不存在一种纯客观的、放之四海而皆准的语文教学模式。语文一定只能是语文老师的语文，直言之，我们只能教自己所理解的语文。撇开任何一位具体的有名有姓有人格的语文老师谈什么客观语文、科学语文、本色语文，没有意义！

因此，语文的境界，本质上是由教语文的人的境界决定的。教师境界高，语文境界就高。反之亦然。因此，我们不能就语文论语文，更不能囿于语文的圈子去发现所谓语文的规律。我们只能在"人和语文"的关系中谈论语文、发现语文的规律，舍此，别无他途。

语文的出发点是人，语文的归宿是人，语文的过程显现一样离不开人。这样理解语文，就是王国维所讲的"不隔"的境界，就是禅宗所讲的"打成一片"的境界，就是儒家所讲的"道也者，不可须臾离也"的境界，就是叔本华所讲的"世界万物之意志，皆吾之意志也"的境界。

而这，正是诗意语文永恒不变的精神底色。

有境界，语文自有高格、自有名师。有境界的语文教师愈多，战胜功利主义的可能性就愈大。

王崧舟

2021 年大暑于泊静斋

序二

三月和你，都是诗

　　书稿整理好，正是三月。这是济南最美的时光，泉水淙淙，杨柳依依，杏花微雨。这样清朗的光景如十几年前在济南师范学校附属小学第一次遇见王崧舟老师时是一样的，如十年前《诗意语文课谱：王崧舟十年经典课堂实录与品悟》完稿时也是一样的。

　　这两本书呈现了王崧舟老师2001—2020年的经典课例，课堂记录了王老师个人语文教学艺术的发展之路，也从一定角度呈现出课改20年小学语文教研的跋涉之旅。从课改初期"人文精神"的强势回归到之后"语文意识"的调适纠偏，再到"阅读"与"写作"的本位争辩，传统文化与语文教育的深度融合，以及2011年版课标发布后大家聚焦的"语用"问题、统编教材使用后关于"语文要素"的讨论等，这些在王老师的课例中都有所体现——事实上，王老师是自觉地用自己的课例去探讨与体证当时大家最关心的语文教育话题。因此，这两本书的意义不仅是一位特级教师个人的风采展示，也是当代小学语文教学改革20年历程的见证与呈示。

　　2019年7月26日，由王崧舟老师主讲的《百家讲坛·爱上语文》在中央电视台科教频道正式开播，这是一个在语文教育史上和央视传播史上都具有开创性意义的事件，是语文教育从学校小课堂走向社会大课堂的一次重要探索。随着节目的播出，王崧舟语文教育思想再次引起研究者关注。王老师心中理想的语文教学是基于人的灵魂的教育，他认为语文的要义不在于教给学生某种语文知识和技能，而应该指向人的生命本体，指向学生的言语表现、言语创造，并由此发展、成就学生的言语人生、诗意人生。他的课"止于至善""向美而生"，在教学设计的哲学、美学等方面具有鲜明的辨识度，我曾经尝试从以下几个方面分析研习王老师课堂教学设计的特点。

一、"把自己全然地交给语文"——基于存在论的教学设计哲学

任何精心设计的课例都是执教者生命哲学的呈现，无论设计者是否意识到，课堂都是执教者生命的倒影。与大多数教师对课堂生命存在模糊或无意识的状态不同，王老师早早地将课堂教学作为生命安顿的场域，这使他的教学设计具有存在论的哲学气息。他在《课的境界》中提出了课的三种境界："在的境界""如的境界""即的境界"，分别对应"人在课中""人如其课""人即是课"，追寻课堂教学中教师的存在论意义。在设计之中，除了呈现彼时对语文教育的思考，王老师将自己全然地交给语文，不仅将自己生命的体验、感受、情怀投入到课例的教学中，甚至会为了安放某种情绪或意义专门设计一节课。比如，2006 年的《二泉映月》，是他在父亲去世 20 周年之际为缅怀父亲、祖父而创作的课例。王崧舟老师祖籍浙江上虞，系王羲之五十四代孙。其祖父自幼因天花致盲，以算命为生，善拉二胡。父亲则多才多艺，吹拉弹唱样样在行，幼时的王崧舟曾听父亲拉过《二泉映月》。2006 年，他在无锡执教《二泉映月》，并特意去惠山看了二泉。他说："我在阿炳墓前逡巡良久……我有一种冲动，我想坐在阿炳墓前，一如坐在爷爷的墓前、父亲的墓前。"2016 年，父亲去世 30 周年之际，他又创作设计了《爸爸的花儿落了》一课，同样是祭奠父亲的一炷心香。他在课文中严厉的父亲身上，寻找着自己父亲的影子。这不是常态的课堂教学，不是有一篇课文在等着你去教授，而是有种情感在心里，希望通过一节课来安放，来寄托。这样的教学设计是生命情绪的一种消解与救赎。课成为生命存在、确证甚至救赎的方式。

二、"向美而生"——追求艺术与审美的教学设计理念

王老师倡导诗意语文，他的教学设计具有鲜明的审美化、艺术化追求。他认为"课"是教师最具职业特征、最宝贵的劳动成果，这一劳动是创造性的，有着高度的个人风格和人格特质，因此，"课"不应该是标准化的产品，而是性格鲜明的"艺术作品"，在这个意义上，他将精心设计的课例称为"课品"。他深受中国传统哲学、美学影响，在教学设计上提出了一系列具有中国美学意味的概念，如课象、课境、课感等，并在自己的课堂教学实践中不断阐释着这些概念：

课象是什么？我觉得课象是教学具象和教学抽象的统一体，是教学经验和教学思想的统一体，是教学细节和教学范式的统一体。

课象是现实的、现世的，而课的境界则是对这种现实、现世的超越，是想象的、彼岸的。"时有落花至，远随流水香。"只有在境界的水中游弋，方有语文的澄明与洒脱。

什么是课感呢？就是你对教学现场的一种直觉，一种当下的把握，一种敏锐而别出心裁的驾驭。课的协调感、课的层次感、课的风趣感、课的风格感。

王老师课堂教学设计的"美"不是简单的美的事物的呈现，比如精湛的书法、精美的多媒体课件、摄人心魄的音乐、教师极富感染力的教学语言等（当然，王老师深厚的艺术修养，使他的课堂上确实存在这些美的事物），而是由教学设计形成的符合美的规律的节奏与情境。他深受中国传统设计美学影响，教学设计精致巧妙，讲究整体布局，讲究开篇，讲究推进，讲究渲染与造境，讲究前后的照应。从美学风格看，恰若江南园林，一步一景，雕梁画栋。可以说，王老师教学设计的尺度是诗性的，教学目标的达成必是"网状"的，他将语文教学的知识、技能、习惯、思想、情感、态度等目标编入一张有机的、整体的网，实现过程则尽可能是诗意的、愉悦的。这种"网状目标"，其实质是将多个目标整合设计在同一个环节中，形成网状的目标群。

王老师的语文课堂教学艺术还鲜明地体现在节奏的建构上。他讲究起和伏的错落，讲究动与静的相生，讲究疏与密的结合。于是，他的课呈现出诗歌一般的韵致、音乐一样的旋律。

三、"经营课堂文章"——修辞化的教学结构设计

修辞化的教学结构是王崧舟教学设计思想的标志性贡献。所谓修辞化的教学结构是指在构思设计教学过程时，将文章构思、文学创作时经常运用诸如呼应、并列、反复、层递、突降、留白等修辞手法转化运用至教学结构中，通过教学段落间的巧妙联系，使课堂教学呈现强烈的艺术效果，带给学生具有高度审美化的学习体验。特别需要区分的是，这种修辞手法的转用不是在教学语言上，而是在课堂教学结构上。王老师曾言"我确实是将自己的每一节课都当作一个艺术品来经营"，这种追求使他的课就像一篇大文章。例如《爸爸的花儿落了》一课中，课堂的主体板块聚焦回忆，通过三个事件梳理出全文的虚线。三个教学片段，每个片段自成世界，皆有圆满的结构。从整体看，三个片段的设计又大致相似，片段与片段之间，形成排比式的修辞韵味。再如《记承天寺夜游》一课中，开课出示了苏轼描写月亮的三句诗词，在课中比较品读环节之后，开课时的三句词再次出现，这样的设计像是文章中的前后呼应。对学生学习感受而言，理解了"月如苏轼的知己，月曾陪伴他走过杭州、黄州、惠州"，再见到三句词，自然也亲切如故。

四、"致力于形成一种场"——深度沉浸式的课堂情境创设

王老师倡导的诗意语文在教学设计上存在着"某种本质的同构"，即"致力于形成一种场"，"一种交织和融合了师生的思想、情感、智慧、精神、心灵的场"。王老师认为："课堂气场是一种无形的存在，但却无处不在、无时不在。有气场的课，有教学魅力，有精神吸引力，有浓浓的氛围和情调，它是一堂课的精神风貌和气质的集中诠释和高度表达，它对学生语文素养的

影响是一种'随风潜入夜、润物细无声'般的濡染。不知不觉地投入、悄无声息地习得、自然而然地感染、深入骨髓地浸润，这一切，正是课堂气场对学生生命气场的诗意教化。"

如在《爱莲说》一课的品读中我所提到的那样，王老师在教学设计中所追求的这种"场"，可以用场论心理学阐释。场论心理学借用了物理学中"场"的概念来解释心理活动，它把环境或个人看作是一个整体的存在，任何心理与行为都在这个整体的制约下发展、变化。"心理场"的形成是王崧舟教学设计中致力形成的目标。他的教学心理场的形成主要表征为一种沉浸式的课堂情境创设。他常常通过课堂叙事，辅助音乐、美术以及教学修辞等手段，营造出一个浓浓的审美场域，感性直观的"象"的叠加成为"境"，以境驭课，课在境中，从而建构一个"心理场"。在这样的课上，学生会以全身心投入的方式被卷入到认知与体验之中，这是单纯地通过符号解码进行的理解学习所不可比拟的。此时，课文不是外在于师生的学习对象，而是师生共同经历的一段精神之旅。这个过程当然有认知发生，但它更是艺术的、审美的。

五、"在由言及意的过程中看到象"
——心理成像式的教学样式设计

阅读教学需要引导学生通过语言文字理解作者想要表达的意义，有一个由"言"到"意"的过程。王老师认为，在引导学生由"言"到"意"的过程中，"象"是重要的中间环节。"象"是中国传统文论中的一个概念，是指文学作品中具体可感的形象、物象、意象。艺术创作之逻辑起点在于"观物取象"，艺术创作心理机制在于"立象见意"，而艺术审美鉴赏的妙处在于"象外之象"等。王崧舟将这一概念引用到语文教学设计中来，"象"是学生经过语言文字到达意义理解的中介，教师通过问题设计或情境创设引导学生想象，由语言符号唤醒符号背后的画面，使之与学生原有的生活体验相连接，在心理上呈现图像。

"闭目成像"是王老师常用的教学设计样式。它是教师通过语言、音乐等创设情境之后，让学生"闭上眼睛看"，然后交流"你看到了什么"。例如，在《秋声赋》一课中，王老师让学生听录音中的"秋声"，并提示："当这样的声音传进你的耳朵，你的脑海中仿佛出现了怎样的画面？带给你怎样的感受？""举象"也是王老师基础的教学设计样式，教学设计中的"举象"就是在词语学习中，不直接解释词语，而是让学生举出语词与相关的生活中的形象。例如，在《慈母情深》一课中，"龟裂"一词的教学设计，王老师没有对其进行字典式的词语注释，而是提问："有谁见过龟裂的手，说说看，那是怎样的手？"学生所列举的就是"龟裂"一词的无数个画面，无数个"象"，通过这样的方式完成对词语意义的理解，并将词语放置于运用中。

我有幸跟随王老师学习多年，深感其教学蕴含着丰富的实践智慧，又具有高度的理论价值。历史地看，在新课程改革的背景下，王老师以其深厚的文化底蕴、独特的教学风格成为时代的领军人物，其教学设计的审美追求具有课程自觉、文化自觉。当然，事物皆一体两面，王老师课堂教学设计细致精巧，同时也意味着学生学习腾挪的空间不大，尽管王老师真正尊重每一个孩子，希望给他们足够的自由，也会照顾孩子们游戏的精神，但他强大的造境能力以及心理场的存在，使孩子们置身其中，深深沉浸，其思考的触角难免受到一定的束缚。

又是十年。十年花月十年风。这个十年里，王老师离开了小学，到了大学的岗位，又从校园里的讲台登上了百家讲坛的社会大讲台。十年里，我在师友的扶持下学习成长，完成了博士学业。十年里，王老师的每一课都是我研究学习的重点内容，本书中这些品读的文字都是当时写就的，也几乎全部发表过。现在回看，这些文字难免带着自己彼时认识的褊狭与稚嫩，但我没有做修改或者重写，就是想把自己跟"课谱"共同成长的过程同样真实地呈现给大家。唯一需要说明的是，在这本书对王老师课例的品读写作中，我希望自己的文字不仅仅是解读，阐释；还希望能做一些补充——用自己的文字把王老师在课下交流中所提到的他设计教学时遗憾未能呈现的内容补充出来，与王老师的课堂实录一起，共同形成一个作品，带给读者更完整的意义体验。这样的书写不是试图割裂旁观，而是追求视域融合。

您可能感受得到，跟《诗意语文课谱：王崧舟十年经典课堂实录与品悟》时的沉迷忘我相比，本书中的品读逐渐趋向思考的沉静，这定然是博士阶段学术训练所致。这样的转变固然能使自己的文字相对客观，但未必全是好事。毕竟，我失去了审美自失的状态，便意味着有了自己的"前见"或"偏见"，以此出发去观察王老师的课，未必没有遮蔽。无论如何，这些都真诚地奉于读者诸君面前，所得所失，由您评判。

窗外，杨柳风起。这三月的天气，和我们所爱的语文都是诗。

林志芳

第一编

语文如水心如月

——《望月》课堂实录与品悟

文化追寻与理性探究的纠结与融合

　　《望月》一课，是王崧舟老师在《枫桥夜泊》之后对祖国历史文化和古典诗学传统又一次深情地回望；《望月》一课，亦是王崧舟老师在《与象共舞》之后对阅读教学的旨归应该是"阅读本位"还是"写作本位"的进一步思考与探索。反复地品味这一课，我在清幽旷远的课境之外，感受到一种文化追寻与理性探究的纠结与融合。

　　王老师曾说"《望月》是融语文与文化于一体的课"。我认为这里的语文是应该加引号的，因为它是狭义的语文，是当下语境里被许多理论者等同于"语文知识"或"语言知识"的"语文"。但是，王老师的心里装着的是广义的语文，他清楚地知道作为母语教育的语文教育是一种文化传递的过程，因为语文是文化的载体，更是文化的存在、文化的构成。还记得三年前，王老师曾用《枫桥夜泊》的钟声消解了人们对文化的漠视，诉说着当代语文教学对文化欲理还乱、欲说还休的无限思绪，让语文可以仰望星空，带着乡愁的冲动，寻找精神的家园。现在，王老师又为我们语文教育的文化追寻奉上了一轮明月。

　　在我看来，王老师就是为了"文化之月"而创作《望月》一课的，文本也不过是个媒介。这自然是由于王老师对"月"这一意象的钟爱，更是由于"月"这一意象在中国文化中有不可替代的地位。最近读刘刚与李冬君合著的《文化的江山》，里面的一段话引人深思，特摘记如下：

两千多年来，历史已习惯用王朝为中国命名，久而久之，忘了中国本身，以为王朝就是中国，唯有在王朝崩溃时，才发现它只是过客。

王朝中国已破落，不过，还有文化中国可坚持。

我相信，在那个文化的中国里，必是夜夜月色。

在中国文化里，月是物质的，又是精神的；月是时间的，又是空间的；月升月落，月圆月缺，而望月怀远，望月而感，对月抒怀，听月悲秋等，往往成为不可缺少的文学审美意蕴。

无疑，在王崧舟老师的《望月》一课里，孩子们接触到的早已不是赵丽宏这篇"景事交融"的散文了，通过诵读文本、品味古诗、拓展阅读，他们感受到的正是中国的"文化之月"。课的情景也如月色一般，沉静，安详。语文之外，诗意之外，这堂课也带给了孩子们对自然、对生命隐隐的洞悉与了悟。

但是，《望月》与《枫桥夜泊》不同，在这节课里，王老师试图让"语文"在前面，而文化则退为背景。

其实，王老师带领孩子们面对《望月》这一文本的态度并不是单纯的审美与欣赏，我想，在王老师的心里，《望月》一文不是"定篇"，而是"例文"。

另外，这一课还承载着王老师对语文教育理性的探究与思辨。如前所述，《望月》一课，是王老师在《与象共舞》之后对阅读教学的旨归应该是"阅读本位"还是"写作本位"的进一步思考与探索。正如谈永康先生所言："在《与象共舞》'同课异构'的'惊世'之举后，崧舟老师之《望月》便缓缓而出，在'高耗低效'的夜空中'安详地吐洒着清辉'。"

《望月》共两课时，第一节，旨在阅读本位，渗透着"千江有水千江月"的读法；第二节，旨在写作本位，渗透着"望月只是月，望月不是月，望月还是月"的写法。与《与象共舞》相比，呈现在我们面前的阅读教学的两种旨归不再是分裂的，而是一体的、融合的。

想来，"阅读本位"强调"阅读是写作的基础"（叶圣陶），说的是阅读对写作的重要意义；"写作本位"强调"写作是阅读的目的"（潘新和），说的则是写作对阅读的作用。二者的指向是截然相反的，也恰恰表明了二者是互补的，它们之间的作用不是单向的，而是双向互动的。在《望月》一课里，它们无声地融合，让我们重新思考"读写结合"的深意。

就这样，《望月》一课，承载着文化的追寻，也承载着理性的探索。

无疑，这一课设计的背后有较为清楚的"任务驱动"。确实，要想"与教学内容分析式的教学说再见"，"任务驱动"是最有效的策略。但是，当试图通过一节课言说什么理念或实现某种功用的目标时，我们会不会丢了单纯的美的追求，就像带着理性的光辉赏月，那月总会减损些诗意？语文流向功利的"用"，会不会减损或失掉"无可为而为"的审美与欣赏？透过这一课，我隐隐感受到面对文本时执教者实用态度、科学态度与欣赏态度的矛盾与纠结，以及这种矛盾不可调和的焦灼。

当然，这种焦灼不是王老师的，不是《望月》一课的，而是当下语文的。

我知道，《望月》一课是王崧舟老师在语文教育的朝圣之路上的又一次跋涉、又一次超越。我也知道，对语文教育的追寻与思考亦如望月，我所能望见的也只能是自己心中的那一轮语文之月。

愿我心如水，语文如月。

《望月》

　　夜深人静，我悄悄地走到江轮甲板上坐下来。

　　月亮出来了，安详地吐洒着它的清辉。月光洒落在长江里，江面被照亮了，流动的江水中，有千点万点晶莹闪烁的光斑在跳动。江两岸，芦荡、树林和山峰的黑色剪影，在江天交界处隐隐约约地伸展着，起伏着。月光为它们镀上了一层银色的花边……

　　偶然回头时，发现身边多了一个人，原来是跟随我出来旅行的小外甥。

　　"是月亮把我叫醒了。"小外甥调皮地朝我眨了眨眼睛，又仰起头凝望着天上的月亮出神了。小外甥聪明好学，爱幻想，和他交谈是一件很愉快的事情。

　　"我们来背诗好吗？写月亮的，我一句你一句。"小外甥向我挑战了。写月亮的诗多如繁星，他眼睛一眨就是一句。

　　他背："少时不识月，呼作白玉盘。"

　　我回他："明月几时有，把酒问青天。"

　　"床前明月光，疑是地上霜。"

　　"野旷天低树，江清月近人。"

　　"月落乌啼霜满天，江枫渔火对愁眠。"

　　"峨眉山月半轮秋，影入平羌江水流。"

　　……

　　诗，和月光一起，沐浴着我们，使我们沉醉在清幽旷远的气氛中。

突然，小外甥又冒出一个问题来："你说，月亮像什么？"

他瞪大眼睛等我的回答，两个乌黑的瞳仁里，各有一个亮晶晶的小月亮闪闪发光。"你说呢？你觉得月亮像什么？"我笑着反问道。

"像眼睛，天的眼睛。"小外甥几乎不假思索地回答。

他的比喻使我惊讶。我好奇地问："你说说，这是什么样的眼睛？"

小外甥想了一会儿，说："这是明亮的眼睛。它很喜欢看我们的大地，所以每一次闭上了，又忍不住偷偷睁开，每个月都要圆圆地睁大一次……"他绘声绘色地说着，仿佛在讲一个现成的童话故事。

天边那些淡淡的云絮在不知不觉中聚集起来，一会儿，月光就被云层封锁了。"月亮困了，睁不开眼睛了。"小外甥打了个呵欠，摇摇晃晃地走回舱里去了。

甲板上又只留下我一个人。我久久凝视着月亮消失的地方，轻轻地展开了幻想的翅膀……①

① 注：本课选自苏教版义务教育课程标准实验教科书《小学语文》六年级下册第25课。作者赵丽宏。

给语文一轮明月

第一课时 读月：千江有水千江月

一、拨云见月——理清行文脉络

师：这节课，我们要学习当代著名作家赵丽宏的散文《望月》，请大家一起把题目读一遍。

生：（齐读）望月。

师：轻轻地读。

生：（轻声，齐读）望月。

师：柔柔地读。

生：（轻柔声，齐读）望月。

【"轻轻地读""柔柔地读"，课伊始，教师轻声的提醒使这朗读似月光般宁静、柔和。课境静谧，恰好望月。】

师：有人说，《望月》所望的月亮，不是一个，而是三个。一个在江中，一个在诗中，一个在心中。（课件呈现：江中月、诗中月、心中月）打开书，静静地寻找，江中月在哪里，诗中月在哪里，心中月又在哪里。然后，试着做一做课堂作业第一大题的第一小题。

（生默读课文，完成作业。）

师：好的，我们先来了解一下第一小题的完成情况，谁来说一下？

生：（朗读答案）先写江中月，再写诗中月，后写心中月。

师：（板书：江中月、诗中月、心中月）同意的请举手。

（生全部举手）

师：好的！不简单！只读一遍，就看清了《望月》这篇课文的写作思路。原来，《望月》一文，先写的是——

生：（齐读）江中月。

师：接着写的是——

生：（齐读）诗中月。

师：最后写的是——

生：（齐读）心中月。

师：读课文，先把思路理清楚，心中就有了方向和全貌，这叫提纲挈领地读。有了提纲挈领地读，我们才能够细致入微地读。

【提纲挈领地读。王老师以"《望月》所望的月亮，不是一个，而是三个"直接切入文本，引导学生迅速找出"江中月""诗中月""心中月"，帮助学生理清了作者行文的脉络。不蔓不枝，拨云见月。】

二、月光如水水如天——品读江中月

师：那么，课文的哪个部分在写江中月呢？谁来读一读？

（生朗读第 2 自然段）

师：没错，这一段的确写了江中月。大家看——

（课件呈现）

月亮出来了，安详地吐洒着它的清辉。月光洒落在长江里，江面被照亮了，流动的江水中，有千点万点晶莹闪烁的光斑在跳动。江两岸，芦荡、树林和山峰的黑色剪影，在江天交界处隐隐约约地伸展着，起伏着。月光为它们镀上了一层银色的花边……

师：请大家自由朗读这段江中月，注意，轻轻地读，柔柔地读，读出你对这段文字的感觉来。

（生自由读这段文字）

师：好的，谁来读一读？

（生朗读第 2 自然段）

师：月亮是安详的，你的朗读也像月亮一样安详，真好！假如你就在这个晚上，就在这个现场，置身在这样一片江天月色中，你最大的感受是什么？你能用一个词来形容自己的感受吗？

生：清幽旷远。

师：这是课文中现成就有的一个词，你这是活学活用啊！清幽旷远，多么独特的感受！

生：我会选"安详"。

师："安详"，真好！这是一种从容不迫的状态。

生：我用"静谧"这个词。

师："静谧"，是吗？好一个"静谧"，这是一种安静而美好的氛围。

生：隐隐约约。

师：为什么？

生：因为月光下的事物看得不是很清楚，隐隐约约的。

师：那是一种朦胧的感觉。孩子们，让我们一起带着各自不同的感受，清幽旷远的、安详的、静谧的、朦胧的，再来读一读这一片江天月色。（音乐响起）轻轻地，柔柔地，读——（生配乐齐读第 2 自然段）

【自由读、指名读之后调动学生的想象与体验，再读。】

师：多么安详的月亮，多么清幽的月光，多么静谧的月色呀！孩子们，既然这段文字写的是江中月，那它一定跟江有关，对吧？请大家找一找，在这段文字中，出现了哪些带"江"的词语，找到一个，圈出一个。

（生默读，圈出带"江"的词语。）

师：好，这段文字虽然不多，却出现了不少带"江"的词语，是吧？谁来依次读一读这些带"江"的词语？

（生依次读"长江""江面""江水""江两岸""江天"）

师：准确地说，应该是"江天"——

生："江天交界处"。

师：嗯！这就对了。出现了五个带"江"的词语。（课件呈现第2自然段，其中带"江"的词语用红框框了出来）孩子们，请看大屏幕，我读这些带"江"的词语，你们读其余的文字。

（师生合作朗读第2自然段，师随着学生的朗读，略带强调地、起伏有致地朗读这些带"江"的词语。）

师：现在我们调换一下，你们读这些带"江"的词语，我来读其余的文字，注意用心感受老师朗读时的声音、气息和节奏，好吗？

（师生再次合作朗读第2自然段，师读得舒缓、轻柔、起伏有致。）

师：大家看，此时的"月"，此时的"江"，能够分离吗？

生：（齐）不能！

师：此时的"江"，此时的"月"，能够分离吗？

生：（齐）不能！

师：因为此时此刻，月亮、月光和月色都已经融入到了——

生：（齐）长江里。

师：融入到了——

生：江面。

师：（齐）融入到了——

生：（齐）江水中。

师：融入到了——

生：（齐）江两岸。

师：也融入到了——

生：（齐）江天交界处。

师：这真是月光照水、水波映月啊！孩子们，在这样一个皓月当空的夜晚，我相信，月光照亮的一定不只是一条江，也许是十条，也许是百条，也许是千条和万条。看！一轮明月映照着千条万条江，只见月亮、月光和月色融入到了——（指着大屏幕中的"长江里"一词）

诗意语文课堂实录与品悟

生：（齐）长江里。

师：如果"长江"是指一条长长的江。月亮、月光和月色融入到了——

生：（齐）江面。

师：融入到了——

生：（齐）江水中。

师：融入到了——

生：（齐）江两岸。

师：也融入到了——

生：（齐）江天交界处。

师：这就叫——"千江有水千江月"。

师：（音乐响起，深情地朗读）月亮出来了——

生：（深情地齐读）安详地吐洒着它的清辉。

师：月光洒落在长江里——

生：江面被照亮了……

师：流动的江水中——

生：有千点万点晶莹闪烁的光斑在跳动。

师：江两岸——

生：芦荡、树林和山峰的黑色剪影……

师：在江天交界处隐隐约约地伸展着，起伏着——

生：月光为它们镀上了一层银色的花边……

师：安详的月亮，清幽的月光，静谧的月色。这就是赵丽宏笔下的——

生：江中月。

【自由读、指名读、体验读、师生合作读……七读江中月，读出了感觉、读出了情景、读出了一片清幽旷远的江天月色。王老师提示："在这样一个皓月当空的夜晚，我相信，月光照亮的一定不只是一条江，也许是十条，也许是百条，也许是千条和万条"，引导学生领悟到自然意义上的"千江有水千江月"。

　　在这段教学里，王老师借助入境的语言、精美的图片、恰切的音乐营造出月光如水水如天的意境，令听课者莫不沉浸其中。课件的背景极美，像沉沉的灰蓝色的天幕，又似夜色中墨绿的江水，而所有的文字都用白色显示，自然就是月的清辉了。】

三、今月曾经照古人——走进诗中月

师：那么，"诗中月"又在哪儿呢？谁来读一读你找到的段落？

（生朗读第6自然段到第11自然段）

师：一共六句诗。大家看，这就是诗中月——

（课件呈现）

小时不识月，呼作白玉盘。

明月几时有，把酒问青天。

床前明月光，疑是地上霜。

野旷天低树，江清月近人。

月落乌啼霜满天，江枫渔火对愁眠。

峨眉山月半轮秋，影入平羌江水流。

师：你如果仔细观察，就会发现每一句诗中都嵌着一个月亮。对吧？那么，诗人借着月亮在轻轻地、柔柔地诉说着一种怎样的心情呢？请你从每一句诗中圈出一个合适的动词，来体会诗人望月的心情。

（生默读诗句，圈出动词。）

师：好的，我们先看第一句。你圈的是哪个动词？

生："呼"。

师：呼喊的"呼"，直呼其名的"呼"。好的，把这个"呼"字圈出来。呼月，小时候因为不认识月亮，不知道月亮的名字，就把它叫作——

生：（齐）白玉盘。

师：看！月亮出来了，圆圆的、亮亮的，叫什么来着？

生：（纷纷答）白玉盘。

师：瞧瞧，居然把月亮的名字都叫错了，还直嚷嚷"白玉盘""白玉盘"。那是一种怎样的心情？

生：那是一种富有童趣的心情。

师：来，把这种富有童趣的感受读出来。

生：（读）"小时不识月，呼作白玉盘。"

师：真好，因为好奇而呼月。第二句，你圈的是哪个动词？

生：我圈的是"问"。

师：询问的"问"，明知故问的"问"。好，把"问"字圈出来。问月，你在问什么？

生：我在问"明月几时有"。

师：明月能回答吗？

生：不能。

师：明明知道月亮不能回答，为什么还要问？那是一种怎样的心情？

生：孤独。

生：充满矛盾。

生：烦恼。

师：也许，都有吧。来，把这种感受读出来。

生：（读）"明月几时有，把酒问青天。"

师：因为孤独而问月。第三句，你圈的又是哪个动词？

生："疑"。

师：怀疑的"疑"，半信半疑的"疑"，把"疑"字圈出来。这首诗，我们太熟悉了。（读）"床前明月光，疑是地上霜。"

生：（接）"举头望明月，低头思故乡。"

师：疑月是因为——

生：思念故乡。

师：请你读一读这句诗，读出那一份浓浓的思乡之情。

生：（读）"床前明月光，疑是地上霜。"

师：因为思乡而疑月。孩子们，读过这三句诗中月，我想，你们可能已经发现，诗人们虽然望的是同一个月亮，但是——

生：他们的心情是不一样的。

生：感受是不一样的。

生：对月亮的感觉是不一样的。

师：这真是一个耐人寻味的发现。我们看第四句，你圈的是哪个动词？

生："近"。

师：亲近的"近"，近水楼台先得月的"近"。一个"近"字，点出的是诗人心中的那一丝喜悦，那一点欣慰啊。再看第五句，你圈的是哪个动词？

生：我圈的是"愁"。

师："愁"在这里是一种心情。

生："眠"。

师："眠"是睡觉，那么，"眠月"就是月亮睡觉，不通啊！

生：我找的是"对"。

师：对！就是这个"对"。面对的"对"，无言以对的"对"。对月是因为睡不着觉，睡不着觉是因为愁绪满怀。所以才有"江枫渔火"——

生：（接）对愁眠。

师：因为忧愁而对月。我们再看最后一句诗中月，你圈的是哪个动词？

生：我圈的是"入"。

师：为什么？

生：因为月光走进了江水中。

师：进入江水的是月亮，不是诗人，你得找有关诗人的动词。

生："流"。

师：流？谁在流？

生：江水在流。

师：是啊，是江水在流，不是诗人在流。其实，这不能怪你们，在这两句诗中，根本就找不到有关诗人的动词。我们来看看诗的后两句——（课件呈现："夜发清溪向三峡，思君不见下渝州。"师朗读这两句诗）哪个字？

生：我找的是"思"。

师：把"思"字写下来。思，思念的"思"，思前想后的"思"。思月是因为不见月，峨眉山月就像朋友一样陪伴过我，现在不见了，怎能不让人思念啊！

师：孩子们，现在你看到了，诗人们望的是天上的同一轮明月，但是，他们对月亮的感受是不同的。大家看，有人因为好奇而——

生：（齐）"呼月"。

师：有人因为孤独而——

生：（齐）"问月"。

师：有人因为思乡而——

生：（齐）"疑月"。

师：有人因为欣喜而——

生：（齐）"近月"。

师：有人因为忧愁而——

生：（齐）"对月"。

师：有人因为怀念而——

生：（齐）"思月"。

师：孩子们，望的是同一个月亮，但每个诗人的感受和心情却大不一样，这是另一种意义上的"千江有水千江月"。让我们再一次走进诗中月，感受诗人们望月时的不同心情。我一句，大家一句。

（音乐响起，师生对读"诗中月"。）

【在这个板块的教学中，教师引导学生朗读赏析关于月的诗句。妙的是师生将探究体悟的中心指向诗人观月时的不同感受，也就指向了文学创作意义上的"千江有水千江月"。

今人不见古时月，今月曾经照古人。确实，没有什么意象能像"月"这样深受中国文人的青睐了。"月"的背后也承载着中国历代文人各种典型的文化心理。《文化的江山》里写到"王朝中国之外，还有一个文化中国"，我们相信在那个文化的中国里，夜夜明月。】

四、月亮像天的眼睛——概括心中月

师：课文不仅写了江中月，诗中月，还写了——

生：（齐）心中月。

师：心中月在哪儿？

生：心中月在第17—19自然段。

师：读给大家听。

（生朗读第17—19自然段）

师：你找到的是小外甥的心中月。大家看——

（课件呈现）

你说，月亮像什么？

像眼睛，天的眼睛。

这是明亮的眼睛。它很喜欢看我们的大地，所以每一次闭上了，又忍不住偷偷睁开，每个月都要圆圆地睁大一次……

月亮困了，睁不开眼睛了。

师：谁能将小外甥的心中月读成一句话？

生：你说月亮像什么？像眼睛，天的眼睛。

师：两句，变成一句话，行不行？

（生沉默）

师：这样，我先帮你开个头，听好了！月亮像——

生：眼睛，天的眼睛。

师：月亮像天的眼睛，是吗？多么奇特的想象，多么美妙的比喻，这就是小外甥的——

生：（齐）心中月。

【简简单单，读读说说。将"心中月"读成一句话，训练的是学生们提要概括的能力。】

五、千江有水千江月——理解多元解读

师：有人说，望月所望的三个月亮，有的是作者的想象所得，有的是作者的观察所得，有的则是作者的回忆所得。你能不能根据刚才的理解，试着做一做第一大题的第二小题？

（生完成作业）

师：好，我们来交流一下，谁先来？

生：江中月是观察。

师：江中月是观察所得。（边说边板书：观察）

生：诗中月是回忆所得。（师板书：回忆）

生：心中月是想象所得。（师板书：想象）

师：也有人说，望月所望的三个月亮，有的代表过去的月亮之美，有的代表现在的月亮之美，还有的代表未来的月亮之美。你能不能根据刚才的理解，试着做一做第一大题的第三小题？

（生完成作业）

师：好的，我们继续交流答案。

生：江中月是现在。

师：（纠正）代表现在的月亮之美。

生：江中月代表现在的月亮之美，诗中月代表过去的月亮之美，心中月代表未来的月亮之美。

（师随着学生的回答逐次板书：现在　过去　未来）

师：大家同意吗？同意的请举手。

（生纷纷举手）

师：还有人说，望月所望的三个月亮，有的有散文的味道，有的有童话的味道，有的有诗歌的味道。你能不能根据刚才的理解，试着来做一做第四小题？

（生完成作业）

师：好，谁愿意跟大家分享自己的思考？

生：我认为江中月是散文。

师：（纠正）有散文的味道，是吗？

生：诗中月有诗歌的味道，心中月有童话的味道。

（师随着学生的回答逐次板书：散文、诗歌、童话）

师：同意吗？

（生表示同意）

（此时形成如下板书）

望 月

江中月　观察　现在　散文

诗中月　回忆　过去　诗歌

心中月　想象　未来　童话

师：孩子们！看黑板，你们已经发现了《望月》这篇课文的一个重要特色。大家看，《望月》先写江中月，那是作者观察所得，代表着现在的月亮之美，有散文的味道；《望月》再写诗中月，那是作者的回忆所得，代表着过去的月亮之美，有诗歌的味道；《望月》最后写心中月，那是作者的想象所得，代表着未来的月亮之美，有童话的味道。

师：这样的思路好不好？

生：（齐）好。

师：这样的思路巧不巧？

生：（齐）巧。

师：这样的思路妙不妙？

生：（齐）妙。

师：连在一起就是三个字：好——巧——妙！（众笑）

【此处似用细细的针脚密缝。教师引导着学生体会了对文本的四种解读。若是研究过《望月》一课的，观课至此，可能会心一笑。因为王老师所呈现的四种读法都不是他独特的体会，在这里他只是汇总了四位名师对《望月》一课不同的解读罢了。

这样的"汇总"意欲何在？让我们拭目以待。】

师：于是，有人去问作家赵丽宏，说："哎呀，您太厉害了，您怎么就写得那样精巧，那样美妙，我想请问一下，您是怎么想的？"孩子们，你们想知道赵丽宏的回答吗？

生：（齐）想。

师：真的想？

生：（齐）真的想。

师：肯定想？

生：（齐）肯定想。

师：不能不想？

生：（齐）不能不想。（众笑）

师：好，静静地看。只见赵丽宏微微一笑，他说——

（课件呈现："这些我在写的时候根本没有想到过。"）

（全场静静默读，继而，众笑。）

【原来，前面所有的叙事、铺陈、渲染都是蓄势，为的就是此时的突转。前面用细细的针脚密缝，到了此处则如裂帛。

注意，赵丽宏的这句话，王老师是在"撩拨"了我们无尽期待之后，让大家默默地"看"，而不是"读"的。同时，课件上的文字一字一字地慢慢呈现，课堂马上"沉"了下来，静了下来，强烈的心理落差自然带来思想的张力。】

师：你们有困惑，是吗？什么困惑？

生：为什么他根本就没想到过，还能写出这么好的文章？

师：难道他在骗我们？

生：他没有想为什么写得那么好。

师：（认同似的）就是呀！

生：他当时没有想到，为什么我们现在总结出来这么多？（众笑）

师：你的意思是刚才30多分钟，咱们都白忙活了？（众笑）其实，赵丽宏的话还没有说完呢！（众笑）

（只见他又是微微一笑，说——课件呈现："不过，我觉得这样解读也不错！其实，每一篇文章，每一个人都可以有自己不同的解读。"）

师：（稍顿）赵丽宏的回答让你明白了什么？

生：每一篇文章都可以有自己的解读。

师：没错。

生：一篇文章可以有不同的解读。

师：是的。

生：我们刚才总结出来的东西还是有用的。（众笑）

师：咱们没有白忙活。（众笑）

【又是峰回路转，柳暗花明。跌宕而得张力，跌宕而成景致。】

师：是的，孩子们，你们看（指板书总结），有人读《望月》，读出的是"江中月，诗中月，心中月"。有人读《望月》，读出的是：一篇文章已经有了四种读法，我想，应该还会有第五种、第六种……第 N 种。这叫什么？（停顿）这就叫——（课件呈现：千江有水千江月）

生：（齐）千江有水千江月。

师：什么意思呢？大家看，天上只有一个月亮，是吧？但是，一个月亮倒映在无数条江中的时候，江中就有无数个月亮。这就叫——

生：（齐）千江有水千江月。

师：一篇文章就像天上的一个月亮，每个人对这篇文章的不同解读就像是倒映在江中的一个又一个的月亮。孩子们，这就叫——

生：（齐）千江有水千江月。（下课）

【接受美学强调读者的作用，认为每一个文本都是一个开放的、召唤的结构，所谓"一千个读者就有一千个哈姆雷特"，而在中国传统美学里有一种更诗性的解释，这就是"千江有水千江月"。

一句"千江有水千江月"，从自然现象到文学创作，再到文学解释，学生的理解与体悟由浅入深，不知不觉间竟已瓜熟蒂落。】

第二课时　写月：几度望月还是月

一、聚焦写景——望月只是月

师：这节课我们继续学习著名作家赵丽宏的散文——《望月》。请大家回忆一下，望月所望的三个月亮是——

生：江中月、诗中月、心中月。

师：没错，江中月、诗中月、心中月。那么，这三个月亮留给你印象最深的是哪个呢？

（多数学生答"心中月"）

师：看来，与你们年龄差不多的小外甥对月亮的想象的确让你们也惊讶了。但是，你们也一定清楚，离开了对月亮的观察，是不可能有心中月的想象的，是吧？现在，我们就来听写"江中月"。

（师以较慢的语速背诵江中月："月亮出来了，安详地吐洒着它的清辉……月光为它们镀上了一层银色的花边……"）

（生随着老师的背诵，听写其中的六个新词：吐洒、闪烁、光斑、芦荡、剪影、镀上。）

师：好，听写完毕。（课件呈现正确答案）自己校对一下，错误的地方、遗漏的地方，迅速改正。

（生对照答案，各自修改。）

师：好的，全对的请举手。

（生纷纷举手）

师：有错的没关系，改正就好，我们一样算全对。全对的请举手。

（生全部举手）

师：很好！该落实的就得字字落实，该过关的就得人人过关。学语文，基础的东西马虎不得。

【这"字字落实"的听写让学生在仰望星空的同时，又能脚踏大地。细细思量，还会发现这些听写的新词恰恰是体会这段月景描写的关键词。学

021

生听着老师入情入境的背诵，然后一笔一画地书写。这"听"与"写"的过程，何尝不是一种品味与揣摩！】

师：看大屏幕，我们再来读一读江中月这段文字。

（生齐读"江中月"）

师：从这段文字的内容看，它是写景还是写事呢？

生：写景。

师：没错，是写景。（板书：写景）请在江中月这段文字的旁边注上"写景"二字。（生动笔写注）

师：那么，作者是怎么写望月之景的呢？我们不妨一句一句地来读一读这段文字。"抬头仰望夜空，只见——"

生：（接）月亮出来了，安详地吐洒着它的清辉。

师：好，继续读。"低头凝望江面，只见——"

生：（接）月光洒落在长江里，江面被照亮了，流动的江水中，有千点万点晶莹闪烁的光斑在跳动。

师：谁听出来了，读第一句话前，我用了哪个词？

生：抬头仰望。

师：读第二句话前，我又用了哪个词？

生：低头凝望。

师：这是作者的观察顺序，也是他的写作顺序。这个顺序就是从上——

生：到下。

师：还没有写完，继续读。"放眼眺望远方，只见——"

生：（接）江两岸，芦荡、树林和山峰的黑色剪影，在江天交界处隐隐约约地伸展着，起伏着。月光为它们镀上了一层银色的花边……

师：谁听出来了，这次我用了哪个词？

生：放眼眺望。

师：放眼眺望，望的是近处还是远处？

生：是远处。

师：那么，第二句的低头凝望，望的是近处还是远处？

生：是近处。

师：这是作者的又一个观察顺序，也是他的又一个写作顺序。这个顺序就是从近——

生：到远。

师：好，我们连起来看江中月这段文字，它的写作顺序就是——

生：从上到下，从近到远。

师：没错，赵丽宏就是这样写的。往天上看，他是怎么写的？

生：写月亮出来了，安详地吐洒着它的清辉。

师：写景还是写事？

生：写景。

师：写望月之景，对吧？往江面看，他是怎么写的？

生：写月光洒落在长江里，江面被照亮了。

师：写景还是写事？

生：写景。

师：写望月之景，对吧？往远处看，他是怎么写的？

生：写月光为它们镀上了一层银色的花边。

师：写景还是写事？

生：写景。

师：大家看，江中月这段文字，写天上的月光，写江面的月光，写江两岸的月光，写江天交界处的月光，都是写景，对吧？除了写景，还是写景，对吧？这样写，就叫——望月只是月。（板书：写景——望月只是月）

师：我们再细细地读一读这段文字，体会望月只是月的写法。

（生齐读）

【无疑，第二课时的重心已由感悟理解文本的内容转入对表达方式的关注。好的内容必须有好的形式来呈现，甚至形式本身也是一项内容。正如《论语·雍也》所云："质胜文则野，文胜质则史，文质彬彬，然后君子。"

引导学生发现并体会作者写景的顺序，是对语段中文字形式的关注。"望月只是月"着力在细微处。】

二、拓展写景——如此月色如此夜

师：抬头仰望是月，低头凝望是月，抬眼眺望还是月。这是赵丽宏笔下的望月所见。其实，在我们的文学作品中，写望月所见的文字，精彩的、经典的，可以说比比皆是，多如繁星。我们来看这一段——

（课件呈现）

月光如流水一般，静静地泻在这一片叶子和花上。薄薄的青雾浮起在荷塘里。叶子和花仿佛在牛乳中洗过一样，又像笼着轻纱的梦。虽然是满月，天上却有一层淡淡的云，所以不能朗照。

师：（深情朗读这段文字）这是著名作家朱自清在《荷塘月色》中写月亮的文字，写得怎么样？

生：有身临其境的感觉。

师：你有很好的感觉，身临其境。

生：就好像自己看着那轮满月。

师：就像自己亲眼所见，这个评价很高呀！孩子们，你们觉得文中什么地方写得特别美？

生：（读）"叶子和花仿佛在牛乳中洗过一样，又像笼着轻纱的梦。"这里写得特别美，笼着轻纱的梦，像梦境一样美。

师：这叫朦胧的美。

生：（读）"月光如流水一般，静静地泻在这一片叶子和花上。"我觉得这个"泻"字写得特别美，月光就像流水一样泻下来。

师：这叫灵动的美。我们来读一读这段荷塘月色。（引读）月光如流水一般——

（生齐读这段文字）

师：这是朱自清笔下的月光。我们再来看一段——

（课件呈现）

我们看时，那竹窗帘儿里，果然有了月亮，款款地悄没声儿地溜进来，出现在窗前的穿衣镜上了：原来月亮是长了腿的，爬着那竹帘格儿，先是一个白道儿，再是半圆，渐渐地爬得高了，穿衣镜上的圆便满盈了。

师：（略带俏皮地朗读这段文字）这是著名作家贾平凹在《月迹》中写月亮的文字。写得怎么样？

生：他全文都是采用拟人手法写的，我觉得写得很好。

生：写得栩栩如生。

师：确实如此，把月亮写活了。孩子们，你们仔细读读这段文字，找一找，写月亮，写月光，其中有哪些语言是你从来没有见到过的。比如说——

生：款款地。

师：写月亮款款地溜进来，之前我也没见过这么写的。再比如说——

生：原来月亮是长了腿的。

师：月亮当然不可能长腿，这就是一种独特的写法——

生：拟人。

师：就是拟人的写法。文中其实还有一个字，写得也特拟人、特传神，是哪个？

生：溜。

师：悄没声儿地溜进来。多像一个顽皮的——

生：小孩。

师：像这些写月亮的词儿，以前你们见过吗？

生：（纷纷应答）没有。

师：今天长见识了吧？好的，我们再来看一段——

（课件呈现）

半圈明晃晃的月丝，发着白金一样的光辉，静静地，几乎不为人察觉地嵌在暗蓝色的天空！我敢说，我从来不曾想到宇宙间还有这样清新娴静的景致，还有这样细如丝线、亮若白金的玉华！蓝天，银辉；月圈儿弯弯，天幕儿垂垂——多美丽的意境，多飘逸的月景。

师：（舒缓而陶醉地朗读这段文字）这就是著名作家斯妤在《小窗日记》中写月亮的文字，写得怎么样？

生：这段文字不仅用了比喻的手法，而且还有夸张。

师：你真厉害！一眼就看出了作家的写作手法。

生：我认为写得非常有韵味。

师：有韵味，比如说——

生：比如说，"我从来不曾想到宇宙间还有这样清新娴静的景致，还有这样细如丝线、亮若白金的玉华！"

师：你觉得这样写特有韵味，是吗？好，他对文字有非常敏锐的感觉。孩子们，我们都说，好词好句要摘录，要记录，是吧？假如我要让你来摘录的话，你最想摘录其中的哪一句？

生：我从来不曾想到宇宙间还有这样清新娴静的景致，还有这样细如丝线、亮若白金的玉华！

生：半圈明晃晃的月丝，发着白金一样的光辉，静静地，几乎不为人察觉地嵌在暗蓝色的天空！

师：你摘录的这句话当中，你觉得哪个字眼特别传神？

生：嵌。

师：好！好眼力！

生：蓝天，银辉；月圈儿弯弯，天幕儿垂垂——多美丽的意境，多飘逸的月景。

师：为什么摘录这句呀？

生：因为这句很有诗意。

【课至此，宕开一笔，一组描写月景的文字向我们款款走来，课堂也由此沉浸在诗意的清辉里。无疑，拓展的三段文字都是写月景的极品，且都是现当代文学作品，与第一课时的古诗相映成趣。】

三、迁移写景——望见童年之月

师：孩子们，看来你们对文字都有非常好的感觉。大家看，赵丽宏写月亮，写得清幽旷远；朱自清写月亮，写得朦胧恬静；贾平凹写月亮，写得细腻传神；斯妤写月亮，写得清新娴静。现在，该轮到你们写月亮了。你们有过望月的时候吗？

生：有过。

师：回忆一下，那是在哪个夜晚，在什么时候，在什么地方，那是一种什么心情，你望到了怎样的月亮，怎样的月光，怎样的月色。拿起笔，写上几句话。（音乐起）我相信这些作家的文字也许会给你带来一些启发，一些灵感，甚至是一些似曾相识的画面和感觉。

（生在音乐声中写话，约五分钟。）

师：好的，孩子们，请停下你们手中的笔。不管你有没有写完，写多写少，都不重要，重要的是当你在提笔的那一刻，你的眼前仿佛真的浮现了那个夜晚，那轮明月，以及月光照耀下的各种美好的景物。谁来跟大家分享你笔下的月亮？

生：（朗读自己的写话）中秋节的晚上，圆盘般的月亮投下浓浓的月光，自己仿佛被月光拥住了，内心充满了静意。几丝淡淡的云絮仿佛也被月光拥住了。

师：短短几句话，用了两个"拥"，一次月光把自己拥住了，一次云絮被月亮拥住了。看来，你是一个经常被拥抱的孩子。（众笑）

生：（朗读自己的写话）圆圆的月亮挂在天空，身边飘着白白的云，让人感觉朦朦胧胧，富有诗意。月亮低头躲在云层后面，一会儿又突然跳了出来，像顽皮的小孩一样。

师：听得出，有贾平凹写月亮的味道。一个"跳"字，分明就是拟人的手法，很生动，很有童趣！

生：（朗读自己的写话）月亮隐隐约约地嵌在暗蓝色的夜空，淡淡的云絮绕着月亮跳起舞来，那时的月光是安详的，使我沉浸其中。

师：你看，活学活用啊！你们发现没有，在他的文字当中有两个字是从刚刚的大作家笔下学到的，其中一个是——

生：嵌。

师：还有一个是——

生：绕。

师：不是，是——

生：安详。

师：没错，安详。有个小建议，最后一句的"使"可以删去，变成"我沉浸在其中"就好了。孩子们，作家笔下的月亮和你们笔下的月亮，虽然时间不同，地点不同，看的时候的心情也不同，但有一样却是相同的，你们所写的都是望月时候的——

生：景。

师：没错，你们写月亮之景，写月光之景，写月色之景，（指着板书）你们的写法都是——

生：（齐）望月只是月。

【三段月景的描写既是欣赏的佳作，更是写作的范例。原来，从作家笔下之月到学生笔下之月，可以就只是三段文字的距离。

那么自然地，由读到写，读写结合。】

四、揣摩写事——几度望月还月

师：但是，如果写望月只是写景，开头写景，中间写景，末尾还是写景，写景一写到底，你不觉得这样写有点儿单调吗？大家看一看，赵丽宏写望月，除了写景，还写了什么？

（生默读课文，思考问题。）

师：你们发现了吗？除了写景，作家还写了什么？

生：还写了他和小外甥月下背月亮的诗句。

师：没错，还写了背诗。谁和谁背诗？

生：作者和小外甥背诗。

师：请问，写两人在月下背诗，这是写景，还是写事？

生：写事。（师板书：写事）

师：再看，除了写背诗这件事，还写了别的什么？

生：在第14自然段到19自然段，还写了小外甥对月亮独特、富有童趣的想象。

师：他讲的就是心中月的部分，是吗？在那个部分，写了舅舅和外甥在交谈什么？

生：月亮像什么。

师：那么，写两人在月下交谈，这是写景，还是写事？

生：写事。

师：你们看，在写景之后连着写了两件事：一是月下背诗，二是月下交谈。请在课文中找一个合适的地方注一注：写事。

（生在课文中写注）

师：所以，月下背诗、月下交谈写的都是事，不再写望月所见，跟望月的事已经没有关系了，这样写我们叫作——望月不是月。（板书：望月不是月）

（生纷纷主动写批注）

师：我们来读一读这两件事，来感受这样写有什么好处。咱们分一下角色，全体男生读舅舅的话，全体女生读小外甥的话，其余的部分老师来读。

（音乐响起，从"小外甥聪明好学，爱幻想，和他交谈是一件很愉快的事情"这一句开始朗读，男女分角色朗读舅舅和小外甥的对话，朗读到"他绘声绘色地说着，仿佛在讲一个现成的童话故事"为止。）

师：孩子们，赵丽宏的《望月》就是这样写的。他不仅写景，写望月只是月；还写事，写望月不是月。你觉得这样写有什么好处？

生：这样写的好处是不单调，让读者更爱看。

师：很好。他说不单调就是有变化，有变化就是有节奏，有节奏就有吸引力，有吸引力读者就愿意往下读。看来，你可以成为赵丽宏的知音。

生：只写望月，文章会单调，加上他与小外甥的谈话，会让文章更生动。

师：没错，肯定更生动。

生：赵丽宏这样写有读者意识。

师：（惊讶地）你多大了？

生：10岁。

师：10岁！听听，他说了一个什么概念？读者意识，那是只有大学生才有的概念！你说说什么是读者意识。

生：读者读了不会很单调。

师：赵丽宏在写望月时，考虑到了谁在读他的作品，要满足他们的需求，这叫读者意识。你看，既写景，又写事。既写望月只是月，又写望月不是月。好处多，有变化，有吸引力，生动，体现了读者意识，好处太多了。但是麻烦事也出来了，大家想，月下背诗，写事吧？月下交谈，写事吧？题目是什么？题目叫望月，底下没写望月，这不是跑题了吗？

生：我觉得没有跑题，因为他们交谈的是关于月亮的内容。

师：他们谈月亮像什么，显然跟望月有关。

生：我也觉得没有跑题，舅舅和小外甥背的诗都是写月亮的诗歌。

师：因为望月，所以联想到背诵望月的诗歌，这两者之间关系十分密切，有道理。

生：我补充一点，这两件事都是在月下做的，所以也有联系。

师：这一点补充得好！连作者自己都说——"诗，和月光一起，沐浴着我们"。两件事的背景就是望月，就是月光。孩子们，虽然写的两件事，表面上看和望月没有关系，实际上和望月非常密切。背诗背的是月亮的诗，交谈谈的是月亮——

生：（应答）像什么。

师：这样写，景和事已经交融在一起了。（将板书中的"事　景"圈起来，并板书：交融）虽然写事，但每一件事都与望月密切相关，写的是望月的所思所想，这样写，我们叫作——望月还是月。（板书：望月还是月）

（最后形成如下板书）

望　月

写景——望月只是月
写事——望月不是月
交融——望月还是月

【在王老师看来，"景事交融"正是《望月》这个文本最独特的表达方式，也就是它最重要的言语——"秘妙"。但是，这一板块的教学绝不仅仅是对写作方法的指导，"从望月只是月"到"望月不是月"再到"望月还是月"，诗意的背后承载的是执教者对自然、对人生的洞悉与了悟。

至于这否定之否定的哲学思辨，孩子们能理解多少呢？先不问了，留给岁月吧，有境界自成高格。】

师：这个月，既是——

生：（自由应答）江中月。

师：我们忘不了，月亮出来了——

生：（齐背）安详地吐洒着它的清辉。

师：我们忘不了，月光洒落在长江里——

生：（齐背）江面被照亮了，流动的江水中，有千点万点晶莹闪烁的光斑在跳动。

师：我们忘不了，江两岸——

生：（齐背）芦荡、树林和山峰的黑色剪影，在江天交界处隐隐约约地伸展着，起伏着。

师：我们忘不了，月光——

生：（齐背）为它们镀上了一层银色的花边……

师：这个月，也是——

生：（自由应答）诗中月。

师：我们忘不了，小时不识月——

生：（齐背）呼作白玉盘。

师：明月几时有——

生：（齐背）把酒问青天。

师：床前明月光——

生：（齐背）疑是地上霜。

师：野旷天低树——

生：（齐背）江清月近人。

师：月落乌啼霜满天——

生：（齐背）江枫渔火对愁眠。

师：峨眉山月半轮秋——

生：（齐背）影入平羌江水流。

师：这个月，更是——

生：（自由应答）心中月。

师：我们忘不了，你说，月亮像什么——

生：（齐背）像眼睛，天的眼睛。

师：孩子们，课一开始，我们说望月所望的是三个月亮：江中月，诗中月，心中月。但是，现在我们细细想一想，离开了自己的心，我们还能望见江中月吗？

生：（自由应答）不能。

师：离开了自己的心，我们还能想起诗中月吗？

生：（自由应答）不能。

师：所以，我们最终望见的只有一个月，这就是——

生：（齐）心中月。

师：孩子们，这个道理你们明白吗？

生：（纷纷应答）明白。

师：（面带微笑）不可能！（众笑）这个道理，可能需要大家用一辈子的时间去明白，明白吗？（众笑）

（生有说"明白"的，也有说"不明白"的，气氛轻松愉悦。）

师：明不明白，咱们都得下课了。（众笑）

【王老师又带着我们回到"望月所望的三个月亮"，而此时文中的古诗佳句已可以从孩子们的口中自然地流出，显然，他们所站的早已不是当初的那个原点。"江中月""诗中月""心中月"，王老师是借着文本给了孩子们一轮明月，也给了语文一轮明月。

课终了，王老师引导孩子们体悟"我们最终望见的只有一个月，这就是——心中月"。每个人只能看到自己心中所有的，月如此，语文亦如此。但对于这"可能需要大家用一辈子的时间去明白"的道理，王老师只是微微点破，因为"明不明白，咱们都得下课了"。

就这样在懂与不懂之间，余音缭绕，多少玄妙，付诸一笑。】

语文教学内容的再确证

没有适宜的语文教学内容，就没有诗意的语文教学。

语文课程是一门学习语言文字运用的综合性、实践性的课程。课程性质的再确认，无疑为语文教学内容的再确证提供了坚实的价值判断和事实洞察。

作为散文的《望月》，可教可学的内容涉及多个层次、多个面向，如何根据课程性质、学段目标、学生实际和教师个人的教学风格，发掘并确立适宜的语文教学内容呢？

一、语文教学内容一定而且只能来自"文本"

本课之所以将文本的多元解读作为重要的学习目标加以落实，完全是出于对《望月》这一文本"举象而隐义"的特征把握。正是文本的"隐义"，为《望月》的多元解读提供了开放的对话空间。

"江中月、诗中月、心中月"是一种文理脉络的解读，"观察月、回忆月、想象月"是一种心理机制的解读，"过去月、现在月、未来月"是一种哲理内涵的解读，"散文月、诗歌月、童话月"是一种情理风格的解读，角度不同，对文本题旨的揣摩也就不同。

显然，语文教学内容的确立，一定要依据文本特点，是不能离开文本内容的。文本内容是语文之"皮"，教学内容是语文之"毛"，正所谓"皮之不存，毛将焉附"，只有正确而深入地把握文本特点，才有正确而有效地开掘语文教学内容。《望月》的课堂实践证明，源自文本的"多元解读"这一语文知识，能有效地转化为语文教学内容。

二、语文教学内容一定而且只能贴近"儿童"

"凡是教师能够讲述的知识，能够传授的知识，多半是死的、凝固的、无用的知识，只有学生自己发现、探究的知识，才是活的、有用的知识。"这是人本主义教育学者罗杰斯的名言。不同的人对同一文本的感受与理解可以不尽相同，阅读者的个性理解应该得到尊重，这一知识谁不知道？但问题的关键显然不在知道，而在"如何知其道"。

知识只有在展开的过程中才能被儿童发现，也只有在体验的过程中才能被儿童掌握，这就是我们所理解的贴近儿童。提炼自文本的"多元解读"这一教学内容，在教学中经历了"发现—解构—再确认"的过程。发现《望月》的四种读法，无疑令人惊叹不已；用作者的原话毫不留情地否定四种读法，则让学生不可思议；经历全盘否定之后的再确证，则令学生豁然开朗，欣然领悟。这样一种展开，不是告诉，不是传授，而是一种"道而弗牵，强而弗抑，开而弗达"，学生在经历，在体验，在元认知——对自己的阅读形成认知、反省与提升。

对于多元解读，我并未冠以专有的术名，也未动用西方文论中那句名言——"有一千个读者就有一千个哈姆雷特"来救急，而是化用由文本本身所生发出来的"千江有水千江月"来指称。这样做，切合课文情境，形象可感，贴近儿童，同时也春风化雨般滋养着儿童的文化生命。

三、语文教学内容一定而且只能落在"语用"

语文课程的性质决定着阅读教学在完成自身"教阅读"的基础上，必须关注表达，教学生学习文本的语言形式。语文教师的独当之任正在于发掘文本的"语用"价值，并将这一价值转化为学生的学习目标，因为"内容人人可见，意蕴须经一番努力才能找到，形式对大多数人却是一个秘密"（歌德语）。

对于《望月》的语用价值，我从内容和形式两个方面做了挖掘和定位。在内容上，延续"望月"这一题材，丰富有关望月的文本和语料，以点燃学生练写自己望月的动机和意愿，为学生的具体练写提供切实而富有弹性的帮助。在形式上，渗透"景事交融"的写作知识，为学生将来的习作开启一种新的思路和写法。

无论是基于题材的语用，还是旨在形式的语用，我都注意跟阅读本身融为一体，高度关注鲜活而典型的语言材料的积累，重视语用情境的创设，同时强化有针对性的反馈点评，使学生的习作表达真正有所增量、有所提升。

总之，《望月》一课是我在阅读本位和写作本位这两极之间寻求平衡的一种新尝试，而语文教学内容的再确证，则是这一尝试的前提和保障。唯其诗意，所以吸引学生；因其适宜，所以擦亮语文。打动学生，才有别于那些没有语文的语文课。唯其着力于学习，所以学生学有所悟、习有所得，才有别于那些"热闹过后一场梦"的语文课。无疑，这是语文教学的高效之路、解放之路。

第二编

童话里，语淡情深

——《去年的树》课堂实录与品悟

文字背后是人生

假如几百年、几千年后，我的作品能够得到人们的认同，那么，我就可以从中获得第二次生命。

——新美南吉

有人说，读新美南吉，就像是在冬日里数着一缕缕阳光，原野上飘来的雪意，在阳光里消散；或者是冬夜里细数着在雪地里的"咯吱，咯吱"的脚步，那声音让人因发现同类的存在而感到安慰。

我想，在一定意义上讲，王崧舟就是新美南吉的同类。他们同样对一切生命怀着深切的同情与爱意，一样深刻地体会着世间的忧伤与孤独，也一样努力地用最纯粹的爱对抗生命的虚无，为原本平淡素朴的人生赋予丰满深厚的意义。只不过新美南吉用的是写作的方式，而王老师用的是语文的方式。

如果说，教育的本质是一场相遇，那么，王崧舟执教《去年的树》，就像是他与新美南吉跨越时空的凝视，这样的对话注定与众不同。很多人在听完这一课之后，纷纷感叹道："不一样，太不一样了。"我知道，这"不一样"首先来自对文本的解读。

"一棵树和一只鸟儿是好朋友"，王老师在开课之初就巧妙地抓住关键词句创设情境，让孩子们体会到了树与鸟儿相守相伴的幸福。是的，如果世间注定孤独，那么朋友就是这茫茫森林中的相互慰藉，那"一唱，一听"是简单至极的交流与沟通，也是不用多言的相知与默会。

"于千万棵树里遇见这一棵树，于千万只鸟儿中遇见这一只鸟"，显然，王老师在课中已经用自己独特的感受丰沛了"一"的意蕴。其实，"一"不只是数词"一"，不只是"唯一"的"一"，"一"也是芸芸众生里的每一个"一"，哪怕你不是一棵"特别"的树，不"茂盛"，不"引人注目"，也总有一只愿意为你歌唱的"鸟儿"会在郁郁苍苍的森林里，将你一眼认出。

鸟儿与树在美好的相守中度过了春，度过了夏，度过了秋，当冬天来到，鸟儿不得不飞往南方时，他们约定来年再相见，再歌唱，再倾听。

可是，当鸟儿飞回时，她的朋友树却不见了，他被砍倒、拉走，又被切成细条条做成了火柴。文本始终平静地讲述着这些遭遇，可是谁都知道，这平静的语气下暗藏着多少人生的旋涡与感慨！世事无常，当大树与鸟儿淡淡地相约，他们又如何能预想这样的变故！用王老师课上的话说，大树是"拧不过自己的命啊"！

新美南吉的童话就是这样，总是以死亡、离去、怅惘为结局。他在童话中，注入了自己对于人生不可避免的处境的体验与悲剧感。是的，新美南吉的一生经历了太多的离别与死亡，但是，他知道人需要一种正视离别、正视生命逝去的勇气。于是，对于树的离开，鸟儿也一样，没有过多忧伤和抱怨，她在苦苦地追问、寻找之后，又一次为树歌唱，尽管这已经是"去年的树"了。歌唱之后，她又对着灯火看了一会儿，就飞走了。这种最终放下的释然，让人想起新美南吉的另一个童话——《蜗牛的悲哀》，在这个童话的结尾，蜗牛自言自语道："不只是我，每个人都有悲哀。我必须化解自己的悲哀才行。"

王老师知道，在这个故事里，鸟儿是用歌唱化解悲哀的，这歌唱里就有一种对抗无常的永恒，那是曾经相依相伴的美好，也是超越死亡的真情。

面对四年级的孩子，教师无法把自己对文本的体验完全传递给他们，《去年的树》也是一个需要随着生命的成长不断去阅读与体会的故事。因此，在课堂里，王老师只是不断地创设情境，让孩子们去朗读、理解、体验与想象。可以说，在王老师的课堂上，对这则童话的阅读是诗性的、诗情的，也是审美的。

当然，"美是理念的感性呈现"（康德），此课的"不一样"更在于王老师课堂教学的背后承载着他对当前语文教育的思考与探究。熟悉王老师的朋友都知道，这几年他始终在用自己的课堂探究、印证"阅读本位"与"写作本位"的对立与统一。

2010 年，王崧舟老师的《与象共舞》就是用同一文本演绎两种价值取向，呈现出一种人为的分裂，让老师们去体会，去思考；2011 年，王老师推出的《望月》一课，则试图将两种价值取向融在同一课里，当然，这种融合还有些类似于"井水不犯河水"的拼接；现在王老师用《去年的树》来演绎两种价值取向的和谐统一，在这一课里，我们隐隐能感觉到有"学习阅读理解"与"学习表达运用"两条线，但这两条线始终相辅相成，形成一股合力，指向学生完善的语文体验与语文素养。

正因如此，许多听课的老师认为此课完美地体现着 2011 年修订版课标"学习语言文字运用"的主张。本课出人意料地安排了三次练笔，这三次练笔既是创造一种理解课文内容的最佳情境，又通过对比强化感知了文本最大的言语秘妙——平淡的语言，表达深厚的情感。有人说，这种方式有些像心理学中的"试误"，先让学生根据常规思维，给课文"涂脂抹粉"，到最后"洗尽铅华"，还原文字最真实、最自然、最美丽的面孔，借此让学生品味文本语至淡、情至深的表达特色。借《去年的树》，孩子们不仅能感受到新美南吉素朴恬淡的文风，也能感受到日本文学纤细含蓄的特质以及日本美学的物哀、幽玄与空寂。

这几年，语文界纷纷喊着"让语文回家"，王老师就是在用自己的课堂探索"回家的路怎样走"，他致力于"语言文字运用"，却又清楚地把握着语文课综合性、实践性的特质，并且始终小心翼翼地保护着文学本身的审美性。他为学生创设语言文字表达的情境，帮助学生扩大语言运用的容量，提升语言运用的品位，又将学习语言文字的运用与内容理解、情感熏陶、思想梳理有机相融。

《去年的树》是一则童话，我们知道，真正经典的童话，不仅仅是为儿童，它不仅表现了童梦之境，张扬了儿童的游戏与狂欢精神，同时也给予成

诗意语文课堂实录与品悟

人一定的启示意义，激活了成人的体验与思考。

感谢王老师，保护了经典童话的这种特质，让我们与孩子们一起在新美南吉平静恬淡的文字里感受到他所传达的万千情绪，让我们在阅读的体验中不能自拔，甚至暗暗心惊。

文字背后是人生。

《去年的树》

一棵树和一只鸟儿是好朋友。鸟儿站在树枝上，天天给树唱歌。树呢，天天听着鸟儿唱。

日子一天天过去，寒冷的冬天就要来到了。鸟儿必须离开树，飞到很远很远的地方去。

树对鸟儿说："再见了，小鸟！明年春天请你回来，还唱歌给我听。"

鸟儿说："好的，我明年春天一定回来，给你唱歌。请等着我吧！"鸟儿说完，就向南方飞去了。

春天又来了。原野上、森林里的雪都融化了。鸟儿又回到这里，找她的好朋友树来了。

可是，树不见了，只剩下树根留在那里。

"立在这儿的那棵树，到什么地方去了呀？"鸟儿问树根。

树根回答："伐木人用斧子把他砍倒，拉到山谷里去了。"

鸟儿向山谷里飞去。

山谷里有个很大的工厂，锯木头的声音，"沙——沙——"地响着。鸟儿落在工厂的大门上。她问大门："门先生，我的好朋友树在哪儿，您知道吗？"

大门回答说："树么，在厂子里给切成细条条儿，做成火柴，运到那边的村子里卖掉了。"

鸟儿向村子飞去。

在一盏煤油灯旁，坐着个小女孩。鸟儿问女孩："小姑娘，请告诉我，你知道火柴在哪儿吗？"

小女孩回答说："火柴已经用光了。可是，火柴点燃的火，还在这盏灯里亮着。"

鸟儿睁大眼睛，盯着灯火看了一会儿。

接着，她就唱起去年唱过的歌给灯火听。

唱完了歌，鸟儿又对着灯火看了一会儿，就飞走了。[①]

[①] 注：本课选自人教版义务教育课程标准实验教科书《小学语文》四年级上册第11课。作者新美南吉。

就这样唱给你听

一、于平淡中品味天天相伴的美好

师：《去年的树》是一篇童话故事，故事的开头是这样写的，谁愿意读一读？

（屏幕出现：一棵树和一只鸟儿是好朋友。鸟儿站在树枝上，天天给树唱歌。树呢，天天听着鸟儿唱。）

生：（朗读）一棵树和一只鸟儿是好朋友。鸟儿站在树枝上，天天给树唱歌。树呢，天天听着鸟儿唱。

师：读得真好，谁愿意再来读一读？

生：（朗读）一棵树和一只鸟儿是好朋友。鸟儿站在树枝上，天天给树唱歌。树呢，天天听着鸟儿唱。

师：读得真棒！一棵树，一只鸟；一个唱，一个听。多好的朋友，多好的日子，我们一起美美地读一读。预备，起——

生：（齐读）一棵树和一只鸟儿是好朋友。鸟儿站在树枝上，天天给树唱歌。树呢，天天听着鸟儿唱。

【直接入题，干净、简洁。像新美南吉的文字，多一句都不肯，少一句也不行。"一棵树，一只鸟；一个唱，一个听"，故事就这样淡淡道来，课堂也这样平平展开。】

师：鸟儿给树唱歌，可能会在什么时候？

生：可能会在春天，可能会在秋天。

师：可能会在春天，可能会在秋天。他猜想了季节的不同。

生：可能在树孤单的时候。

师：你注意到了人物心情的不同，可能在树孤单的时候，真好！谁还有不一样的猜想？

生：可能在早上，可能在晚上。

师：也有可能。是的，鸟儿给树唱歌可能在春天，可能在秋天；鸟儿给树唱歌，可能在树孤独的时候，也可能在树高兴的时候；可能在早上，也可能在晚上。那么，那么多种可能，你是凭这一段话当中的哪一个词语猜想出来的？

生：我在"天天"这个词语中发现的。

师：你的目光真敏锐，没错，就是这个"天天"，一起读——

生：（齐读）天天。

师：再读——

生：（齐读）天天。

师：两个"天天"。我们一起读文章的这个开头，注意读出"天天"的感觉和味道来。

生：（齐读）一棵树和一只鸟儿是好朋友。鸟儿站在树枝上，天天给树唱歌。树呢，天天听着鸟儿唱。

师：正是这样的"天天"，给了我们多少美好的想象，带给我们多少美好的画面。（舒缓的背景音乐响起，屏幕依次出现鸟儿在早晨、晚上、春天、秋天等各种背景中站在树上唱歌的图片，同时呈现文字：鸟儿站在树枝上，给树唱歌。树呢，听着鸟儿唱。）

师：大家看，当太阳露出笑脸的时候——

生：（朗读）鸟儿站在树枝上，给树唱歌。树呢，听着鸟儿唱。

师：当月亮挂上树梢的时候——

生：（朗读）鸟儿站在树枝上，给树唱歌。树呢，听着鸟儿唱。

师：当森林里的雪都融化了的时候——

生：（朗读）鸟儿站在树枝上，给树唱歌。树呢，听着鸟儿唱。

师：当叶子在秋风中飘落的时候——

生：（朗读）鸟儿站在树枝上，给树唱歌。树呢，听着鸟儿唱。

师：迎着风，迎着雨——

生：（朗读）鸟儿站在树枝上，给树唱歌。树呢，听着鸟儿唱。

师：走过春，走过夏——

生：（朗读）鸟儿站在树枝上，给树唱歌。树呢，听着鸟儿唱。

师：这真是一段美好的时光。

（音乐继续，屏幕依次出现鸟儿在夏天、晚上等各种背景中站在树上唱歌的图片，同时呈现文字：鸟儿站在树枝上，给树唱歌。树呢，听着鸟儿唱。）

师：你再听，鸟儿站在树枝上，给树唱着优美的歌，树呢？

生：听着鸟儿唱。

师：你再听，鸟儿站在树枝上，给树唱着快乐的歌，树呢？

生：听着鸟儿唱。

师：鸟儿站在树枝上，给树唱着夏日小情歌，树呢？

生：听着鸟儿唱。

师：鸟儿站在树枝上，给树唱着晚安小夜曲，树呢？

生：听着鸟儿唱。

【鸟儿的歌唱由早到晚，树的倾听也由春到秋。前面的引读侧重鸟儿的"唱"，后面侧重大树的"听"。小小的转折，细密的心思。】

师：是的，这是一段多么美好的时光啊！就这样，一天又一天，一日又一日，读——

生：（齐读）鸟儿站在树枝上，天天给树唱歌。树呢，天天听着鸟儿唱。

师：多好的日子，多好的朋友，带着这样的感受，再来读一读这个开头——

生：（齐读）鸟儿站在树枝上，天天给树唱歌。树呢，天天听着鸟儿唱。

师：孩子们，由这两个"天天"，你体会到了什么？

生：我体会到了鸟儿和树这对好朋友待在一起的时间很长。

师：这是你的体会。

生：他们是形影不离的好朋友。

师："形影不离"这个词用得真好！

生：鸟儿和树的友谊地久天长。

师：哎哟——"地久天长"，感情是那样的深——

生：深厚。

师：好的，我把这个词写下来，你们不妨也在文章的开头批注"深厚"两个字。（板书：深厚）

师：我们再来读一读这个故事的开头，体会他们那段形影不离、十分深厚的感情。预备，起——

生：（齐读）鸟儿站在树枝上，天天给树唱歌。树呢，天天听着鸟儿唱。

【教师创设情境，通过品味"天天"，把文字读成了画面。此处的课境如此清丽，如此婉转，像夏日的小情歌，像晚安的小夜曲。在清脆叮咚的回环诵读中，学生们自然感受到了树与鸟儿那一唱一听、相伴相守的美好。

就像《阿狸·梦之城堡》里的意境——"和弦很美，声音很轻，就这样把我唱给你听。"】

师：孩子们，读着读着，你们的眼前仿佛出现了一棵怎样的树，出现了一只怎样的鸟儿呢？来，打开作业纸，请你们展开想象，写一写你们脑海中浮现的树的模样，鸟儿的外貌。（板书：写外貌）写的时候，请你们用上"特别"这个词语。

（学生在音乐中想象写话，教师巡视。）

【当读出了树与鸟儿真挚的情谊，大家自然会想知道这是"一棵怎样的树"，这是"一只怎样的鸟儿"。童话本身没有任何说明，恰好留给孩子们想象。而这"一棵""一只"中的"一"不仅是数量的指称，还是"唯一"，因此要用"特别"这个词。】

师：好，孩子们，请停下手中的笔。大家都知道，森林里会有千万棵树，森林里也会有千万只鸟儿，是吗？那么，这棵树长什么模样，这只鸟儿又有怎样的外貌呢？谁来读一读自己写的这棵树？

生：树长得特别茂盛，郁郁苍苍的，引人注目。

师：写得多好！先概括地写"特别茂盛"，再具体地写怎么茂盛。请你再读一读具体的"怎么茂盛"。

生：郁郁苍苍的，引人注目。

（教师板书：茂盛、郁郁苍苍、引人注目）

【先"概括地写"，再"具体地写"，写法指导清晰、明确。】

师：这是树，谁来读一读鸟儿呢？

生：鸟儿呢，长得特别小巧玲珑——

师：（板书：小巧玲珑）"小巧玲珑"这个词用得特别好。

生：（继续）像个小天使。

师：这个比喻真贴切。孩子们，我们看黑板。森林里有千万棵树，然而我们的鸟儿只为这样一棵树唱歌，他长得特别——

生：（齐答）茂盛。

师：郁郁苍苍的，引人注目。

师：森林里有千万只鸟儿，我们的树只喜欢听这只鸟儿为他唱歌，她长得特别——

生：（齐答）小巧玲珑。

师：像个小天使。

师：同学们，借鉴这两位同学的写法，请你们试着修改一下自己写的树和鸟的外貌，先写"特别怎么样"，然后具体地写"怎么样"。

（学生修订作业，教师巡视指导。）

师：好的，同桌之间互相读一读。

（学生交流写作练习）

【先写"特别怎么样"，然后具体地写"怎么样"，再次强调语言表达的方法。】

师：孩子们，森林里有千万棵树，而我们的鸟儿只为这一棵树唱歌，他长得特别——

生：茂盛。

师：森林里有千万只鸟儿，而我们的树只喜欢听这一只鸟儿为他唱歌，她长得特别——

生：小巧玲珑。

师：是的。在千万棵树中遇见这样一棵树，在千万只鸟儿中遇见这样一只鸟儿。这是一段多么深、多么深的缘分哪！当你体会到这一点的时候，我们再来读一读这个故事的开头，我想，你的感受又会不同。

生：（齐读）一棵树和一只鸟儿是好朋友。鸟儿站在树枝上，天天给树唱歌。树呢，天天听着鸟儿唱。

师：可是，孩子们，你们一定已经发现了，在我们这个故事的开头，并没有写树的模样，是吗？

（教师擦去板书"茂盛、郁郁苍苍、引人注目"）

师：我们这个故事的开头并没有写鸟儿的外貌，是吗？

（教师擦去板书"小巧玲珑"）

师：如果故事的开头有了树的模样、鸟儿的外貌的描写，会带给我们什么感觉？

生：美好的感觉。

生：感觉很具体。

师：是啊，仿佛树和鸟儿就在我们面前了。但是故事既没有写树长什么样，也没有写鸟儿长什么样，（在"写外貌"前，板书"不"，形成"不写外貌"）读了这样的开头，你又有什么感觉？

生：有点儿疑惑。

生：有点儿不清楚。

生：有点儿不生动。

师：是的，这样的文字带给我们的感觉，可以用一个词来描述，叫平淡。你们可以在开头标注"平淡"这个词。（板书：平淡）至于平淡还会带给我们什么感觉，你们还可以继续读这个故事。打开课文，自由地朗读《去年的树》，看看这个故事接着发生了什么，最后的结局又是什么。好，开始。

（学生自由朗读课文）

【童话的开头简单、素朴，王老师却抓住"天天"一词，创设出了美好的课境。学生们在诵读里感受，在写作中品味，在想象中发现，树与鸟儿和谐共处的画面已如在眼前，教师再提醒孩子们关注文字风格的平淡，如此，想象的丰富与文字的简朴形成了落差，也构成了课堂教学的第一次张力。

故事为什么写得如此平淡？故事会平淡地写下去吗？王老师不动声色，学生对接下来的阅读已悄悄充满期待。】

二、于平淡中品味苦苦寻找的执着

师：好了，读书的声音渐渐轻下去了。看到你们读得这样投入，老师很感动。读完了这个故事，我想大家一定记忆犹新，在这个故事当中一共出现了五个会说话的人物，谁还记得是哪五个？（不看书）

生：树、鸟儿、大门、树根、小姑娘。

师：说得真好！没错，在这个故事当中出现了这五个会说话的人物，他们都会说话，在故事当中他们都说过话。来，让我们一个一个地找。

【"找出五个会说话的人物"，显然，教师将教学的内容转向了对话。因为五个人物的四次对话，构成了这个童话故事最重要的情节。强调"会说话"，也是在这个万物有灵的童话世界里，小心翼翼地避开了文中始终默默的"灯火"。】

师：先找一找树和鸟儿之间的对话。找到了，谁来读？

生：（朗读）"再见了，小鸟！明年春天请你回来，还唱歌给我听。""好的，我明年春天一定回来，给你唱歌。请等着我吧！"

师：没错，这是他们之间的对话，我们继续找，找鸟儿和树根之间的对话。

生：（朗读）"立在这儿的那棵树，到什么地方去了呀？""伐木人用斧子把他砍倒，拉到山谷里去了。"

师：是的，这是鸟儿和树根之间的对话。我们再找，鸟儿和大门之间的对话。

生：（朗读）"门先生，我的好朋友树在哪儿，您知道吗？""树么，在厂子里给切成细条条儿，做成火柴，运到那边的村子里卖掉了。"

师：好的，最后是鸟儿和小女孩之间的对话。

生：（朗读）"小姑娘，请告诉我，你知道火柴在哪儿吗？""火柴已经用光了。可是，火柴点燃的火，还在这盏灯里亮着。"

（屏幕出示四次对话）

师：没错，孩子们，你们看五个人物四次对话，构成了我们这个童话故事最重要的内容。这样，我们一起来读一读这四次对话，好吗？怎么读呢？咱们来分一下角色。

（师生交流商定，一生读鸟儿的话，四个组的同学分别读树、树根、大门与小女孩的话，教师读旁白。师生合作分角色朗读四次对话。）

师：真好，都读得非常好！就是有一个人没读好。知道谁没读好吗？

生：鸟儿没读好。

师：不对，鸟儿读得非常好。

生：小姑娘没读好。

师：小姑娘读得也不错。

生：我觉得树读得不好。

师：你们太谦虚了，树读得非常好。大门也读得很好。

生：树根没读好。

师：树根读得也好，你们就不敢说——

生：旁白读得不好。

师：再说一遍——

生：旁白读得不好。

师：再说一遍——

生：旁白读得不好。

（全场笑）

师：他是实话实说，真是，旁白没读好。当然，这也不能怪我，因为我发现我读的提示语，或者说旁白，太简单了。读着没劲儿。你看，是吧！"树对鸟儿说"，怎么说？你再看，"鸟儿说"，怎么说？你再看，"鸟儿问树根""鸟儿问大门""鸟儿问女孩"，就这么简简单单的三个问，你让我怎么读？真没办法读啊！

【由师生合作分角色朗读引出提示语的问题，巧妙！

"旁白读得不好"，意外的答案使课堂曲折生姿。同时，这也是本堂课里唯一一次幽默的调侃，猜一猜，笑一笑，节奏得以调节，一张一弛，课堂之道。】

师：你们说怎样的提示语读起来有味道，有感觉啊？

生：给提示语加上形容词和动词会让它更有感觉，更有感情。

师：是啊！你真有经验，怎么加提示语的动词，怎么加提示语的形容词？其实咱们这个单元前面学过的课文就给我们做了非常好的榜样，大家看，前面的那个童话，叫什么来着？

生：（齐答）《巨人的花园》。

（屏幕出示）

巨人见到孩子们在花园里玩耍，很生气："谁允许你们到这儿来玩的！都滚出去！"

巨人又发脾气了："好容易才盼来春天，你们又来胡闹。滚出去！"

"喂！你赶快滚出去！"巨人大声斥责。

师：在这篇文章中就有关于人物说话的很好的提示语，来，第一句谁愿意读？

生：（朗读）巨人见到孩子们在花园里玩耍，很生气："谁允许你们到这儿来玩的！都滚出去！"

师：嗯，好的，谁来读读第二句？

生：（朗读，声音微弱）巨人又发脾气……

师：脾气不够大，再来——

生：（朗读，声音有力）巨人又发脾气了："好容易才盼来春天，你们又来胡闹。滚出去！"

师：我们一起来读读第三句。

生：（齐读）"喂！你赶快滚出去！"巨人大声斥责。

师：请注意，巨人是大声斥责的。我们再读一次，预备，起——

生：（齐读，感情更充沛）"喂！你赶快滚出去！"巨人大声斥责。

师：你看，这样的提示语读起来才有味道，才有感觉。我相信每一句提示语当中的某一些词一定会带给你一种特殊的感觉，比如说第一句当中的哪个词？

生：很生气。

师：再比如说，第二句提示语当中的哪个词？

生：又发脾气。

师：是的，又比如说第三句当中的哪个词？

生：斥责。

师：大声斥责。

生：（提高音量）大声斥责。

师：没错。孩子们，这些词反映的是人物的心情和表情。当我们读这些旁白的时候，情绪就出来了。但是，你看看咱们这个故事，"树对鸟儿说"，怎么说的，没感觉。"鸟儿说"，怎么说的，没感觉。这样，我们来加一加词语。打开作业纸，在这些人物提示语的中间加一加能够反映他们的表情和心情的词语。（板书：写表情）

（学生练笔，教师巡视。）

【引入《巨人的花园》，是复习旧知，也是品读比较，更是接下来练笔的范例，一石三鸟。】

师：好的，孩子们，停下手中的笔。我们先来看一看树跟鸟儿的那一次对话。

（大屏幕出示）

树对鸟儿说："再见了，小鸟！明年春天请你回来，还唱歌给我听。"

鸟儿说："好的，我明年春天一定回来，给你唱歌。请等着我吧！"

"立在这儿的那棵树，到什么地方去了呀？"鸟儿问树根。

她问大门："门先生，我的好朋友树在哪儿，您知道吗？"

鸟儿问女孩："小姑娘，请告诉我，你知道火柴在哪儿吗？"

师：好，不要着急，让我们再重新走进这个故事，在故事中，我们来好好揣摩、体会他们内心的情感。一棵树和一只鸟儿是好朋友，鸟儿站在树枝上，天天为树唱歌。树呢，天天听着鸟儿唱。日子就这样一天一天地过去，寒冷的冬天就要到来了，鸟儿必须离开这里，到很远很远的地方去过冬，眼看着这么一对朝夕相处、形影不离的好朋友就要分别了，这个时候，树的心情怎样？鸟儿的心情又怎样？

生：树依依不舍地对鸟儿说："再见了，小鸟！明年春天请你回来，还唱歌给我听。"

师：树的心情是依依不舍。（板书：依依不舍）

生：鸟儿难过地说："好的，我明年春天一定回来，给你唱歌。请等着我吧！"

（师板书：难过）

师：好的，请坐。一对好朋友就要分别了，一个是那样得依依不舍，一个是那样得难过。是的，这是人之常情，还有不一样的写法吗？

生：树恋恋不舍地对鸟儿说："再见了，小鸟！明年春天请你回来，还唱歌给我听。"

师：（板书：恋恋不舍）鸟儿呢？

生：鸟儿含泪说："好的，我明年春天一定回来，给你唱歌。请等着我吧！"

师：鸟儿是含泪说。（板书：含泪）

师：真好！孩子们，树和鸟儿要分别的时候，一个依依不舍，一个难过；一个恋恋不舍，一个含泪。有了这些提示语，有了这样的体会，我们再来读一读树和鸟儿的对话，我来读旁白，这次我保证能读好。

（师生根据板书，加上提示语，再次合作朗读树和鸟儿的对话，声情并茂。）

【通过想象、练笔与朗读，孩子们把这个简洁含蓄的故事读厚了、读丰满了，树与鸟儿离别的情景如在眼前。】

师：是的，这样一对好朋友，他们分别时依依不舍，就在他们分别的时候，他们之间有了这样一次约定。

（屏幕出示）

"再见了，小鸟！明年春天请你回来，还唱歌给我听。"
"好的，我明年春天一定回来，给你唱歌。请等着我吧！"

生：（读）再见了，小鸟！明年春天请你回来，还唱歌给我听。

生：（读）好的，我明年春天一定回来，给你唱歌。请等着我吧！

师：孩子们，这是一个春天的约定，这是一个心心相印的约定。带着这个约定，树开始了这冬天最漫长的等待，寒风起了，大雪落了，但是树的心里充满了温暖，因为他的心里有着一个关于春天的约定——

生：（读）再见了，小鸟！明年春天请你回来，还唱歌给我听。

生：（读）好的，我明年春天一定回来，给你唱歌。请等着我吧！

师：我们的鸟儿开始了跋山涉水，她飞过了高山，飞过了大河，飞过了原野，飞过了沙漠，她飞得千辛万苦，然而她的心里却是甜的，却是温暖的，因为她的心里一样有着一个关于春天的约定——

生：（读）再见了，小鸟！明年春天请你回来，还唱歌给我听。

生：（读）好的，我明年春天一定回来，给你唱歌。请等着我吧！

【一遍又一遍地重温这关于春天的约定，一遍又一遍地体会树与鸟儿的深情，也就一遍又一遍地为后文苦苦地追问与寻找做好了铺垫。】

师：是的，就这样，第二年春天来临的时候，鸟儿迫不及待地从远方飞了回来，她飞呀飞呀，越过千山万水，终于到达了这片森林，来到了她的好朋友大树的地方。然而，眼前的这一幕却让她惊呆了。孩子们，此时此刻，鸟儿的心情会是什么样的呢？

（大屏幕出示）

"立在这儿的那棵树，到什么地方去了呀？"鸟儿问树根。

生："立在这儿的那棵树，到什么地方去了呀？"鸟儿焦急地问树根。

师：你焦急地再问一次。

生："立在这儿的那棵树，到什么地方去了呀？"鸟儿焦急地问树根。

师：是的，她焦急，她不安，因为她的好朋友树不见了。她对自己说，怎么会这样？树啊树，不是说好了我还要回来给你唱歌吗？难道你忘了我们关于春天的约定了吗？

生：（读）再见了，小鸟！明年春天请你回来，还唱歌给我听。

生：（读）好的，我明年春天一定回来，给你唱歌。请等着我吧！

师：然而，得到的结果让人揪心，伐木人把树砍倒了，拉到山谷里去了。鸟儿告诉自己，必须去找，必须找到自己的好朋友，因为"我"还要为他唱去年的歌。就这样，鸟儿飞向了山谷，飞到了工厂，来到了工厂的大门前。这时，她的耳旁，传来了锯木头的"沙、沙"声，她知道，自己的好朋友树一定危险了。孩子们，这个时候，鸟儿的心情又会是怎样的呢？

生：她心急如焚地问大门："门先生，我的好朋友树在哪儿，您知道吗？"

师：心急如焚！（板书：心急如焚）

师：孩子们，你们有过心急如焚的时候吗？请体会体会你们心急如焚的那份感觉，来，再来读鸟儿的话。

生：（再读，情感加强）她心急如焚地问大门："门先生，我的好朋友树在哪儿，您知道吗？"

师：是的，她心急如焚，她能不心急如焚吗？然而答案再一次令人不愿相信，因为她的好朋友树被切成了细条条，做成了火柴。那一刻，鸟儿感觉到自己的世界已经没有了春天，她又一次跌入了那个可怕的冬天。然而，她的耳边又一次响起了那一场关于春天的约定——

（屏幕出示）

"再见了，小鸟！明年春天请你回来，还唱歌给我听。"

"好的，我明年春天一定回来，给你唱歌。请等着我吧！"

生：（读）再见了，小鸟！明年春天请你回来，还唱歌给我听。

生：（读）好的，我明年春天一定回来，给你唱歌。请等着我吧！

师：这个约定一遍一遍地在她心中回响着——

生：（读）再见了，小鸟！明年春天请你回来，还唱歌给我听。

生：（读）好的，我明年春天一定回来，给你唱歌。请等着我吧！

【追问与寻找的苦旅中，那个关于春天的约定在孩子们含泪的朗读里反复重现。鸟儿如何知道啊，那分手时轻轻许下的诺言，竟要用这样的方式去兑现！】

师：就这样，带着这个约定，鸟儿继续了她的寻找。她飞呀飞呀，她飞向了村子，飞向了暮色。她来到了小女孩的身边，此时此刻鸟儿的心情又会怎样呢？

（屏幕出示）

鸟儿问女孩："小姑娘，请告诉我，你知道火柴在哪儿吗？"

生：鸟儿伤心欲绝地问女孩："小姑娘，请告诉我，你知道火柴在哪儿吗？"

师：伤心欲绝。（板书：伤心欲绝）孩子，你知道"伤心欲绝"的"欲"当什么讲吗？

生：将要。

师：对，她的悲伤到了极点，甚至觉得自己的气息也要停止了。鸟儿伤心欲绝地问女孩——

生（齐读）：小姑娘，请告诉我，你知道火柴在哪儿吗？

师：孩子们，你们一定不会忘记，鸟儿这一问是这个故事当中的最后一问。来，我们一起替鸟儿做最后一问。鸟儿伤心欲绝地问女孩——

生：（齐读）小姑娘，请告诉我，你知道火柴在哪儿吗？

师：孩子们，我们回头看黑板。真没想到原来在鸟儿、在树的内心有那么丰富的感情啊！当一对好朋友分手的时候，一个是那样——

生：（齐答）难过。

师：一个是那样——

生：（齐答）恋恋不舍。

师：第二年春天鸟儿回来寻找她的好朋友树的时候，她发现树已经不见了。这时，她的内心是如此——

生：（齐答）急切。

师：当她知道自己的好朋友被伐木人砍倒，拉到工厂里去的时候，她的内心又是如此——

生：（齐答）心急如焚。

师：当她知道自己的好朋友树已经被切成细条条，做成了火柴的时候，她的内心又是——

生：（齐答）伤心欲绝。

师：孩子们，从鸟儿的心情中我们分明能够感受到她跟树之间的那一份感情。这份感情如果用一个词儿来形容的话，那就是——

生：（齐答）深厚。

师：请允许我再写一遍深厚，你们也可以在书上再写一遍。（板书：深厚）让我们体会着这样的感情，再来读一读鸟儿的这些对话。我读旁白，你们读人物的对话。

（师生根据板书，加上提示语，再次合作朗读文中的四次对话，声情并茂。）

【仍然是想象、练笔、朗读，孩子们通过自身的情感体验填补了文中的空白，也理解了故事的内容。如此，孩子们对童话的阅读与思考便是诗情的、诗性的，而不是抽象的、理性的。】

师：通过这样的写，通过这样的读，我们分明感受到了鸟儿和树之间的感情是那样——

生：（齐答）深厚。

师：然而，这个故事当中，有写树的"依依不舍"和"恋恋不舍"吗？

生：（齐答）没有。

（教师擦去板书"依依不舍"和"恋恋不舍"）

师：有写鸟儿的"难过"和"含泪"吗？

生：（齐答）没有。

（教师擦去板书"难过"和"含泪"）

师：有写鸟儿的"焦急"吗？

生：（齐答）没有。

（教师擦去板书"焦急"）

师：有写鸟儿的"心急如焚"吗？

生：（齐答）没有。

（教师擦去板书"心急如焚"）

师：有写鸟儿的伤心欲绝吗？

生：（齐答）没有。

（教师擦去板书"伤心欲绝"）

师：什么都没有。我们这个故事根本就没有写鸟儿和树的任何表情与心情。（在"写表情"前，板书"不"，形成"不写表情"）你读了这样的文字，是什么感觉？

生：要是有了这些提示语，我就感觉很生动，没有就感觉很无味。

师：无味，是的。这样的感觉就是平淡。我们再写一遍"平淡"。（板书：平淡）

【在这一板块的教学中，王老师着力引导学生反复品读文中的四次对话。这四次对话，串起了故事的主要情节，也是体会文中人物情感的最佳依托。王老师巧妙地运用想象、练笔与反复的入境朗读让学生进入了文本，进入了人物内心。

"让我们重新回到故事里"，王老师用自己深情的描述创设了四次对话的背景，也在课堂中营造出一个强大的情境，孩子们的想象、练笔、朗读，以及那只执着追问着的鸟儿，一切都在境中。

当感受到了人物内心的丰富，王老师一一擦掉黑板上的文字，再一次让孩子们感受文本语言的平淡、素朴，强烈的落差形成课堂的第二次巨大的张力。

为什么故事要这样平淡地讲述？王老师似乎又是把它提了出来就置之不顾。孩子们对作者的冷静与无情似乎有些不满了，王老师却依然从容不迫地看着故事走向结局，引着思考走向深入。】

三、于平淡中感受款款歌唱的深情

师：故事有一个平淡的开头，故事又接着平淡地讲述。故事的结尾是否还会平淡呢？我们来看一看。

（屏幕出示）

鸟儿睁大眼睛，盯着灯火看了一会儿。

接着，她就唱起去年唱过的歌给灯火听。

唱完了歌，鸟儿又对着灯火看了一会儿，就飞走了。

生：（朗读）鸟儿睁大眼睛，盯着灯火看了一会儿。接着，她就唱起去年唱过的歌给灯火听。唱完了歌，鸟儿又对着灯火看了一会儿，就飞走了。

师：孩子们，读完这个故事的结尾，你可能会留心这样一个细节：在鸟儿唱歌之前和唱歌之后，她有一个看起来很简单很简单的动作，前后几乎完全一样的动作，你留心到这个细节了吗？这个细节就是——

生：她唱歌前盯着灯火看了一会儿，唱完歌也盯着灯火看了一会儿。

师：一个字，那就是——

生：看。

师：没错，就是看。一起读——

生：（齐读）看。

师：轻轻地读——

生：（轻轻齐读）看。

师：谁都知道，鸟儿为了这一刻历尽了千辛万苦，经历了那么长时间的等待，现在却只能"看"。静静地看，默默地看，就这样看着，看着，她的眼前仿佛又一次出现了过去的画面——

（舒缓而忧伤的背景音乐响起，屏幕上课件再次依次播放鸟儿给树唱歌的温馨画面。）

师：她想起了，当太阳露出笑脸的时候——

生：（读，声音哽咽）鸟儿站在树枝上给树唱歌，树呢，听着鸟儿唱。

师：她想起了，当月亮挂上树梢的时候——

生：（读）鸟儿站在树枝上给树唱歌，树呢，听着鸟儿唱。

师：她想起了，当森林里的雪都融化了的时候——

生：（读）鸟儿站在树枝上给树唱歌，树呢，听着鸟儿唱。

师：她想起了，当叶子在秋风中飘落的时候——

生：（读）鸟儿站在树枝上给树唱歌，树呢，听着鸟儿唱。

师：是啊，走过风走过雨——

生：（读）鸟儿站在树枝上给树唱歌，树呢，听着鸟儿唱。

师：越过春，越过夏——

生：（读）鸟儿站在树枝上，给树唱歌。树呢，听着鸟儿唱。

师：可是这一切再也回不来了，她分明记得自己站在树枝上给树唱优美的歌，树呢？

生：（读）听着鸟儿唱。

师：她分明记得自己站在树枝上给树唱着快乐的歌，树呢？

生：（读，含泪地）听着鸟儿唱。

师：她分明还记得自己站在树枝上给树唱着夏日小情歌，树呢？

生：（读）听着鸟儿唱。

师：她分明还记得自己站在树枝上给树唱着晚安小夜曲，树呢？

生：（读，声音哽咽）听着鸟儿唱。

【又是重现。这次重现的是鸟儿与树曾经相伴相守的画面——那曾经像夏日小情歌一样清新、像晚安小夜曲一样温馨的画面。

往事重来，悠悠难忘，我曾经就这样唱给你听。同样的文字，同样的背景，同样的音乐，甚至老师引读的话语也几乎一字未变，唯一不同的是孩子们含泪的眼。】

师：可是这一切再也回不来了，再也回不来了。留在鸟儿面前的只有这样的画面——（大屏幕回到灯火的画面）

师：她看啊看，她看到了什么？

生：看到了灯火。

师：是的，她还看到了什么？

生：看到了她的好朋友树。

师：是的，她看到了树，那已经是去年的树了，此时她的心里有多少话想对好朋友树说呀！孩子们，拿起你们的笔写一写鸟儿最想对树说的话，写一写她内心的真情告白。写的时候，请你们用"树啊树"开头。

（学生在音乐声中练笔写话，教师指导巡视。）

师：孩子们，停下手中的笔，有没有写完都不重要，重要的是在你们提笔的那个瞬间，你们完完全全化成了故事中的那只鸟。为了这个春天的约定，为了给自己的好朋友唱去年的歌，鸟儿历尽了千难万险，经历了千辛万苦，但是，留在她眼前的只有这盏用朋友的身躯化成的灯火，这一刻鸟儿有多少话要对他说——

生：（朗读小练笔）树啊树，你能听到我唱歌吗？去年的那首歌。来世再到那片森林里去，让我找到你，好吗？现在灯火烧得更旺了，我和你的友谊地久天长。

师：写得真好！这是多么深情的话语，她盼望着有来世，再为自己的好朋友唱歌。（板书：深情）对着灯火，对着去年的树，鸟儿真想说——

生：（朗读小练笔）树啊树，还记得去年在你孤单时我为你唱的歌吗？还记得去年我给你唱的小夜曲吗？还记得去年我给你唱的儿歌吗？但是，这一切都是如此短暂啊，希望你还记得我们经历的点点滴滴，记得我们是好朋友。

师：写得真好！三个"还记得吗"让我们永远怀念那一段美好的时光。（板书：怀念）对着灯火，对着去年的树，鸟儿真想说——

生：（朗读小练笔）树啊树，我们去年不是约好的吗？你怎么可以就这样忘记了呢？虽然你已经变成今日的灯火了，但这段友情永远留在我们的心中。

师：是的，看起来似乎有那么一点点的责备，然而谁都知道，责备的背后是多么深厚的感情啊！（板书：责备）对着灯火，对着去年的树，鸟儿真想说——

生：（朗读小练笔）树啊树，我的好朋友，我以后再也不能唱歌给你听了，这是我唱的最后一首歌。你听，你在听吗，再见了，我会永远记得你！

师：是的，因为不舍，永远记得。（板书：不舍）

【第三次练笔。孩子们的话语稚嫩却真切，我们相信在提笔的那一刻他们已完完全全化作了故事中的那只鸟儿。】

师：孩子们，你们写得多么感人又多么真切！我们在鸟儿的内心独白当中，感受到了她的——

生：（自由应答）深情。

师：感受到了她的——

生：（自由应答）怀念。

师：还稍稍感受到了她的——

生：（自由应答）责备。

师：感受到了她的——

生：（自由应答）不舍。

师：是的，面对着灯火，面对着去年的树，鸟儿的内心有那么多的话，让我们再一次强烈地感受到了，鸟儿和大树之间的那一份感情，那就是——

生：（自由应答）深厚。

师：（板书：深厚）然而，谁都知道，故事并没有写鸟儿深情的话语，也没有写鸟儿怀念的话语，更没有写鸟儿责备的话语，不舍的话语。（边说边擦掉黑板上相应的词语）如此深厚的感情，在这个故事当中却不见一个字，不见一句话。出现在我们眼前的只有这样一个简简单单、平平常常的动作，那就是——

生：（自由应答）看。

师：轻轻地读。

生：（轻轻齐读）看。

师：淡淡地读。

生：（淡淡齐读）看。

师：平平地读。

生：（平平齐读）看。

【千言万语只化为一个简单的"看"，孩子们在反复的对比与体验里感悟这"情至深，语至淡"。】

师：多么普通的一个字眼，多么平常的一个细节，甚至让我们感觉有点儿枯燥，有点儿乏味，但故事就是这样写的。看着，看着，鸟儿就唱起了去年的歌。假如大树在天有灵，他听见他最要好最思念的朋友唱起了去年的歌，他的心情又是怎样的呢？

生：他会有一点儿自责，他会怪自己没有等到好朋友回来。

师：是的，他会有那么一点点内疚。

生：他会有点儿责怪人类把他砍倒了。

师：也许吧，但是他拧不过自己的命运啊。

生：他会有点儿自豪，为自己有这样一个朋友。

师：自豪，是的。他会欣慰，他会自豪，他的内心虽然伤感却也会感到温暖。

生：他可能有点儿担心，如果没有来世，就无法遇见这么好的朋友了。

师：其实他不用担心，当鸟儿为他唱歌的那一瞬间，我相信一切担心都已经不复存在了。因为这样一首歌，在大树的心中，不会随着时间的流逝而流逝；在鸟儿的心中，也不会随着岁月的老去而老去。这是一首超越了时间的歌，这是一首永恒的歌。孩子们，带给我们这首永恒的歌的故事，就叫作——（教师指课题）

生：（齐读）去年的树。

【鸟儿的再次歌唱，是践约，是怀念，更是对死亡、对无常的超越与对抗。是的，世事难料啊，当大树与鸟儿相约春天的时候，他们如何能预知如此的命运、如此的结局？世间一切事物生灭变化，迁流不住，无常就是宇宙的真相。新美南吉是将自己对生命的理解与感伤悄悄地蕴含在故事中了，故事恰恰由此荡气回肠。鸟儿面对生命的无常，寻找，追问，歌唱，并在这永恒的歌唱里得以释然，所以在故事的最后，"鸟儿对着灯火又看了一会儿，就飞走了"。

当然，如此厚重的主题实在无法向不谙世事的孩子们清楚地讲述。于是，王老师的教学也是含蓄的，他只是让孩子们体会、理解与想象，然后在师生的交流对话中引导他们去感知树与鸟儿深厚的情感，感知这歌唱的意义——

"这是一首超越了时间的歌，这是一首永恒的歌。孩子们，带给我们这首永恒的歌的故事，就叫作——去年的树。"

由此，课堂中"阅读理解"的线缩结，系上。】

师：孩子们，我们看《去年的树》。它没有写外貌的句子（擦去板书"不写外貌"），没有写表情的词语（擦去板书"不写表情"），也没有写心理的语言（擦去板书"不写心理"），请问，是作者不会写外貌吗？（生：不是）是作者不会写表情吗？（生：不是）是作者不会写心理活动吗？（生：不是）作者明明会写，为什么不写？

（教师板书：在三个"平淡"与三个"深厚"之间画出空白框）

生：可能这篇课文就是一篇平淡的课文。

师：你还固执地认为它就打算平淡到底？

生：可能作者想让我们自己琢磨。

师：有这种可能。

生：作者想让我们自己思考，自己来感受。不写出来，自己想的可能更加有趣，更加伤感，更加漂亮。

生：可能是作者为读者留下的想象空间。

师：真好。孩子们，你们看到这个留下的框了吗？（手指板书）这是一个巨大的空白，这是一个巨大的空间。是的，它不写表情，不写外貌，不写心理，它给我们留下了多么丰富的、无限的想象的空间。（在框内板书：想象）正是留下那么多的想象空间，这个故事才留给了我们这样一份巨大的语文的魅力——用最平淡的语言调动人们的想象，表达最深厚的感情。让我们永远记住这个故事——

生：（齐读）去年的树。

师：下课。

【教学的最后指向了这个童话的言语特征，也是这个童话最大的"语文的魅力"——"用最平淡的语言调动人们的想象，表达最深厚的感情"。显然，王老师不满足于学生对文本内容的理解与感悟，他将课堂的最后一锤敲在文本的言语形式上。前面的疑惑由此解开，至此，课堂中"学习表达运用"的线也缩结，系上。

回望，课堂中三次练笔后，王老师三次将学生的感受一一列举在黑板上，又三次一一擦去，目的就是要引导学生感受这"不写"的佳妙。当黑板上只留下三次书写的"平淡"与"深厚"，还有一个大大的空白的框，孩子们已不难理解这想象补白的作用，这"平淡到底"的深情。

可以说，《去年的树》鲜明地呈现着新美南吉简洁素朴的文风，那淡淡的文字纤细、含蓄、克制，萦绕着淡淡的忧伤，又有着超越忧伤的强大力量。王老师的教学正是紧紧扣住这一点，整堂课也像一首婉转的歌，情理交融，简洁清明。】

透过那纯净的忧伤

——《去年的树》文本教学解读论坛实录

一、文本解读：读出这类文本的"这一个"

麦珏昉

王崧舟老师推出新课《去年的树》以来，引起了小语界的热议。下面让我们随着王崧舟老师和特邀嘉宾林志芳老师走进第一板块的研讨——《去年的树》的主题意蕴以及文本解读。

林志芳

非常喜欢《去年的树》这个文本，著名儿童文学作家梅子涵先生曾将它称为"天才的作品"，我赞成这种说法。"优秀的文学作品"也许很多，但是"天才的作品"并不多。

王崧舟

没错，这是天才留给世人的精神遗产。可惜，天妒英才，新美南吉而立过世，世界文学史上痛失天才文星一颗。

林志芳

这篇童话的意蕴非常丰富，它像一个多棱镜，从不同的角度会看到不同的景致，其实也会反射出观者不同的心境，让我们通过它看到自己。

王崧舟

文本不过是一面镜子，我们照见的最终是那个曾经晦暗的自己。

说实话，三年前我第一次深切地进入《去年的树》时，就泪眼婆娑了。

林志芳

看您的课，仿佛看到您与新美南吉跨越时空的凝视，这样的对话注定与众不同。很多人在听完这一课之后，纷纷感叹："不一样，太不一样了。"我知道，这"不一样"首先来自对文本的解读。

王崧舟

是的。读文本，如何读出"这一个"是教学的重要起点。只有读出"这一个"，而非仅仅读出"这一类"，我们的课堂才能呈现她绚丽的面容。对于文本主旨的把握，现在出现了许多偏差。请注意：何谓主旨？主旨一定是文本所有的、全部的、整体的内容所表达的基本的、主要的、核心的价值。我们必须基于整体的解读，才能正确把握文本的主旨。

林志芳

关于这一课的解读，我们比较熟悉的观点有"友情说"——认为此文表达的是朋友间真挚的友情；"诚信说"——认为此文反映的是信守承诺的可贵；还有"环保说"——认为此文在提醒我们保护树木，与大自然和谐相处。

王崧舟

"环保说"毫无疑问是片面之见，是抽离了故事整体内容的误读。

"诚信说"或许没有什么错。我们看故事的叙事结构，就能明白新美南吉这样写是有其用意的——"与朋友交不信乎？"但是，问题的关键不在这里，因为讲诚信的课文还有好几篇呢，譬如《中彩那天》《小珊迪》主要也是讲诚信的。我要说的是，当有几篇文章都在讲诚信的时候，我们究竟该如何读出"这一个"而非"这一类"。

如果《去年的树》主要讲"诚信"，那她的个性与秘妙在哪里？与一般"诚信"的故事相比，《去年的树》至少有两点区别：第一，作为朋友的另一方——树，已经不在了（死亡），也就是说，关系已经断裂了；第二，两人之间的承诺和约定，除了鸟儿自己和树，再无其他人可以证明，就是我们常说的那句——天知地知，你知我知。回头我们看看《中彩那天》，"父亲"和"库伯"同时都在，关系没有断。再看看《小珊迪》，那个文中的"我"也在，珊迪的弟弟小利比也在。只有关系存在，诚信才有其现实的、俗世的意义。但是，《去年的树》中树其实已经死亡了。谁来证明"信"？树根知道吗？大门知道吗？小女孩知道吗？

林志芳

明白了，《去年的树》里的诚信有一种超越死亡的力量。它绝不仅仅是道德品质。

王崧舟

是的。那么，这"超越死亡的力量"来自何方呢？

林志芳

深厚的情谊——"于千万棵树里遇见这一棵树，于千万只鸟儿中遇见这一只鸟。"

王崧舟

诚与信是有区别的。古人说："诚于中，形于外。""诚"偏向于内在的品德，"信"偏向于外在的行为。所以，"诚"表现为真诚、诚实、虔诚；而

"信"则表现为信用、信誉、守信。诚是根本，信为发用。不诚无物，一切事物，唯有真实，才能存在。所以孟子说："至诚而不动者，未之有也；不诚，未有能动者也。"

《去年的树》之所以触动、打动、感动我们，正是鸟儿的至诚之心啊！所以，《去年的树》即便将其定位为"诚信"，也必须发现她与众不同的"那一个"。

第一，鸟儿的诚信出自内在、内心，即便最后的唱歌，也是某种象征，不再有世俗的意义。第二，鸟儿的诚信出自情义，她寻找树的过程，更多的是一种情义的使然，所以，故事的发展不是按照认知的逻辑、理性的轨道，而是情感的轨迹。第三，鸟儿的诚信最终指向的是她自己，而非树。当她对着灯火唱歌时，鸟儿已经实现了对自己的救赎。所以，"唱完了歌，鸟儿又对着灯火看了一会儿，就飞走了"。她既没有一头撞死，以示绝望；也没有绕着煤油灯飞上三圈、五圈。读完《中彩那天》，我们不会流泪，但是，读了《去年的树》，我们会自然而然地流泪。流泪不是因为鸟儿的诚信多么伟大、多么高尚，只是因为鸟儿对树的情义是这般固执，又这般决绝。

林志芳

我们一定注意到了这句——"鸟儿又对着灯火看了一会儿，就飞走了"。鸟儿的再次歌唱，是践约，是怀念，更是对死亡、对无常的超越与对抗。

王崧舟

固执还是决绝，正是对生命无常的切肤之感，还有痛苦的顿悟。

没有对生命实相——"空性"的探寻和了悟，我们是很难走近新美南吉，也很难走进《去年的树》的。

林志芳

品读《去年的树》，不妨把新美南吉的《小狐狸买手套》找来做互文对读。我们可以更好地了解"一棵树和一只鸟儿是好朋友"这句话。新美南吉敏感的心灵渴望单纯的相处、真诚的信赖，还有心灵的交流与沟通。他大量的作品中透露出一种对于人与人之间无法真正理解和沟通的悲哀。

王崧舟

所以，我觉得，《去年的树》应该存在三个层面的主旨。

第一层次：诚信的弦歌；

第二层次：情义的骊歌；

第三层次：生命的挽歌。

其中，第一层次是最低的，第三层次是最高的。

赵文洁

我上学期也把这一课作为校邀请课的内容。课后与学生共读了《小狐狸买手套》。我读出的是作者的一种无奈，生命中的种种无奈，有些事想改变却又改变不了的无可奈何和对无奈生命的追问。

王崧舟

所谓无，换一个角度，就是对命运的臣服。

祝贵耀

王老师好！您说文本有三个层面的主旨，学生需要到哪一层呢？

王崧舟

第一层次是保底，第三层次是无为，第二层次可以熏陶。其实学生的潜能是无限的。生命哲学对于儿童来说，不一定是一件遥不可及的事情。

钱　玉

王老师，"无为"又是何指呢？

王崧舟

无为是不刻意，顺其自然。利根者，当下了悟；钝根者，且待机缘。

郭　红

我觉得，作者想阐述他心中的"好朋友"——人之间的关系该是如何的。因此，开头抓住"好朋友"，结尾看一看灯火，就知道是他。我以为是心与心的默契。心灵之间有磁场，可以召唤。这就是真。朴素是最高境界！一唱一听，就是"心有灵犀一点通"。

王崧舟

其实，鸟儿和树，无论是性别上还是年齿上，都有很深的意蕴和隐喻，而这些是可以让我们玩索的。

二、文本秘妙："冲淡""清和"里的韵致

麦珏昉

王老师在执教《去年的树》一课时，多次提及"平淡"一词，这与文本秘妙有关吗？

肖绍国

从语用的角度上讲，平淡也好，浅近也罢，抛给学生这样的概念，王老师您的深层思考是什么？

王崧舟

站在你的角度，你是怎么看的？

肖绍国

这是否还得从文本的语言特色上说起？

王崧舟

没错。说起平淡，主要是指言语风格和面貌。

肖绍国

您觉得《去年的树》最大的言语特色是什么呢？平淡？浅近？

王崧舟

当然是"平淡"，或者说"浅近"，用司空图的诗品来说，可能"冲淡""清和"更为准确一点。我也是纠结了许久，才最终决定用"平淡"一词来形容他的言语风格。新美南吉的话语极其洗练，又极其质朴，所谓的平和，其实更多地指向情感表达的那份克制。最伤痛、最撕心裂肺的体验，却克制地、近乎无痕地表露出来。

肖绍国

这才是天才的文字，让我想起日本宫崎骏的音乐《天空之城》。另外，我觉得新美南吉的简约的叙事姿态很高明。他用鸟儿的"飞"把整个叙事串连起来（天天飞、天天唱—飞出了一个春天的约定—为了约定飞回来—上下翻飞焦急地询问树根—扇动翅膀心急如焚地追问门—奄拉着翅膀伤心欲绝地最后问小女孩—停着对着火焰唱歌—又飞走了或许为了下一个约定）。

王崧舟

更准确一点说，是飞寻。

新美南吉是个讲故事的大师级人物，讲得曲折有致，做到了大雪无痕、大巧若拙，我们不妨想一想树的三次变化：第一次变木材，第二次变火柴，第三次变灯火。第二次变火柴，第三次变家具不行吗？或者变其他的什么物件：铅笔、木尺，甚至古琴不行吗？都是木材呀，都可以变的呀。新美南吉为什么要这样构思？

肖绍国

越来越小，直至消失。

王崧舟

聪明。这是第一点。他还想抓住些什么？

肖绍国

抓住他遇见的那个人，于千百万人海中的一次相遇。

王崧舟

抓得住吗？如果是家具，可以抓；如果是铅笔，可以握。但是，灯火抓得住吗？这样去思量，去品味，你就能发现新美南吉的天才之处。

第一，三次变化，越变越小，以致完全消失，这是隐喻。第二，前两次变化，还只是量变，因为树的形质还是在的，但是，第三次变化却是质变了——灯火完全不同于树。第三，变化中，前两次是形而下的，最后一次是形而上的，这是超越。第四，终至于空，太伟大了。第五，空，却温暖人心！太太伟大了！第六，空来自有，火柴是有，灯火是空。有和空并非截然对立！太太太伟大了！！

这个构思，绝对是天才的构思。看起来平平常常，但是，平淡不是无味，平淡是有思致在的。这思致，是直入心性和生命实相的。所以，这才是伟大的作品。

肖绍国

您这一讲，我们也茅塞顿开了。我觉得新美南吉是用天才的构思搭一个言语框架，而您是依言语框架"织网"。

王崧舟

我读到新美南吉，就低下去了，低低地以至于到了尘埃里。

肖绍国

就像小泽征尔听到《二泉映月》？

王崧舟

没错，跪着听。但《去年的树》不妨躺着读。

其实，更厉害的还在于，这样一个感人肺腑、催人泪下的故事，他竟然讲得平平静静、心如止水，也就是我说的"平淡"。语言是精神的外化，没有内在精神的修为，语言是无论如何做不到绚烂之极归于平淡的。作为一名语文教师，一定要能读出这样的文本秘妙来。

如司空图所言："素处以默，妙机其微。饮之太和，独鹤与飞。犹之惠风，荏苒在衣。阅音修篁，美曰载归。遇之匪深，即之愈希。脱有形似，握手已违。"而这样的话语，很有可能被当作"鱼目"的。作为语文教师，要有这样的鉴别能力。

肖绍国

王老师就是这张言语之网的织网人，他高超的技艺，循着新美南吉的言语密码，把言语之箭在课堂上拉满弓后射出去。《去年的树》整堂课在扩句、扩段、扩文、扩言、扩心、扩命。新美南吉撒下了言语之网，王老师在诗意地耕织。指向写作的耕织，通过对词语的发酵、对提示语的补充、对心情的洗刷，在鸟儿和树的春天的约定中巧妙地和言语进行一场春天的约会。为了使得这场约会更加吸引人，王老师巧妙地把春天的约会和冬天的离别反复地堆积碰撞、回环振荡，直至最后情感和言语的闸门完全洞开。

麦珏昉

《菜根谭》里说："真味只是淡。"从淡中读出真味来，真不容易啊！

吴学军

我认为，王老师在课中说的"平淡"，是有几个层面的：第一次写下三个"平淡"的时候，仅仅指的是外貌、表情、心理描写上"平淡"，类似于禅语说的"看山是山"；而接下来王老师通过学生的三次练笔，将外貌、表情、心理丰满起来的时候，那又不"平淡"了，类似禅语说的"看山不是山"；最后，当王老师逐一擦去描写外貌、表情、心理的词语，只留下三个"平淡"与"深厚"遥遥相对时，那又是禅语的"看山还是山"了。一堂课让学生感受到了这三重的阅读体验，真是妙啊！

王川苏

新美南吉的内心有个强大的自己，于是，这种自信就不需要任何华丽的辞藻来证明，那是站在高处俯视之后的平淡。

三、教学设计：读与写的完美融合

麦珏昉

网友提问：新美南吉的作品看似平淡如水，平淡之下却有着对生命深切而透彻的感悟，而这些以小学生的年龄和阅历是无法体悟的。在设定教学目标的时候，老师是如何寻找到课标、文本、学生间最恰当的契合点的？

罗才军

不少老师都尝试过《去年的树》的教学，包括我自己，在切准童话这一文体特征的同时努力传递文本所展现的树和鸟儿之间的不离不弃。然而，无论课上得多么真挚感人，却总有些隔靴搔痒的嫌疑。因为我们都知道这个文本最大的语文魅力在于——用最平淡的语言述说最丰富、最深厚、最真挚的情愫。如果没能在课堂上让学生直观感性地领略到这一点，那么无论如何都是"隔"着的。

王崧舟

通常，我们是要将学习目标表述得清晰、规范、合理，并将之用文字锁定在备课本上的时候，才会觉得一块石头已经落地了。其实，这是一种很大的遮蔽，甚至是一种自欺欺人。学习目标究竟是什么？语文课程目标又有怎样的特点呢？

我想说的是，我备《去年的树》这一课，根本就没有目标。我们必须思考，模糊就是不科学吗？混沌就是低效、无效甚至负效吗？

真正的目标具有整体性、有机性；真正的目标就是你心中最大、最强烈的语文憧憬，就是你的言语人格的外化。混沌中自有一种语文的秩序在推动着你、模糊的背后是更清晰的一种洞见。我们的语文直觉，往往指引着所谓的目标。有时候，特别是语文，直觉比理性更有力量。

我还要说明一点，课的框架也不是线性设计而成的，我的备课常会得益于灵感的瞬间一现。比如，三次练笔，最早出来的是第二次，但是，第二次的设计也经历了波折。先是让故事中的所有人物都成为练笔的对象，发现节奏不对，马上做了删除，只剩下鸟儿了，把所有的情感焦点都集中到鸟儿身上，我发现那才是我真正想要的设想，之后才有了第三次的练笔设计。

对于第三次练笔，我安排了三个环节：第一，让学生写一写鸟儿的心理活动，这是肯定；第二，比照故事，这些心理活动作者并没有写，这是否定；第三，虽然没有写，但这些情感我们都体会到了，这是新的肯定。第三次设计，让我顿悟了"肯定、否定、再肯定"的辩证解读过程。正是在一正、一反、一合的循环上升中，学生感悟到语言的质朴、平淡，同时又深切感悟到鸟儿的一往情深、一诺千金和一片冰心。于是，灵感被放大，照亮了前面两次的练笔设计，就有了大家看到的课堂场景。

罗才军

是的。这才是我最震撼的地方，您用这样朴素的还原和比较的方式把那样深刻的"绚丽之极归于平淡"说得淋漓尽致。就这三次练笔来说，我想它们所承载的远远不止文本特点的领悟这么简单。

王崧舟

这样的设计，不能只是从"术"的层面上去观照。因为"术"毕竟只是工具，"术"是障眼法，"道"才是灵魂，"道"的体悟才是根本所在。没有切近地体悟"道"，体悟文本的大美，就不可能瞬间迸发出类似这种"术"的灵感。

罗才军

但我们看到王老师您在这一课中直面了这个大家都"视而不见、避之唯恐不及"的艰难命题，而且是在深谙文本特点、成功对接了文本审美情感的基础上，又将文本表达上的真谛——那种"绚烂之极归于平淡"，那种"诗意的朴素和简约的优雅"展现得淋漓尽致。

王崧舟

前不久，我就语境视野下的语用教学做了一次专题讲座。我觉得找到了在阅读和写作的两极之间求得平衡的一些原则和措施。

1. 语用学习和内容理解相融合；
2. 语用学习和情感陶冶相融合；
3. 语用学习和学法指导相融合。

这里的关键是融合。《去年的树》正是对融合的一种尝试，融合消解了两极的对立和分裂。语用学习是主线，这让语文更贴近语文，内容理解的融合，则让阅读和语用在一个更高的层面上握手言和。

罗才军

我以为《去年的树》达成了这种"真正的融合"，阅读也好，写作也罢，完美对话，微笑讲和。浑然一体是语文的正道！

王崧舟

但是，情感陶冶的融合，才是我最为看重的。她使语文课天然地散发出诗意的魅力，光彩照人。总之，语用、理解、审美、哲思，当然还有理性，是完全可以融为一体的。正所谓华枝春满、天心月圆是也。

吴学军

相对于孤立地评析单独的课例，我更喜欢纵向比较王老师近几年的一些课例，从中去揣摩他的教学思想的变化，去探寻他对语文课程的价值取向。而《与象共舞》《望月》《去年的树》这三节课，的确让我们有迹可循。记得2009年王老师上《与象共舞》时，我就写了一篇《与象共舞——阅读本位与写作本位的共舞》的课评。因为之前看过王老师与潘新和教授的访谈，所以猜到王老师是通过一个人的同课异构来呈现两种终极的语文教学课程价值取向。一听，果然如此。这两堂课如同两杯饮料，一杯是牛奶，一杯是咖啡。不过，王老师自己好像并没有对这两种价值取向做出评价，似乎有留待后人评说的意味。而《望月》，如王老师所说，他是将两种价值取向在同一堂课呈现，前面是阅读本位，后面是写作本位。这堂课如果说也像一杯饮料的话，那么上面一层是牛奶，下面一层是咖啡。《去年的树》的推出，让我们见到了这两极价值取向的水乳交融。从这三堂课的教学思想轨迹中，我们见到了诗意语文的与时俱进、日臻完善及凤凰涅槃。《去年的树》就如诗意语文核心思想的物化，证明了阅读本位可以与写作本位水乳交融。语文课既不应该止步于内容与含义的阅读本位，也不应该是局限于听说读写的语言训练，而应该是在情境中学习语言文字。《去年的树》如同语文教学迷雾中的一盏明灯，为当前语文教学中出现的两种倾向指明了方向。诚如王老师所说："放弃情与境的语文学习是机械的语言文字训练。"

王艳桂

《去年的树》一文，文字简洁，语言质朴，故事情节简单，站在通读方面角度看，是适宜小学生阅读的一篇童话故事。而简洁、质朴的文字语言包蕴下的意旨却耐人寻味，这耐人寻味的意旨对小学生来说，在解读文本时的层次方面就存在一定的难度了。王老师却能艺术地通过自己对生命的解读，化难为易地领着孩子们进行了一次生命的体验。

刘晶晶

想请教王老师，这节课上完之后，您有没有什么遗憾？

王崧舟

遗憾很多，这是真话。

第一，平淡的韵致，离学生的真切体悟还有很长的路要走。学生并不认为这种平淡是大美、是极致的美，相反，他们觉得这是不具体、不生动的习作例文。这是一种长期累积的痼疾，不是一堂课所能解决的。

第二，学生的自主学习空间还可以继续打开。但是，这是一个非常矛盾的问题。因为语文的浸润、感染、陶冶是需要一种场、一种氛围的。两者如何调和，如何贯通，确是需要更高的智慧、更大的教学勇气。

我还需要不断超越，昨天的王崧舟已经过去，我是那必须超越的存在。

第三编

『儒』：千古一课堂

——《孔子游春》课堂实录与品悟

阅读精神的嘶鸣

　　说"诗意语文"的源头在孔子那里，这话大概不过分。孔子礼乐仁和的理想正是王崧舟老师的教育追求，《论语》中师生围坐畅聊、抚琴而歌、自由对话、其乐融融的教育方式也正是"诗意语文"向往的精神境界。所以，当王崧舟老师执教《孔子游春》，很多人会觉得光阴回转，2500多年前的那个春日重来，孔子的礼乐之教在王崧舟老师的课堂上以另一种方式呈现。

　　王老师是懂孔子的，懂得他春风化雨的教育，懂得他"知其不可为而为之"的情怀，懂得他的寂寞与孤独，也懂得他在寂寞与孤独里所体会到的境界。他是以自己生命的全息去感受孔子，理解孔子的，而不是以某些被供上"神坛"的、风干了的符号，去膜拜孔子。比如"至圣先贤"，比如"万世师表"，比如"伟大的教育家、思想家"。于是，他感受到的是带着常人温度的孔子，他也要让孩子们感受到这种温度。于是，在《孔子游春》一课里，王老师把孔子请下了"神坛"，回到他最朴素、最原初的身份——"老师"。

　　"老师"这个称呼，对孩子们而言，太普通，太熟悉了。作为"老师"的孔子显然比"伟大的教育家、思想家"更容易亲近。让孩子们亲近孔子，这就够了，有了这份亲近，孔子所代表的更多、更深厚的文化精神迟早会在生命成长的路上与他们相遇。而且，当孔子的身份被还原到"老师"，文本的解读一下子有了轻巧的把手，"课堂""课文""课题"分别对应故事中的自然环境、观水悟理、琴歌言志。这样的解读真是巧妙之极！

　　一切都是那么自然、和谐、顺畅。但是，沉浸与陶醉之后，立足沉思，问题马上就浮了上来：这节课的教学显然是围绕着课文内容设计的，我们2011 年版课标所强调的"语言文字运用"体现在哪里？王老师自己这些年所呼吁关注的"语文意识""言语形式"又体现在哪里？课中的三次练习，似乎触到了一点，但是不明朗、不清晰啊！

翻看这一课的教学设计，王老师对这一课的目标定位如下：

1. 能正确、流利、有感情地朗读课文。
2. 初步感受孔子作为一位老师的伟大形象。
3. 依托课文重点语段，感受和理解水的品格，进而感受和理解君子的品格。
4. 能背诵课文第 2、8 两个自然段。

明显的"语用"的目标真的没有！这怎么可能呢？王老师自《慈母情深》一课起，呼吁"语文意识的回归"，强调学习语文要关注言语的形式，体味文本的"佳妙"，就是在强调"语言文字运用"啊！在《望月》一课里，这种强调指向了散文"景事交融"的写法；在《去年的树》一课里，这种强调指向了新美南吉平淡的文字风格；为什么在《孔子游春》一课里，王老师放下了这种"强调"呢？

《孔子游春》一课的背后，又承载了王老师对语文怎样的理解与思考呢？

在课后的说课里，王老师这样解释语文教学中的"语用"。

语用教学事实上存在这样三个层次：第一个层次是显性层次，和"语用表达"基本对应，即我们经常在课堂上看到的让学生实际使用语言文字，我们把这个层次称为"直接之用"；第二个层次是柔性层次，和"语用构思"基本对应，即根据文本的语用特征和个性，让学生感受、理解一些基础的语用知识和策略，积累一些基本的语用材料和碎片，但并不一定实际使用语言文字，我们把这个层次称为"储备之用"；第三个层次是隐性层次，和"语用立意"基本对应，即看起来似乎跟语用教学没有任何关联，课堂上就是纯粹的阅读，阅读的取向主要也不在"写作本位"上，唯精神思想是取。这个层次既无直接之用，亦无储备之用，但却深刻影响着语用主体的精神生命、思想灵魂，我们把这个层次称为"无用之用"。

原来，显性之用、储备之用、无用之用合起来才是完整的言语生命！在语文教学普遍强调"语用"，却几乎要重新陷入片面的语文知识传授、语文技能操练，重新陷入实用主义与科学主义泥淖的当下，王老师在用《孔子游春》这一课为语文教育的"语用"寻找真正的出口！

不是说王崧舟老师总是先知，先能。在语文教育的路上，与所有普通的语文老师一样，他用自己真切的课堂实践与体验艰难跋涉、苦苦求索。在《望月》一课里，我们曾看到他一样陷入了文化追寻与理性探究的纠结，陷入了实用态度与审美态度的矛盾与焦灼；在《去年的树》一课里，他仍在试图调和这种矛盾与纠结，却仍未完全摆脱。于是，他重新梳理自己的思路，重新审视自己对语文的理解。在《语文的"见"与"不见"》一文中，他写道：

"见"是发现，"不见"则是遮蔽。

"语文"的发现，总是伴随着"非语文"的发现。一如老子所言：有无相生，难易相成，长短相刑，高下相盈，音声相和，先后相随。

要发现"语文"，就得在"语文"跟"非语文"之间划出一条边界来，以我30年教语文的经验，这绝对是一件吃力不讨好的事儿。

他在语境中重新审视"语用"，将语用的发生还原为言语主体与环境激荡、互动、产生言语表达的过程。当语文教学看到完整的"言语生命"，而不是"言语碎片"，"语用焦虑"就可以放下了，真正的阅读与阅读教学得以还原，那是宽容、超拔而丰赡的，它带着理性的深度，带着审美的诗意，也带着生命的厚度指向灵魂与精神的自由。

所以，《孔子游春》一课，温文尔雅的课堂背后，是真正阅读精神的嘶鸣。

这种嘶鸣不是某种回头，而是对言语精神否定之否定后的再次发现与确证。

正如孔子的时代在孔子身后，我想，这一课的意义在这一课之后。

课文呈现

《孔子游春》

春天到了，孔子听说泗水正涨春潮，便带着弟子们到泗水河边游玩。

阳光普照着大地，泗水河边桃红柳绿，草色青青，习习的春风像优美的琴声，在给翩翩到来的春天伴奏。大自然多像一位伟大的母亲！广袤的大地是她宽广的胸怀，茂盛的森林是她飘逸的长发，温暖的太阳是她明亮的眸子，和煦的轻风是她甜蜜的絮语……

孔子的心情很不平静，就像他眼前的泗水波澜起伏。活泼欢快的泗水从大山中滚滚而来，又不知疲倦地奔腾而去，孔子动情地望着泗水河，陷入了沉思。弟子们不知老师在看什么，都围拢过来。

子路问道："老师在看什么呢？"

孔子说："我在看水呀。"

"看水？"弟子们都用疑惑的眼光望着老师。

子贡说："老师遇水必观，其中一定有道理，能不能讲给我们听听？"

孔子凝望着泗水的绿波，意味深长地说："水奔流不息，是哺育一切生灵的乳汁，它好像有德行。水没有一定的形状，或方或长，流必向下，和顺温柔，它好像有情义。水穿山岩，凿石壁，从无惧色，它好像有志向。万物入水，必能荡涤污垢，它好像善施教化……由此看来，水是真君子啊！"

弟子们听了老师的一番宏论，无不惊讶，谁能料想，从司空见惯的流水中，老师竟能看出如此深奥的道理！

绿草如茵的河畔，弟子们围在老师身边，有的蹲着，有的坐着。老师拨动琴弦，弟子们跟着唱起歌来。歌声融进温暖的春天里。泗水河畔，洋溢着浓浓的师生情谊。

过了一会儿，弟子们三三两两散开了，有的采花，有的捕蝶，有的垂钓，有的戏水，只有颜回和子路在陪伴着老师。孔子说："可以说说你们的志向吗？"

子路是个急性子，老师的话音未落就开了腔："我愿意把车马、衣服拿出来跟朋友们一块儿享用，就是用坏了、穿破了我也不会在意。朋友之间就应该有福同享嘛。"

温文尔雅的颜回经过深思熟虑，从容不迫地说："我希望成为一个不为自己表功的人。"

孔子用赞许的眼光看着他们，微微地点了点头。

子路问道："老师能和我们说说您的志向吗？"

孔子微笑着说："我就盼望着有那么一天，所有人在晚年的时候都能够安享幸福，朋友之间都能够相互信任，年轻的子弟们都能够怀有远大的理想。"

"颜回呀，听说你把自己的志向写进了一首歌里。何不唱给老师听听？"

孔子说着，将琴推到颜回面前，颜回并不推辞，他调好琴弦，一边弹一边唱。孔子先是侧耳倾听，过了一会儿，竟情不自禁地手舞足蹈起来。

泗水河畔的春意更浓了。①

① 注：本课选自苏教版义务教育课程标准实验教科书《小学语文》六年级下册第23课。

诗意语文课堂实录与品悟

去蔽，回到语文的春天里

一、千古一"老师"

师：（屏幕出示课题）请看大屏幕，我们今天要学的《孔子游春》是一篇新编的历史故事。从题目上看，你觉得这个故事的主人公应该是谁？

生：这个故事的主人公是孔子。

师：没错，是孔子。其实题目当中出现的人名往往就是这个故事的主人公，这需要我们在接下去的阅读当中特别留心。现在我们一起来读这个题目，注意把主人公突出出来。

生：（齐读课题，"孔子"二字自觉重读）孔子游春。

师：真好！再来一次！

生：（齐读）孔子游春。

【朗读课题，突出"孔子"。在课的开始，教师用这样的方式轻轻提醒学生：这节课，我们将一起用心感知孔子的温度。】

师：我知道你们已经预习过课文了。在《孔子游春》这个故事中，孔子并不是一个泛泛的人物，他是以一个特殊的身份出现在这个故事当中的。大家一定还记得故事的开头，当孔子带着弟子们来到泗水河边，动情地望着泗水的时候，课文是这样写的。谁来读一读？

（屏幕出示：弟子们不知老师在看什么，都围拢过来。）

（生朗读句子）

师：你们看，在弟子们的眼中，孔子的身份是什么？

生：孔子的身份是老师。

师：没错，是老师。我们继续看，在故事进行当中，当弟子们问孔子"老师在看什么呢？"，孔子说"我在看水"的时候，课文是这样写的。谁来读一读？

（屏幕出示：老师遇水必观，其中一定有道理，能不能讲给我们听听？）

（生朗读句子）

师：很好！你们看，在弟子们的话中，孔子的身份也是什么？

生：孔子的身份也是老师。

师：很好！我们继续看。在故事的结尾，当孔子了解了颜回的志向之后，课文又是这样写的，谁来读一读？

（屏幕出示：颜回啊，听说你把自己的志向写进了一首歌里。何不唱给老师听听？）

（生朗读句子）

师：好的，你们看，在孔子自己说的话中，也承认自己的身份是什么？

生：孔子也承认自己是老师。

师：是的，也是老师！所以，孩子们你们看，这个故事从开头到中间，从中间到结尾，孔子的身份只有一个，那就是——

生：（齐）老师。

（师板书：老师）

师：是的，老师。老师这个身份我们非常熟悉，我们天天在称呼老师，天天在跟老师接触，那么，课文当中的孔子，又是一位怎样的老师呢？今天，就让我们一起走进这个故事。

【课初始，王老师按照故事发展的顺序巧妙提取了三个关键句，提醒学生发现和关注：无论是在故事的开头、中间还是结尾，无论是在弟子的称呼中还是孔子自己的话里，孔子的身份都是"老师"。同时，这三个关键句恰好从"观水""谈水""言志"三个方面帮助学生梳理回顾了课文大意。

就这样，孔子带着他的弟子们走来了。2500多年的时光褪去，一起褪去的还有"教育家""思想家"的光环。出现在孩子们面前的孔子，只是一个"老师"。这样的身份真是朴素之极又贴切之极。

当孔子的身份还原为"老师"，后面对"课堂""课文""课题"的品读就自然地像与孩子们话家常。】

二、天地一"课堂"

师：大家知道，老师平时最常做的一件事就是给学生们上课，就像我现在给大家上课一样。既然要上课，就得有课堂。（板书：课堂）请你们快速浏览课文，找一找孔子的"课堂"在哪里。找到之后，在旁边写上"课堂"两个字。

（生按要求浏览课文，师巡视指导。）

师：来读一读你找到的孔子的"课堂"，请！

生：（读）春天到了，孔子听说泗水正涨春潮，便带着弟子们到泗水河边游玩。

师：孔子的"课堂"在哪里？

生：孔子的"课堂"在泗水河边。

师：没错，孔子的"课堂"在泗水河边。请你们再找一找，有一段文字具体地描写了这个"课堂"，谁找到了？

生：（读）阳光普照着大地，泗水河边桃红柳绿，草色青青，习习的春风像优美的琴声，在给翩翩到来的春天伴奏。大自然多像一位伟大的母亲！广袤的大地是她宽广的胸怀，茂盛的森林是她飘逸的长发，温暖的太阳是她明亮的眸子，和煦的轻风是她甜蜜的絮语……

师：真好！这是孔子的"课堂"，它就在泗水河边。我们一起来读一读这个"课堂"，好吗？

（屏幕出示）

阳光普照着大地，泗水河边桃红柳绿，草色青青，习习的春风像优美的琴声，在给翩翩到来的春天伴奏。大自然多像一位伟大的母亲！广袤的大地是她宽广的胸怀，茂盛的森林是她飘逸的长发，温暖的太阳是她明亮的眸子，和煦的轻风是她甜蜜的絮语……

（生在教师的引导下齐读）

师：我很奇怪，真的很奇怪，你们刚才读的是课堂吗？孩子们，跟我们现在的课堂比一比，孔子的"课堂"里没有什么？

生：孔子的"课堂"里没有书桌，没有黑板。

师：对！书桌没有，黑板也没有！

生：孔子的"课堂"里也没有凳子。

师：凳子也没有！

生：孔子的"课堂"里也没有书本。

师：连书本都没有！你说这叫"课堂"吗？我们再一起读一读，这到底是不是"课堂"？

（生再次齐读对应段落）

师：瞧，真是奇怪！孔子的"课堂"没有黑板，孔子的"课堂"没有课桌，孔子的"课堂"没有讲台、没有电脑、没有多媒体，孔子的"课堂"甚至连书本都没有！

【"跟我们现在的课堂比一比，孔子的'课堂'里没有什么？"这一比，照出的是学生对常规课堂的理解与想象。】

师：然而，你们仔细看，跟我们现在的课堂比一比，孔子的"课堂"里有什么？

生：跟我们现在的课堂比，它有优美的环境。

师：你能具体说说吗？比如它有——

生：它有"桃红柳绿"。

师：对！它有"桃红柳绿"，再看，它有——

生：它有"习习的春风"。

师：它有"习习的春风"，它有——

生：它有"草色青青"。

生：它有"茂盛的森林"。

生：它还有优美的"琴声"。

师：是的！那是"习习的春风"。孔子的"课堂"竟然有这些！你说，这课堂怎不让人奇怪！是的，这课堂太特别了！你们看，阳光——

（屏幕出示：阳光普照　泗水欢腾　桃红柳绿　草色青青）

生：（自然跟读）普照！

师：泗水——

生：（自然跟读）欢腾！

师：桃红——

生：（自然跟读）柳绿！

师：草色——

生：（自然跟读）青青！

师：这课堂太美了！这里有——

（屏幕依次出示：广袤的大地、茂盛的森林、温暖的太阳、和煦的轻风）

生：（齐读）广袤的大地。

师：这里有——

生：（齐读）茂盛的森林。

师：这里有——

生：（齐读）温暖的太阳。

师：这里有——

生：（齐读）和煦的轻风。

【"跟我们现在的课堂比一比，孔子的'课堂'里有什么？"这一比，照出的是孔子"课堂"的美丽与诗意。】

师：这样的课堂，怎不让人浮想联翩呀！

（屏幕出示）

大自然——伟大的母亲

广袤的大地——宽广的胸怀

茂盛的森林——飘逸的长发

温暖的太阳——明亮的眸子

和煦的轻风——甜蜜的絮语

师：看，大自然多像一位——

生：（自然跟读）伟大的母亲。

师：广袤的大地是她——

生：（自然跟读）宽广的胸怀。

师：茂盛的森林是她——

生：（自然跟读）飘逸的长发。

师：温暖的太阳是她——

生：（自然跟读）明亮的眸子。

师：和煦的轻风是她——

生：（自然跟读）甜蜜的絮语。

师：这"课堂"多像一幅画啊！这"课堂"多像一首诗啊！

（屏幕再次出示描写孔子"课堂"的相应文字，如诗歌般分行排列，师生合作，再次朗读。）

【自然引读，悄悄触及这段文字写作的"秘妙"。

声声诵读是对内容的感知，对词语的积累，也是教师课堂叙事的手段，它层层晕染，荡开课的"境"与"场"。】

师：孩子们，假如你们当时就置身在这样的"课堂"里，你们的感受是什么？你们的心情会如何？

生：我早就陶醉在这美丽的"课堂"里了！

师：好一个"早就陶醉"！是的，我跟你一样，也陶醉了！

生：我的心情会十分舒畅，因为这里环境优美！

师：是啊！这样的环境自然会让人心情舒畅！而你的感受和心情是——

诗意语文课堂实录与品悟

生：我会心旷神怡。

师：你会心旷神怡！哎呀，这个词用得太好了！孩子们，那就让我们带着享受，带着愉悦，带着心旷神怡，走进孔子的课堂——

（优美的音乐缓缓响起，在笛声、古琴声中，生配乐朗读描写孔子"课堂"的文字，入情入境。）

师：这样的课堂怎不让人陶醉啊！这样的课堂不仅在我们的眼前，也在我们的心中！看，阳光——

（生在教师的引导与提示下自然接背描写孔子"课堂"的句子。）

【在一遍又一遍地诵读中，课境层层推进，2500多年前泗水的那个春天再现——不仅出现在孩子们的眼前，也悄悄进入了孩子们的心里。

原来，背诵可以这样简单，这样自然。】

师：这如诗如画的"课堂"啊！那是孔子的"课堂"！而这个"课堂"，一半是我们看到的，另一半却是我们想到的。现在，请大家把看到的课堂和想到的课堂一一对应起来。请大家完成课堂练习一。

（屏幕出示练习内容）

看到习习的春风，想到_____；

看到_____，想到宽广的胸怀；

看到茂盛的森林，想到_____；

看到_____，想到明亮的眸子；

看到和煦的轻风，想到_____。

（生完成练习，教师巡视指导。）

【填空练习，充分感知这段文字写作的"秘妙"。】

师：好的，谁能把看到的课堂和想到的课堂联系起来，读一读？

生：（声音急促地）习习的春风——看到习习的春风，想到优美的琴声。

师：不着急，孩子，慢慢地读。

生：（稍顿，从容地）看到习习的春风，想到优美的琴声；看到广袤的大地，想到宽广的胸怀；看到茂盛的森林，想到飘逸的长发；看到温暖的太阳，想到明亮的眸子；看到和煦的轻风，想到甜蜜的絮语。

师：完全正确！真好！

【"不着急，孩子，慢慢地读。"现场中的那个女孩稍有紧张，王老师走上前轻声地安慰。孩子，与那个答案是否正确相比，老师更看重的是你在学习过程中是否享受了轻松与愉悦。】

师：（屏幕出示练习答案）孩子们，我们一起来读，体会"看到的"和"想到的"是怎样联系在一起的。看到习习的春风，想到——

生：（齐读）优美的琴声。

师：看到广袤的大地，想到——

生：（齐读）宽广的胸怀。

师：看到茂盛的森林，想到——

生：（齐读）飘逸的长发。

师：看到温暖的太阳，想到——

生：（齐读）明亮的眸子。

师：看到和煦的轻风，想到——

生：（齐读）甜蜜的絮语。

师：多美的"课堂"！我们光看到这样的课堂：习习的春风，广袤的大地，茂盛的森林，温暖的太阳，还有和煦的轻风，就已经够美的了！当由这样的课堂再想到那宽广的胸怀，飘逸的长发，明亮的眸子，还有那甜蜜的絮语的时候，这"课堂"更是美上加美！

【发现写作的"秘妙"还不够，还要点明这样写的好处。】

师：请问，这是谁的课堂？

生：（齐答）孔子的课堂。

师：喜欢这样的课堂吗？

生：（齐）喜欢。

师：向往这样的课堂吗？

生：（齐）向往。

【从眼中的"课堂"到心中的"课堂"，从眼中的文字到心中的文字。从词语至短语至句子，从感悟到理解、积累、运用。学习的发生如春风拂面无形，如春雨润物无声。

在这一板块中，王老师通过引导学生将孔子的"课堂"与普通的课堂相比较，感受孔子的"境教"。孩子们在反复的对话与诵读中，不知不觉，入情入境，仿佛置身于泗水河边，微风吹来，桃红柳绿，草色青青，天地一课堂。

教学中，王老师反复提醒学生："这样的课堂太特别了！""这样的课堂怎不令人奇怪！"是啊，在今天看来，孔子的"课堂"太诗意、太美妙、太奇特了！但是，当时只道是寻常——因为教育本来没有"课堂"，或者说"课堂"本来没有"围墙"，是我们自己给教育筑起了"围墙"。

王老师大约也想拆掉这"围墙"，动人的音乐、清新的图画、琅琅的书声、和谐的对话、入情的想象，这美好的课境，不正如孔子"礼乐仁和"的理想？】

三、流水一"篇章"

师：但是要上课，光有课堂是不够的。至少，还要有一篇课文。（板书：课文）孩子们，请你们快速浏览课文。找一找，孔子的"课文"又在哪里？找到之后在旁边写上"课文"两个字。

（生按要求浏览课文，师巡视指导。）

师：来读一读你们找到的课文。

生：（投入朗读）孔子凝望着泗水的绿波，意味深长地说："水奔流不息，是哺育一切生灵的乳汁，它好像有德行。水没有一定的形状，或方或长，流必向下，和顺温柔，它好像有情义。水穿山岩，凿石壁，从无惧色，它好像有志向。万物入水，必能荡涤污垢，它好像善施教化……由此看来，水是真君子啊！"

师：太对了，太好了！你们知道他最打动我的是什么？不是他的声音，而是他读书时那种全神贯注的表情，真好！孩子们，请看，这就是我们在课文当中找到的孔子给弟子们准备的那一篇课文。这篇课文一共有五句，我们一起来读一读。

（屏幕出示）

水奔流不息，是哺育一切生灵的乳汁，它好像有德行。水没有一定的形状，或方或长，流必向下，和顺温柔，它好像有情义。水穿山岩，凿石壁，从无惧色，它好像有志向。万物入水，必能荡涤污垢，它好像善施教化……由此看来，水是真君子啊！

（生在教师引导下齐读）

师：关于"水"这篇课文，孔子说了些什么？想了些什么？你们能够读懂水的哪些特点呢？现在，请你们静静地默读这篇"课文"，在读懂的地方，你们可以写一点批注，一个词、一个短语，甚至一句话都可以。

（生默读，批注，师巡视。）

【"静故了群动"，面对理解的难点，给足学生自读自悟的时间。浏览，默读，批注，观照的正是学生学习的起点。】

师：现在我们一起来看看，孔子这篇关于水的课文，到底写了些什么。这是课文当中的第一句话，也是关于水的第一个特点。谁来读一读？

（屏幕出示：水奔流不息，是哺育一切生灵的乳汁，它好像有德行。）

（生朗读句子）

师：说说你对这句话的理解。

生：水不停流动，不断用自己的身体去滋润万物生长。

师：嗯。你说的"滋润"就是这段话当中的哪个词？

生：哺育。

师：没错，把"哺育"这个词圈出来！我们来想象一下，我们这个世界上假如没有了水的哺育，结果将会是——

生：所有的动物都会渴死。

生：花草也会枯萎。

生：人类也会灭亡。

生：地球上就不会有生命存在了。

师：不会有生命！是的，假如这个世界没有了水的哺育，一切生物或者渴死，或者枯萎，或者灭亡！这个世界将毫无生机，因为这个世界将没有生命的存在！那么大的作用，那么大的功劳，水却奔流不息，默默无闻，没有向万物索取任何东西！这样的水就是"有德行的水"。（板书：有德行）请你把这个词画下来。

【水利万物而不争。此处引导学生想象没有水的世界会是怎样的，来体会水的作用，水的默默无闻，水的"有德行"。】

师：我们继续看，这是关于水的第二个特点。

（屏幕出示）

水没有一定的形状，或方或长，流必向下，和顺温柔，它好像有情义。

生：（朗读句子之后）我对这句话的理解是，水只根据环境改变自己的形态，而不改变环境，十分随和。

师：体会得太好了！你用自己的语言完完全全地理解了水的这个特点！你刚才说水是没有一定的形状的，是吗？这句话中哪个词告诉你水是没有一定的形状的？

生："或方或长"这个词。

师：真好！或方或长。是的，水可能是长的，也可能是方的，因为水没有一定的形状。其实，说到水没有一定的形状，古人有很多写水的诗句。让我们也如孔子一样，来个"见水必观"——

（屏幕出示：半亩方塘一鉴开，天光云影共徘徊。——宋·朱熹）

（生朗读诗歌）

师：读得真好！古诗中哪个词告诉你这时候的水是方的？

生：从"方塘"这个词中可以看出水是方的。

师：对了！"方塘"这个词让我们知道了此刻的水是——

生：方的。

师：我们继续看，谁来读？

（屏幕出示：无边落木萧萧下，不尽长江滚滚来。——唐·杜甫）

（生朗读诗歌）

师：太好了！在这句古诗中你有没有发现，哪个词告诉我们此刻的水是长的，而且很长很长？

生：我从"不尽"这个词中体会到水很长很长。

师：没错，就是"不尽"这个词告诉我们水很长很长。孩子们，你们看，水遇到方塘的时候就是——

生：方的。

师：遇到长江的时候，就变成了——

生：长的。

师：这就是水的"和顺"。我们再来看这一句——

（屏幕出示：飞流直下三千尺，疑是银河落九天。——唐·李白）

（生朗读诗歌，认真投入，但稍有生涩。）

师：读得挺好。在这句古诗中你有没有发现有一个词告诉我们此刻的水是直的？

【适时的安慰与鼓励，自然、贴切。令我们动容的，往往是这样小小的细节。】

生：从"飞流直下"的"直"字可以体会到。

师：毫无疑问，就是"直下"这个词让我们看到这一刻的水是"直"的。我们再来看这一句——谁来读？

（屏幕出示：九曲黄河万里沙，浪淘风簸自天涯。——唐·刘禹锡）

（生朗读诗歌，"曲"读为三声。）

师：第二个字，"九曲"，读第一声，再来一次。

（生纠错再读）

师：读对了。孩子们，你们看，在这句古诗中有一个词告诉我们，此刻的水不是直的，而是曲的。

生：我从"九曲"这个词中体会到了此刻的水是曲的。

师：是的。孩子们，你们看，水没有一定的形状，该直的时候就"飞流直下",该曲的时候就"九曲黄河",这是水的"温柔"。"和顺温柔"的水啊,就是"有情义"的水!(板书:有情义)把这个词圈出来。

【此时的水从古诗中走来,经过朱熹,经过李白,经过杜甫,经过刘禹锡,带着诗情与灵秀,随物赋形,和顺温柔。

此时的语文如水,拓展积累、品读理解,带着文化与历史的温润,意境开阔,脉脉流深。】

师:我们继续看水的第三个特点,谁来读一读?

(屏幕出示:水穿山岩,凿石壁,从无惧色,它好像有志向。)

生:(朗读句子之后,自动谈感受)我从"凿石壁"这个词中体会出了水遇到困难毫无惧色。

师:没错!哪个字让你看出这一点?

生:"凿"字。

师:"凿"字,很好!好眼力!眼睛很尖,一下子就锁定了那个特别重要的字——"凿"!其实,跟"凿"一样,还有一个字,一样能说明水的力量和志向,哪个字?

生:"穿"。

师:水"穿"的是什么?

生:山岩。

师:"凿"的是什么?

生:石壁。

师:没错,一个"凿",一个"穿",让我们真真切切地感受到了水的毫无惧色,水的奔流向前。

(屏幕依次出示水的图片,教师激情引读。)

师:看!水从雪山走来——

生:(齐读)穿山岩,凿石壁,从无惧色,它好像有志向。

师:看!水向大海奔去——

生:(齐读)穿山岩,凿石壁,从无惧色,它好像有志向。

师:看!水从远古走来——

生：（齐读）穿山岩，凿石壁，从无惧色，它好像有志向。

师：看！水向未来奔去——

生：（齐读）穿山岩，凿石壁，从无惧色，它好像有志向。

师：穿山凿壁的水啊，从无惧色的水啊，在孔子眼中，就是有志向的水！（板书：有志向）把这个词圈出来。

【温柔处已还了它温柔，这慷慨处当然要还它个慷慨。品读关键字之后，教师的引读极富感染力，学生也越读越激昂，回环复沓，铿锵有力。】

师：我们继续往下看——

（屏幕出示：万物入水，必能荡涤污垢，它好像善施教化。）

（生朗读句子）

师：你知道"善施教化"是什么意思吗？

生：不知道。

师：好！孔子曰："知之为知之，不知为不知，是知也！"需要帮助吗？

生：需要。

师：你可以请教你的同学，你想向谁请教？（生答一同学的名字）孔子曰："三人行，必有我师焉。"你应该叫他——

生：韩老师。（笑声）

师：好，有请韩老师！

生：善施教化是说水能够荡涤污垢，让人的思想显现出善良纯洁的一面。

师：（转向前一生）懂了吗？

生：懂了。

师：请问，"荡涤污垢"是什么意思？

生："荡涤污垢"的意思就是，任何东西到了水里以后，水都能够把它洗干净。

师：对，"荡涤"就是"洗"的意思。而跟"干净"相反的那个词就是——

生：污垢。

师：孩子们，你们用水洗过东西吗？（生：洗过）说说洗过什么？

生：我用水洗过衣服。

师：结果呢？

生：原来很脏的衣服变干净了。

师：衣服是这样，思想也是如此。"万物入水，必能荡涤污垢"，肮脏的变干净，污浊的变纯洁，这样的水啊，就是善教化的水。把这个词也圈出来。（板书：善教化）

【用生生互助的办法，结合学生的生活体验，引导学生理解水的"善施教化"。教师引用的孔子名言是孩子们耳熟能详的，恰好与课堂情境相映成趣，这里还出现了此课唯一逗笑的桥段，亦庄亦谐，善教也。】

师：孩子们，刚才我们已经通过自己的学习、思考和讨论，理解了这篇关于水的"课文"。但是，孔子真正要写的，其实并不是"水"，是谁？

生：孔子是想要弟子明白，做人要做真君子。

师：三个字？

生：真君子。

师：没错！太对了！就是"真君子"。（板书：真君子）

师：孩子们，我们看黑板。（指板书）在孔子看来，真君子就应该像水一样——

生：（齐读）有德行。

师：是的。真君子就应该像水一样——

生：（齐读）有情义。

师：真君子就应该像水一样——

生：（齐读）有志向。

师：真君子就应该像水一样——

生：（齐读）善教化。

师：当然，我们也可以把它反过来说，像水一样有德行的人，那才叫作——

生：（齐答）真君子。

师：是的。像水一样有情义的人，那才叫作——

生：（齐答）真君子。

师：像水一样有志向的人，那才叫作——

生：（齐答）真君子。

师：像水一样善教化的人，那才叫作——

生：（齐答）真君子。

师：看到像水一样的人，我们的心中油然而生的是什么感情？

生：是敬意。

生：是感激。

生：是尊敬和崇拜。

师：是尊敬和崇拜，是尊崇。真好！那就让我们怀着这样的感情，再次走进这篇关于水的课文。看，水奔流不息，读——

（屏幕出示）

水奔流不息，是哺育一切生灵的乳汁，它好像有德行。水没有一定的形状，或方或长，流必向下，和顺温柔，它好像有情义。水穿山岩，凿石壁，从无惧色，它好像有志向。万物入水，必能荡涤污垢，它好像善施教化……由此看来，水是真君子啊！

（音乐声起，生配乐齐读，声情并茂）。

师：读得好！你们的声音里包含着对水的向往与憧憬，我知道你们真正向往和憧憬的是像水一样的品格。

【智者乐水。真君子一样的水啊，水一样的真君子！】

师：这就是孔子为弟子们编写的课文。而这篇关于水的课文，其实一半是看到的，另一半也是想到的。现在请你们把看到的水和想到的水一一对应起来，完成课堂练习二。

（屏幕出示）

看到水奔流不息，哺育生灵，想到_____；

看到水或方或长，和顺温柔，想到_____；

看到水穿山凿壁，从无惧色，想到_____；

看到水流经万物，荡涤污垢，想到_____。

（生按要求做练习，师巡视指导。）

师：好，谁能把"看到的水"和"想到的水"对应起来读？

生：看到水奔流不息，哺育生灵，想到它好像有德行；看到水或方或长，和顺温柔，想到它好像有情义；看到水穿山凿壁，从无惧色，想到它好像有志向；看到水流经万物，荡涤污垢，想到它好像善施教化。

师：太好了！就是如此。这就是孔子为弟子们编写的关于水的课文，它是由看到的和想到的两个部分组成的。我们一起来。看到水奔流不息，哺育生灵，想到——（屏幕出示答案，师生合作，两次朗读"看到的"和"想到的"。）

【再次关注写法，由"看到的水"到"想到的水"。】

师：是的。那么孩子们，请你们想一想，假如在这篇关于水的课文当中只有"看到的"，却没有"想到的"，行不行？

生：我觉得不行。因为加上想到的，才能引出孔子认为水是真君子，才能以此来教育弟子们。

师：好！只有把"想到的"加进去了才有教育意义。好！看来你是做老师的料啊！

生：我也觉得不行。因为如果没有加上想象到的话，他就不能从司空见惯的水中体会出那么多的道理。

师：说得太好了！不能由司空见惯的水中看出它的特点，不能只看表面，更要看到水的品格，这才是"想到的"作用。说得真好！

师：那么我们反过来行不行？如果关于水的这篇课文只写"想到的"，却不写"看到的"，行不行？说说你的看法。

生：我认为不行。因为只有你看到了才能想到。你看都没看到怎么想到！

师：对啊，说得真好！虽然话语说得很朴素，但是讲的道理却很深刻。孩子们，是的，只有"看到"没有"想到"，那这"看到的"就失去了教育的意义；只有"想到"没有"看到"，那这"想到的"就失去了现实的根据。正是既有"看到的"，也有"想到的"，那这课文才有感染力，才有说服力。

【知道"怎样写的"还不行，还要知道"为什么要这样写"。言语形式的背后是言语意图。】

师：这是孔子编写的"水"。但是这篇课文实际上并没有写完，因为这一段的最后一句中出现了一个省略号，是吗？事实也是这样，只要去观察、去联想，你就能够继续发现水的其他特点。下面请你来编写"水"的这篇课文。按照"看到什么，想到什么"的思路继续往下写。完成课堂练习三。

（生按要求写话，教师巡视指导。）

师：好，把笔都放下。让我们继续编写关于"水"的这篇课文——

生：水不分昼夜，浩浩荡荡地流向大海，它好像有毅力。

生：水善于帮助万物，但从不与万物争功夺利，它好像很仁慈。

生：水善于帮助万物，但从不向万物索取，它好像不求回报。

生：水淡泊名利，默默地住在最低的地方，它好像懂谦让。

生：水包容万物，不分高贵与低贱、美好与丑陋，它好像宽容大度。

（师相机板书：有毅力、很仁慈、不求回报、懂谦让、宽容大度）

师：真好！孩子们，我们一起来看，通过我们的观察和思考，我们发现了关于水的更多的特点。我们发现，水好像——

生：不求回报。

师：而不求回报的水啊，就是——

生：真君子。

师：水好像——

生：有毅力。

师：而有毅力的水啊，当然就是——

生：真君子。

师：水好像——

生：懂谦让。

师：而很低调的水啊，当然就是——

生：真君子。

师：水好像——

生：宽宏大度。

师：而宽宏大度的水啊，当然就是——

生：真君子。

师：君子一样的水啊，水一样的真君子！这就是孔子为弟子准备的课文。

【上善若水。就让我们将水的品质一一品读，细细感悟。

"水"这篇"课文"是孔子的"言教"，是王老师教学的重点，更是孩子们理解的难点，所以，这一处的教学可谓浓墨重彩，用足心思。

"课文"列举了水的"四德"，王老师就用了四种不同的方式引导孩子们探究、学习。假设品读，古诗品读，画面引读，切己体察。因为王老师知道，"享受摇曳多姿的学习过程，是孩子们的权利"。当学生理解了水的"四德"，他们就理解了"真君子"的品格。

接下来补写"课文"的练笔，显然不是单纯的写作训练，它是对"课文"内容理解的延续与补充，更是对君子品格的拓展与印证。

赖正清老师在评价这一段教学时曾说："学生赏图、醉乐、情读、争说，什么词语理解、句式评价、意义精髓、现实联想都不见了，而实际又都浸透在课堂的进程中。"

是啊，哪怕看不到鲜明的痕迹，语文的水已经流过此处，润泽过言语生命的大地，见与不见，它就在那里。】

四、"点题"真君子

师：孔子为弟子们编写了这篇关于水的"课文"之后，对他的弟子们产生了怎样的影响呢？请你们把子路的志向找出来。

生：（读）我愿意把车马、衣服拿出来跟朋友们一块儿享用，就是用坏了、穿破了我也不会在意。朋友之间就应该有福同享嘛。

师：这是子路的志向，你们有没有在子路的志向当中看到水的影子？

生：有情义。

师：是啊，像水一样有情义的人，就是真君子。我们再把颜回的志向找出来。你来读!

生:(读)我希望成为一个不为自己表功的人。

师:在颜回的志向当中你们有没有发现水的影子?

生:懂谦让。

师:是啊,像水一样懂谦让的人,就是真君子。我们再来找,找到孔子的志向,你来读一读。

生:(读)我就盼望着有那么一天,所有人在晚年的时候都能够安享幸福,朋友之间都能够相互信任,年轻的子弟们都能够怀有远大的理想。

师:这是孔子的志向。你们有没有在孔子的志向当中发现更多的水的影子呢?你看到的是——

生:善施教化。

师:你看到的是——

生:有德行。

师:你看到的是——

生:有志向。

师:你看到的是——

生:不求回报。

师:你们看到的水的品格也就是君子的品格。这堂"课"马上就要结束了,假如这堂"课"需要一个题目的话,(板书:课题)孩子们,你们会为这堂"课"起一个什么题目?

生:真君子。

师:你说出了这堂"课"的教学目标!

生:水的品格。

师:你说出了这堂"课"的主要内容!

生:水是真君子。

师:你把主要内容和教学目标统统说出来了。

生:春意。

师:说得真好!我知道,这个春意一语双关,既指泗水边的春意浓浓,更是指孔子与弟子们的情意深深。原来啊，"孔子游春"不是"春游"，"孔子游春"是他在为弟子们上一堂"课"。这堂"课"的时间选在了春天，这堂"课"的地点选在了——

生：泗水河边。

师：而这堂"课"的"课文"就是那欢腾的——

生：泗水。

师：水的品性成了这堂"课"的学习目标和重点。而这堂课的目的只有一个，那就是希望他的弟子们成为像水一样的——

生：真君子！

【找出孔子与其弟子的志向，在志向中寻找水的影子、水的品质。王老师此处的教学对文本大胆取舍，巧妙剪裁，其设计别出心裁、出人意料，又与"上文"衔接地那样妥帖，那样自然。

发现了"课堂"，理解了"课文"之后，再为这堂"课"拟个"课题"，这"课题"是对学习内容的概括、提升，更是对整堂课的"画龙点睛"。课题一出，这一课就熠熠生辉，顾盼生姿了。】

五、一叹千年为"老师"

师：瞧，我们的孔子是这样上课的！此时此刻，你们觉得孔子是一位怎样的老师？

生：孔子是一位善施教化的老师。

师：有同感！

生：我觉得孔子是一位能够就地取材的老师。

生：我觉得孔子是一位循循善诱的老师。

师：这个词用得太好了！

生：我觉得孔子是一位和蔼可亲的老师。

生：我觉得孔子是一位与众不同的老师。

生：我认为孔子是一位具有真君子品德的老师。

师：是的，孔子就是一位真君子。

生：我觉得孔子是一位知识丰富的老师。

师：是的，孩子们，孔子就是一位这样的老师啊！这样的老师，带着这样的学生，给我们上了一堂课，给我们留下了多么深刻的印象！

师：我非常羡慕颜回和子路，真的！因为他们遇到了孔子这样的老师。我真希望自己能够早生2500多年，那样我就有可能成为孔子的学生。因为我是多么向往能够在这样的课堂里学习啊！看——

（音乐起，音乐里仿佛有鸟鸣啾啾，有低沉的吟叹，有古琴，有笛声，屏幕分行出示。）

阳光普照着大地，泗水河边桃红柳绿，草色青青，习习的春风像优美的琴声，在给翩翩到来的春天伴奏。大自然多像一位伟大的母亲！广袤的大地是她宽广的胸怀，茂盛的森林是她飘逸的长发，温暖的太阳是她明亮的眸子，和煦的轻风是她甜蜜的絮语……

（师生再次动情合作共读描写课堂的段落）

师：在这样的课堂里学习，怎不让人陶醉啊！我又是多么希望自己能够成为像水一样的真君子！看——

（屏幕出示）

水奔流不息，是哺育一切生灵的乳汁，它好像有德行。水没有一定的形状，或方或长，流必向下，和顺温柔，它好像有情义。水穿山岩，凿石壁，从无惧色，它好像有志向。万物入水，必能荡涤污垢，它好像善施教化……由此看来，水是真君子啊！

（师生再次共读描写水的段落）

师：君子一样的水啊，水一样的真君子，怎不让人憧憬和向往！我又是多么盼望孔子的理想能够早点实现，看——

（屏幕出示）

所有人在晚年的时候都能够安享幸福，朋友之间都能够相互信任，年轻

诗意语文课堂实录与品悟

的子弟们都能够怀有远大的理想。

（师生再次共读描写孔子志向的段落）

师：这是多么伟大的理想！我多么向往，多么向往——

【此处，动人的音乐声里，本课堂主要的学习内容——重现，像电影艺术里的"情节回放"，像经历的往事重来，如此的课堂小结，正是情感的陶冶与提升，动人心魄，绕梁不绝。】

师：而跟我有着一样向往的人有很多很多。早在 2000 年前，有一个伟大的史学家，叫司马迁，他就表达过跟我类似的向往，但是他说得比我更好！他说，孔子的品德就像高山一样让人仰望，读——（屏幕出示：高山仰止）

生：高山仰止。

师：他说，孔子的言行就像大路一样，让人遵从，读——（屏幕出示：景行 háng 行 xíng 止）

生：景行行止。

师：这是一个多音字，景行的意思就是大路，我们再读一次——

生：景行行止。

师：他说，孔子这样的境界我是达不到的，（屏幕出示：虽不能至）读——

生：虽不能至。

师：然而我的心却永远向往着这样的境界，（屏幕出示：然心向往之）读——

生：然心向往之。

师：这就是孔子！一位"老师"，一位从教几十年的老师！他心怀天下，周游列国，却无法实施自己的理想与抱负，最后他专心讲学，弟子三千，成为一代又一代中国人的老师！让我们怀着对好老师的崇敬和向往来读司马迁的话——

生：（齐读）高山仰止，景行行止。虽不能至，然心向往之。

（屏幕出示鸿雁向日高飞的视频，文字出示：高山仰止，景行行止。虽不能至，然心向往之。）

师：这位老师就是——

生：孔子！

师：下课！

【课至结尾，又回到孔子"老师"的身份，教师回应开篇提问"孔子是一位怎样的老师"，大开大合。孔子是怎样的老师？"善于就地取材""循循善诱""和蔼可亲""与众不同""具有真君子的品格""知识丰富"……这都是孩子们自己用心体会到的孔子的温度。

还有一些是孩子们暂时无法完全理解的，比如周游列国、理想难以实现的痛苦，比如"知其不可为而为之"的情怀，比如杏坛讲学开创儒家学派，对中国文化的影响和意义……不急，这些先不急着提。孩子们已经亲近了孔子，在他们精神生命成长的历程里，这些也迟早绕不过去。现在，只需要与司马迁一起，顿笔而叹就可以了——高山仰止，景行行止。虽不能至，然心向往之。

下课了，忍不住回头再看，再思。整堂课完全是以课文内容构架全篇的，王老师巧妙剪裁，用"老师"—"课堂"—"课文"—"课题"—"老师"，串起整堂课的脉络，看不到鲜明的语文知识目标或者语用追求，但是，涵泳、朗诵、写话、品读，语文的气息、语用的气息，又分明在那里。

王老师说，"语文意识"的发现，总是带着某种"遮蔽"。或许，这次，他想试着放下对语文边界的执着，让语文"去蔽"，回到教育原初的澄澈与本质，回到2500多年前的那个春天里。】

追求有灵魂的语用学习

近几年来，"学习语言文字运用"已经愈来愈成为一线语文教师的自觉追求。但是，对于"语言文字运用"这一核心概念，却少有人做科学、系统、深入地研究。事实上，对于"语言文字运用"，我们不能简单地做望文生义的解读，以为课堂上让学生动动笔、写写话、练练文就是"语言文字运用"了。

我以为，语用学习至少存在这样三个维度：第一个维度指向语用的知识和技能，这是我们平常最为关切也最为用力的地方；第二个维度指向语用的过程和方法，这个维度正在越来越引起语文教师的重视；第三个维度指向语用的情感、态度和价值观，古人讲"缀文者情动而辞发"，而我们目前的语用教学，大多关注了"辞发"这个维度，也就是最为显性的语用知识和技能，但鲜有人能深入"辞发"背后的那点生命蕴蓄——"情动"，情不动，辞何以发？即便发了，也不过是"少年不识愁滋味，为赋新词强说愁"的无病呻吟罢了。"情动"，正是语用学习的灵魂，"辞发"则是灵魂伸展的最自然不过的舞蹈。

下面，以我执教的《孔子游春》一课为例，就追求有灵魂的语用学习做一点学理上的思考和阐释。

一、基于语境：人文和语文的统一

"语境"是语用学的一个重要范畴。离开语境，语言文字的运用就失去了存在的意义和价值。从文体语境的视角看，《孔子游春》一课当属于历史小说。作为改编后的历史小说，《孔子游春》有两个基础的语境因素，一是小说的历史背景，二是小说的人物形象，而这两个因素统一于"孔子"这一核心人物。

在《孔子游春》中，我们将孔子这一主人公的形象定位为"老师"，不刻意拔高孔子在学生心目中的地位。那么，作为老师，课文是如何对其加以塑造和刻画的呢？事实上，我们如果细读文本的话，就不难发现，孔子游春，全面体现了孔子作为一位老师的教育思想和智慧。其中，"赏春"一段体现了孔子的"境教"思想，即通过环境教育弟子；"论水"一段体现了孔子的"言教"精髓，即通过言语教育弟子；"言志"一段体现了孔子的"身教"智慧，即立身示范教育弟子。而境教、言教和身教构成了孔子作为一位老师的完整语境。

《孔子游春》一课，我是按照"老师"—"课堂"—"课文"—"课题"—"老师"的思路加以设计和展开的。其中，第一环节的"老师"是角色定位，第二、第三、第四环节是对"老师"这一形象的多维度感知，第五环节的"老师"是角色升华。不难发现，上述五个环节统摄于"老师"这一语境中。

1.在语境中感受孔子的"境教"思想。

学生在"老师"这一语境的统摄下，首先寻找的是孔子的"课堂"，即课文中"赏春"一段。独立地看，这段关于泗水春景的描写，似乎跟孔子的教育关系不大。但是，当学生从"老师"这一语境出发，他们就能敏锐发现其中所深蕴着的孔子"境教"的思想。学生首先拿孔子的这一"课堂"跟自己所熟知的"课堂"做比较，就发现了两者之间的巨大反差。而在这一巨大反差中，学生却被深深地卷入了孔子这一与众不同的"课堂"，感受其春风化雨般的教育魅力。他们在孔子课堂中发现了"乐学"的要义：轻松、自在、无拘无束、潜移默化。这一发现，对学生而言，不仅是思想内容上的一次洗礼，也是对这段文字诗性品质的美妙领略。

2.在语境中领悟孔子的言教精髓。

学生在"老师"这一语境的统摄下，还顺理成章地发现了孔子的"课

112

文"，即课文中的"论水"一段。孔子动情地凝望着泗水，意味深长地当着弟子的面谈论起"水"，看似不经意，实则匠心独具、用心良苦。在这篇诗一样的"课文"中，孔子以"君子比德"的思维对弟子们因势利导、循循善诱，譬如："水奔流不息，是哺育一切生灵的乳汁，它好像有德行。水没有一定的形状，或方或长，流必向下，和顺温柔，它好像有情义。水穿山岩，凿石壁，从无惧色，它好像有志向。万物入水，必能荡涤污垢，它好像善施教化……"在不知不觉中，弟子们受到了一次深刻的人生启迪和教育，这也是孔子作为老师的高明之处，正如《学记》所言："君子之教，喻也。道而勿牵，强而勿抑，开而勿达。"

3. 在语境中体会孔子的身教智慧。

学生在"老师"这一语境的统摄下，最终揭示出孔子的"课题"，即课文中的"言志"一段。言志，也集中展现了孔子身教的生命智慧。通常，在一般的课堂教学中，"赏春""论水"和"言志"是作为三个相对独立的内容加以梳理的。其实，这三者之间完全可以用"老师"这一语境加以融通。尤其是"论水"和"言志"，从学习的角度看，是"知"和"行"之间的逻辑关系，即由"知"到"行"、"知""行"合一。孔子的言教，明确了"君子"的标准和规范，而紧接其后的身教，则是将"君子"之德落实在自己的志向和行动上。课文中，孔子对弟子们充满深情地诉说起自己的人生理想："我就盼望着有那么一天，所有人在晚年的时候都能够安享幸福，朋友之间都能够相互信任，年轻的子弟们都能够怀有远大的理想。"这一大同社会的理想，不要说当时的弟子们，即便是现代人听了也会油然生出高山仰止的敬意。

我们不难发现，在《孔子游春》一课中，有三条若隐若现的教学线索——一条是文本的题材线索：赏春—论水—言志；一条是教学的组织线索：课堂—课文——课题；一条是孔子的育人线索：境教—言教—身教。这三条线索，在课堂上之所以能够水乳交融、浑然一体，完全是因为我们将其自觉地统摄于"老师"这一整体语境中。

而"老师"这一整体语境，正是全文的灵魂所在。这位老师，作为中国历史上一个伟大的生命，他的高度、宽度、深度，尤其是穿越历史的长度，让多少中国人为之感叹、为之折服、为之向往。这位老师，以他高贵的灵魂之光，照亮了中国文化的广袤天空，成为一代又一代中国人的道路和真理。

二、超越平面：显性和隐性的贯通

在我看来，学习语用不是一个平面的问题，而是一个有层次的递进过程。学习语用，至少可以分成三个层次：直接之用，即让学生直接运用言语文字，这是显性之用，我们通常理解的语用，往往停留在这个层次；储备之用，即让学生积累必要的语识（语用知识）、典范的语料（语用材料），这一层次虽没有直接之用，却为直接之用准备了建筑材料和建筑工具，是柔性之用；无用之用，即让学生纯粹地阅读，不涉及直接之用，也不关乎储备之用，看起来似乎跟指向写作的语用没有任何瓜葛，其实不然，纯粹阅读恰恰通过思想的启迪、精神的淬沥、情感的陶冶、心灵的升华等影响和塑造着学生的语用人格，进而从深层次上促进学生语用素养的提升，这是隐性之用，是真正意义上的大用。

1. 联想与感悟——直接之用。

《孔子游春》教学中有一个"直接之用"的设计，即：在学习孔子"课文"的那个环节中，让学生遵照"孔子观水"的基本思路：看到（水）—想到（人），继续编写这篇关于"水"也是关于"君子"的课文。

学生由"水不舍昼夜，浩浩荡荡地流向大海"联想到"君子的梦想和毅力"；由"水善于帮助万物，但从不与万物争功夺利"联想到"君子的无私和仁爱"；由"水淡泊宁静，总是默默地处在最低的地方"联想到"君子的谦卑和内敛"；由"水包容万物，不分高贵与低贱、美好与丑陋"联想到"君子的宽容和平等"。

这样的写话练习，既考查了学生对水的品性的理解，也锻炼了学生遣词造句的准确和精炼，同时还渗透了作文的类比思维，是一次相对集中而有效的语用实践。其实，这一直接之用的学习，已经将人文价值的关切渗透其中了。任何语用，离开了人文这一灵魂，就成了行尸走肉。

2. 熟记与领会——储备之用。

根据编者的要求，课文的第 2、8 两个自然段要求熟读成诵。熟读当然需要反复，否则无法成诵。但问题的关键在于，如何避免机械、呆板的反复，使熟读成诵融入课文语境，彰显其多重价值，如审美的、情感的、认知的、策略的等。

在《孔子游春》一课中，我是将上述两个自然段的背诵和课文的整体语境融为一体的，学生是在不知不觉地朗读、美读、复读、诵读中下意识地完成积累任务的。以"赏春"这一段的熟读成诵为例，教学大体经历了这样几个环节：第一步，请学生找出孔子的"课堂"，这是对经典语料的发现；第二步，请学生比对当下的课堂，发现孔子"课堂"的独特之处，这是对语料特征的分析；第三步，将"赏春"这段文字分行排列，让学生感悟其诗一样的文字和诗一样的境界，这是对语料情感的体会；第四步，以纲要信号提示的方式，引导学生诵读部分语料；第五步，揭示课文"联想和见闻"的写作思路，同时授之于写法、读法和背法，使学生发现语料背后的逻辑结构，完成语言图式的积累。

可以看到，在这样一个熟读成诵的过程中，学生既能积累课文中的经典语段，内化精致的语言图式，又能掌握必要的语用知识和策略，为以后的言语迁移提供生动的范式和策略，可谓一举两得。更重要的是，这样的储备，同时也是一种诗意情怀的濡染。学生徜徉在大自然这个无与伦比的课堂里，"寂然凝虑，思接千载；悄焉动容，视通万里。吟咏之间，吐纳珠玉之声；眉睫之前，卷舒风云之色"，这是何等的精神享受啊！

3. 陶冶与浸润——无用之用。

《孔子游春》一课，并不将阅读目标指向单一的写作，相反，我们在教学设计和处理中，高度重视文本的人文价值和思想内涵，即主张文字内容和文字形式的辩证统一。

《孔子游春》通篇贯穿着水。教学的陶冶和浸润，也以"水"为基本意象，进而营造出春风化雨般的意境。就课堂教学的展开看，可以分成三个层次。第一层次引导学生关注"自然之水"：泗水的波澜起伏、活泼欢快、不知疲倦地向前奔腾，以及泗水对两岸万物的滋养：桃红柳绿、草色青青、森林茂盛等，与之对应的是孔子的"境教"。第二层次引导学生发现"人格之水"：水是真君子，有德行、有情义、有志向、善施教化，他是孔子眼中的水，更是孔子心中的理想人格，与之对应的是孔子的言教。第三层次引导学生感悟"文化之水"：孔子的因势利导像水的善施教化，子路与朋友共享福的志向像水的有情义，颜回不为自己表功的志向像水的谦卑、内敛，当然，还有更多的弟子也在向水学习，与之对应的是孔子的身教。

这三个层次的教学，似乎跟直接之用和储备之用无关，但是学生在语言的陶冶和文字的浸润下，潜移默化、自然似之，其思想、情操、心灵乃至整个生命在不知不觉中受到水一样的滋养。也许，一课两课还不足以显示其对语用人格的影响力，但是集腋成裘、聚沙成塔，相信假以时日，学生的气质、精神一定会由量变逐步转向质变。

总之，语用学习仿佛一座冰山，直接之用看得见、摸得着，是冰山显露在海平面的一角，无用之用看不见、摸不着，却是冰山隐没在海平面的巨大基座，稳稳地托起冰山的一角，而储备之用则时隐时现，与海平面齐平，却受了海浪影响有起有伏，向上连接冰山的一角，向下暗示冰山的巨大基座。语用教学，唯有将三个层次同时纳入教学视野，才能真正收统合综效、互动互赢之功。而将三个层次融会贯通的，正是语用的灵魂。这是精神的嘶鸣、思想的撞击、情感的激荡、生命的高扬，用我敬重的潘新和先生的话来说，"也是人的确证"。

第四编

『释』：于不确定中把握实相

——《桃花心木》课堂实录与品悟

使你看见

当东方审美智慧和佛家的哲学情怀是二而一、一而二的统一体时，林清玄写出了他散文艺术中最光华绚烂的篇章。在这期间，《桃花心木》着实算不上代表作。相比较而言，《木鱼馄饨》《光之四书》《佛鼓》《黄昏菩提》《金色印象》等作品，大约更能体现林清玄散文凤尾森森、龙吟细细的幽雅清韵。但是，《桃花心木》所体现出的作者将个人的生活感悟化为普世的生命体验的创作特质却是最外显的。

周国平曾说："真正的大诗人（文学家），他的心灵与宇宙的生命息息相通，所表达的绝不限于一己的悲欢，而是能够由个人的身世体悟人生的普遍真相。"无疑，林清玄在《桃花心木》里书写了他所体悟的"普遍真相"——

不只是树，人也是一样，在不确定中生活的人，能比较经得起生活的考验，会锻炼出一颗独立自主的心。在不确定中，就能学会把很少的养分转化为巨大的能量，努力生长。

这"不确定"就是"无常"，这对待"不确定"的生活的态度，就是看清"无常"的实相之后的坦然与坚强。

在佛法中，悟得"无常"的实相大概是修行的前提，由此方能看到空性，并推己及人，生出慈悲。王崧舟老师熟悉佛法，我相信他是一眼就看出了林清玄在《桃花心木》一文中所要传递与言说的佛理。但是，他会把"初步感受林清玄散文的现代佛教文化气息"当作教学的目标之一，并定位为本课学习的难点，仍然出乎我的意料。因为就在不久之前的《去年的树》一课里，他对鸟儿对无常生命的追问、寻找、歌唱与释怀这一主题还只是隐隐暗示，现在，他竟然把"无常"两字写到了黑板上。

王老师说，他希望语文走过文学的语境，走向文化的语境。他正致力于开发"文化三课"，《孔子游春》之后是《桃花心木》，《桃花心木》之后是《天籁》，这三节课分别折射出了"儒""释""道"三家文化，给孩子们微微开启生命哲学的思考，并播下传统精神的种子。

我想这种传播与启迪，不只是给了学生，还给了现场所有听课的老师及课堂所有的参与者。它让我们想起许多，或忘记许多，在繁杂、你方唱罢我登场的热闹的会场感受到瞬间的沉静与澄澈。

其实，无常的何止是苦难，一切皆为暂得，一切都会过去。明白了这一点，我们就不会为一时的成就与喜悦得意忘形，也不会为一时的困苦而一蹶不振。也唯有安顿了心灵，生命方能获得内在的从容。

王老师曾安排孩子们就"道理"的理解加以练笔，现场生成的文字令听课者情不自禁地鼓掌，孩子们接受的程度与感悟的深度远远超出我们的想象。其实我们常常忘了，儿童离神灵最近。请原谅，我似乎一直没有真正说说这节课里"语文的事"，因为在我看来，这一课的价值实在不在"语文"——不在设置悬念的手法，甚至不在文化的传承，而在生命的哲学启迪。如果说，教育即生长，那么透过《桃花心木》一课，王老师已经带着他们发现了生命智慧生长的一处水源。

龙应台在谈到"为什么需要文学"时，曾说："好的作家使你看见愚昧，伟大的作家使你看见愚昧的同时认出自己的原型，而涌出最深刻的悲悯。"我也相信，真正的课者，如作家一样，怀着深切的爱与孤独，使人看见——看见自己，看见世界。

你认为这样的课不够"语文"，或者你认为这样的课才是真正的"语文"，这不确定，而不确定或者也正是教育的实相。哦，还有可能，你被王老师课前的学情调查、课初的学生提问、问题梳理吸引了。若你因此认为王老师的课正努力向所谓的"生本"靠拢，恰好呼应了所谓的"问题导学式"

课堂，那你一定被他"蒙蔽"了。去看看他 1999 年执教的《万里长城》，2002 年执教的《只有一个地球》，你会惊讶地发现，早在十几年前，课改刚刚起步的时候，他已经把这些教学方式用得游刃有余。在之后的很多年里，他的兴趣点早就不再是"教学方式"甚至"教育理念"。现在，又拿出来偶尔用用，我妄自揣度，不过是"游戏"之心又起，当然，艺术本就是"自由的游戏"。

‖ 课文呈现 ‖

《桃花心木》

　　乡下老家屋旁，有一块非常大的空地，租给人家种桃花心木的树苗。

　　桃花心木是一种特别的树，树形优美，高大而笔直，从前老家林场种了许多，已长成几丈高的一片树林。所以当我看到桃花心木仅及膝盖的树苗，有点难以相信自己的眼睛。

　　种桃花心木苗的是一个个子很高的人，他弯腰种树的时候，感觉就像插秧一样。

　　树苗种下以后，他常来浇水。奇怪的是，他来得并没有规律，有时隔三天，有时隔五天，有时十几天才来一次；浇水的量也不一定，有时浇得多，有时浇得少。

　　我住在乡下时，天天都会在桃花心木苗旁的小路上散步，种树苗的人偶尔会来家里喝茶。他有时早上来，有时下午来，时间也不一定。

　　我越来越感到奇怪。

　　更奇怪的是，桃花心木苗有时莫名其妙地枯萎了。所以，他来的时候总会带几株树苗来补种。

　　我起先以为他太懒，有时隔那么久才给树浇水。

　　但是，懒人怎么知道有几棵树会枯萎呢？

　　后来我以为他太忙，才会做什么事都不按规律。但是，忙人怎么可能做事那么从从容容？

　　我忍不住问他：到底应该什么时间来？多久浇一次水？桃花心木为什么

121

无缘无故会枯萎？如果你每天来浇水，桃花心木苗该不会枯萎吧？

种树的人笑了，他说："种树不是种菜或种稻子，种树是百年的基业，不像青菜几个星期就可以收成。所以，树木自己要学会在土里找水源。我浇水只是模仿老天下雨，老天下雨是算不准的，它几天下一次？上午或下午？一次下多少？如果无法在这种不确定中汲水生长，树苗自然就枯萎了。但是，在不确定中找到水源、拼命扎根的树，长成百年的大树就不成问题了。"

种树人语重心长地说："如果我每天都来浇水，每天定时浇一定的量，树苗就会养成依赖的心，根就会浮在地表上，无法深入地下，一旦我停止浇水，树苗会枯萎得更多。幸而存活的树苗，遇到狂风暴雨，也会一吹就倒。"

种树人的一番话，使我非常感动。不只是树，人也是一样，在不确定中生活的人，能比较经得起生活的考验，会锻炼出一颗独立自主的心。在不确定中，就能学会把很少的养分转化为巨大的能量，努力生长。

现在，窗前的桃花心木苗已经长得与屋顶一般高，是那么优雅自在，显示出勃勃生机。

种树的人不再来了，桃花心木也不会枯萎了。①

① 注：本课选自人教版义务教育课程标准实验教科书《小学语文》六年级下册第3课。作者林清玄。

不确定：生命实相的言说与印证

一、起点：直面学情估测的差异

师：为了上林清玄先生的《桃花心木》，我特意请你们的语文老师帮忙做了一个课前调查，还记得这个调查吗？好的，我们一起来看一看调查的结果。这是调查的第一题。

（课件呈现，一生朗读。）

1.《桃花心木》先写了一个故事，后讲了一个道理。你认为作者林清玄的目的是什么？

A. 为了写这个故事

B. 为了讲这个道理

师：这道题目的调查结果是这样的（课件呈现调查结果）：选 A 的没有，选 B 的 30 人，100%。也就是说，我们全班都认为林清玄写这篇文章的目的是——

生：（齐）为了讲这个道理。

师：的确如此，这正是林清玄写这篇文章的目的。好，我们再来看第二题。

（屏幕出示，一生朗读。）

2.《桃花心木》所讲的这个道理你读懂了吗？

A. 完全读懂了　　　B. 似懂非懂　　　C. 读不懂

师：这道题目的调查结果让我有点儿纠结，我们一起来看（课件呈现调查结果）：选 A 的，也就是完全读懂了的，19 人，占 63%；选 B 的，11 人，占 37%；选 C 的，没有。我为什么说有点儿纠结呢？你看，我为咱们这个班的孩子超强的阅读能力感到惊喜，老师还没教呢，道理已经读懂了，也就是说，绝大多数孩子其实不用再上这堂课了。我有点儿为难，到底是上还是不上这堂课，你们建议是上还是不上？

生：（自由应答）上。

师：（笑）得找理由！

生：可能我们对道理的理解还有漏洞。

生：我们只是自己认为把道理读懂了，可能还有我们没读懂的地方，我们自己也不知道。

师：这理由比较充分，那我就不再纠结，我们继续上，来看调查的第三题。

（屏幕出示，一生朗读。）

3.《桃花心木》所写的两部分内容，你比较喜欢哪个部分？

A. 故事　　　　　　B. 道理

师：这道题目的调查结果完全出乎我的意料（课件呈现调查结果）：我没想到喜欢故事的只有 1 个人，喜欢道理的却多达 29 人。看来，我们班绝大多数的孩子更喜欢哪个部分？

生：道理。

师：那咱们就打开课文，先把这个道理找出来，用波浪线轻轻地画出来。

（生按要求默读课文，画出句子。）

【课前调查，教师是在寻找教学的起点。三个题目，清清楚楚。

显然，学生自读课文就已经发现了文章运用故事说理的写法，那么，"以事喻理"无须再当作教学的目标或重点。

出乎意料的是，他们对"道理"的喜爱——97%的学生在面对"喜欢故事还是喜欢道理"的提问时，选择了"道理"。我们原本认为孩子更喜欢听故事！是题目本身给了他们某种暗示，还是在渐渐长大的六年级的孩子心里，"道理"比"故事"更有价值？我们不得不承认，真正的学情是复杂多变的。正因为如此，执教者在上路前才会反复掂量，小心翼翼。

无论如何，孩子们说喜欢"道理"，而对文中"道理"的理解，有的说"完全懂了"，却又担心还有"漏洞"，有的说"似懂非懂"。

现在，教学就从"道理"开始。】

二、疑点：不仅仅为了暴露问题

师：谁来读一读这个道理？

生：（朗读）在不确定中生活的人，能比较经得起生活的考验，会锻炼出一颗独立自主的心。在不确定中，就能学会把很少的养分转化为巨大的能量，努力生长。

师：（屏幕出示描写道理的语句）没错，就是这个道理，林清玄在这个故事当中要告诉我们的是这样一个道理——

（生齐读这个道理）

师：从这个道理上看，林清玄要我们面对的是怎样的生活？

生：不确定的生活。

师：把"不确定"一词圈出来，（板书：不确定）你们圈了几个不确定？

生：两个。

师：对，两个。林清玄告诉我们，在不确定中生活是有好处的，第一个好处是什么？

生：在不确定中生活的人，能比较经得起生活的考验，会锻炼出一颗独立自主的心。

师：很好，这是第一个好处，你能不能把它简单地概括一下？

生：经得起生活的考验。

师：很好，抓住关键词：生活考验。

（师在"不确定"左上方板书：生活考验）

师：在第一个好处中还可以抓哪个关键词？

生：独立自主。

师：独立自主，很好，把这两个词圈出来。

（师在"不确定"右上方板书：独立自主）

师：这是林清玄告诉我们在不确定中生活的第一个好处。我们继续看，在不确定中生活的第二个好处是什么？

生：在不确定中，就能学会把很少的养分转化为巨大的能量，努力生长。

师：这是第二个好处，也请你简单地概括一下。

生：（沉思片刻）转化能量。

师：很好！太厉害了！（在"不确定"左下方板书：转化能量）然后呢？

生：努力生长。

师：是的。（在"不确定"右下方板书：努力生长）把这两个词圈出来。

师：（指板书）孩子们，这就是林清玄要告诉我们的道理。他要我们面对的是一种怎样的生活？

生：（齐）不确定的生活。

师：他告诉我们在不确定中生活是有好处的，能经得起——

生：（齐）生活考验。

师：会锻炼出——

生：（齐）独立自主的心。

师：第二个好处是能把很少的养分——

生：（齐）转化为巨大的能量，努力生长。

师：这个道理有三分之二的同学认为自己已经完全读懂了，但仔细一琢

126

诗意语文课堂实录与品悟

磨，可能还会有漏洞；还有三分之一的同学读得似懂非懂，这就意味着还有问题，是吧？那么，围绕这个道理，你们觉得还有什么地方读不懂的，把读不懂的问题提出来。

生：这里的"不确定"是什么意思？

师：很好！（在板书"不确定"一词旁打"？"）什么样的生活是"不确定"的？这是一个非常好的问题。继续提问。

生："生活的考验"指的是什么？

师：你想问"什么是生活的考验"。

生：怎样把很少的养分转化为巨大的能量？

师：怎样把很少的养分转化为巨大的能量？孩子，你想问的这个问题的答案已经在这个道理中，作者已经告诉你了，来，你读第二句话——

生：在不确定中，就能学会把很少的养分转化为巨大的能量，努力生长。

师：明白了吗？怎么才能转化？

生：在不确定中生活。

师：继续提问，相信你们能发现更重要、更有价值的问题。

生：为什么经历过不确定生活的人有这么多好处？

师：问得好！不但问得好，而且问得深！我知道，你这个问题至少包括四个小问题，你一个一个问。

生：为什么在不确定中生活的人，比较经得起生活的考验？为什么在不确定中生活的人，能锻炼出一颗独立自主的心？为什么在不确定中生活的人，就能把很少的养分转化为巨大的能量？为什么在不确定中生活的人，能努力生长？

（师随着学生的提问在板书上以"不确定"为中心，向四个词语画箭头，形成板书。）

127

师：太好了！我说过，你们一定能发现更有价值的问题，果不其然！这真是很重要很重要的问题。我们一起看，这所有的问题都跟什么有关？

生：（齐）不确定。

师：（指板书）读这个词。

生：（齐）不确定。

师：再读！

生：（齐）不确定。

师：只有当我们读懂了"不确定"之后，我们才能进一步明白——

生：生活考验。

师：只有当我们读懂了"不确定"之后，我们才能进一步明白——

生：独立自主。

师：只有当我们读懂了"不确定"之后，我们才能进一步明白——

生：转化能量。

师：只有当我们读懂了"不确定"之后，我们才能进一步明白——

生：努力生长。

师：但是，怎么才能读懂"不确定"呢？（全场静默）

师：谁有建议？

生：我建议去读读《桃花心木》这篇文章。

师：他建议回到故事，这是个非常有价值的建议。谁还有不一样的建议？

生：我觉得我们可以谈谈生活当中的"不确定"。

师：很好，联系生活。两个孩子提了两条很有价值的建议。联系课文，回到课文；联系生活，进入生活，真好！

【找出"道理"，教师便引导学生先通过文字本身分析"道理"，从"不确定的生活"到"不确定"生活的好处。概括对话后，利用板书把"道理"的内容直观地表现出来。一个中心、两个好处、四个关键词。"道理"表层所言说的内容清清楚楚了。

那么，如何透过表层，启发学生思考作者言语背后的深意呢？

教师用的办法是引导学生提问——发现有价值的问题，也就找到了通往言语深处的路。

学生的问题深浅不一，表层的，就在朗读中自己发现答案。老师等待的，是思考的深入。"果不其然"，学生提出了"为什么经历过不确定生活的人有这么多好处"这个关键的问题。王老师曾经区分"语文之问"与"科学之问"，认为"语文之问"不是为了得到一个准确的答案，而是为了"问出一种情绪""一种意味"。在这里，问题未必是学生初读课文时就感受到的疑惑与难点，而是在教师引导下思考的由浅入深，由表及里。

从教学设计的角度看，正是这面对"道理"的提问引出了课堂教学的"下文"。

你一定发现了，"道理"在这一课中，既是学生学习的主体内容，也是教师串起教学的主要线索。】

三、基点：搭建演绎的学习支架

师：我们先回到课文。请大家默读课文，边读边思考：《桃花心木》这个故事哪些地方能帮助我们读懂"不确定"？在那些能帮你们读懂"不确定"的文字旁边做上标记。

（生按要求默读课文，师巡视指导。）

师：我发现大多数孩子已经在课文上做了圈点批注，这说明你们已经有了自己的发现，是吧？我们来回顾一下，《桃花心木》这篇课文讲的是种树人给桃花心木浇水，那么，谁还记得种树人是怎么给树浇水的？

生：树苗种下以后，他常来浇水。奇怪的是，他来得并没有规律，有时隔三天，有时隔五天，有时十几天才来一次；浇水的量也不一定，有时浇得多，有时浇得少。

师：没错，他就是这样浇水的。关于怎么浇水，谁还有补充？

生：他有时早上来，有时下午来，时间也不一定。

师：对，他就是这样浇水的。我们把这两段文字组合在一起，原来，种树人是这样浇水的，我们一起来看。

（课件展示，生齐读。）

他来得并没有规律，有时隔三天，有时隔五天，有时十几天才来一次；浇水的量也不一定，有时浇得多，有时浇得少。他有时早上来，有时下午来，时间也不一定。

师：请问，"不确定"在哪里？

生：种树人给树浇水的量是不确定的。

师：这是他发现种树人浇水的第一个不确定，水量不确定。还有吗？

生：时间。有时早上来，有时下午来。

师：这是他发现的第二个不确定，来的时间不确定。还有吗？

生：有时隔三天，有时隔五天，有时十几天才来一次。

师：这是他发现的第三个不确定，天数不确定。

师：是的，你们看，种树人给桃花心木浇水是不确定的。第一，间隔的天数不确定；第二，浇水的量不确定；第三，浇水的时间不确定。来，我们读一读这段文字，好好地感受感受这里的种种不确定。

（生齐读句子）

师：你们发现没有，这短短的一段文字，有一个词出现的频率特别高，哪个词？

生：（自由应答）有时。

师：把所有的"有时"圈出来。（生圈词）你们圈了几个？

生：7个。

师：作者前前后后反反复复地使用那么多个"有时"，就是为了凸显种树人给桃花心木浇水是不确定的。我们再来读一读这段文字，怎么读呢？所有带"有时"的话我来读，其余的话你们来读。

（师生合作，朗读句子。）

师：换过来，所有带"有时"的话你们读，其余的话我来读。

（师生合作，朗读句子。）

【找出"有时"，合作朗读，就是让学生通过这种方式感受种树人浇水的"不确定"。在语文教学中，读，常常不是只为了"读"。】

师：我很奇怪，种树人为什么要这样浇水？

生：因为种树人在模仿老天下雨。老天下雨是算不准的，它几天下一次？上午或下午？一次下多少？如果不能在不确定中汲水生长，树苗自然就枯萎了。

师：明白了，原来，种树人这样给桃花心木浇水，是在模仿谁？

生：老天下雨。

（课件展示）

老天下雨是算不准的，它几天下一次？上午或下午？一次下多少？

他来得并没有规律，有时隔三天，有时隔五天，有时十几天才来一次；浇水的量也不一定，有时浇得多，有时浇得少。……他有时早上来，有时下午来。

师：你们看，老天下雨是算不准的，所以种树人是这样浇水的——

生：（齐读）他来得并没有规律，有时隔三天，有时隔五天，有时十几天才来一次；浇水的量也不一定，有时浇得多，有时浇得少。……他有时早上来，有时下午来。

师：明白了吗？

生：（齐）明白了。

师：不一定。（稍顿）不信，我问，你们答。老天下雨是算不准的，它几天下一次，确定吗？（生：不确定）所以，种树人才会这样浇水——

生：他来得并没有规律，有时隔三天，有时隔五天，有时十几天才来一次。

师：明白了。我再问，你们再接。老天下雨是算不准的，上午还是下午，确定吗？（生：不确定）所以，种树人才会这样浇水——

生：他有时早上来，有时下午来。

师：继续看，老天下雨是算不准的，一次下多少确定吗？（生：不确定）

131

所以，种树人才会这样浇水——

生：浇水的量也不一定，有时浇得多，有时浇得少。

师：很好，明白了。所有的这一切，都是种树人在模仿谁？

生：（齐）老天。

师：老天下雨是不确定的，所以种树人给桃花心木浇水也是——

生：不确定的。

【一问，一接。教师是借此引导学生把老天下雨的"不确定"，与种树人浇水的"不确定"细细地做个对应。由此，也就逐步揭示出故事与道理的联系。】

师：非得这样浇水吗？

生：如果我每天都来浇水，每天定时浇一定的量，树苗就会养成依赖的心，根就会浮在地表上，无法深入地下，一旦我停止浇水，树苗会枯萎得更多。幸而存活的树苗，遇到狂风暴雨，也会一吹就倒。

师：（指着板书）如果不这样浇水的话，树苗还能适应老天的不确定吗？

生：不能。

师：如果树苗不能适应老天的不确定，那么它们能经得起生活的考验吗？

生：不能。

师：它们还能把很少的养分转化为巨大的能量，努力生长吗？

生：不能。

师：这就是林清玄最终悟出的道理，我们一起再来读一读这个道理。我想此刻的读跟你一开始的读的感受肯定不一样。

生：（齐读）在不确定中生活的人，能比较经得起生活的考验，会锻炼出一颗独立自主的心。在不确定中，就能学会把很少的养分转化为巨大的能量，努力生长。

师：所有的好处都是因为——（生齐答：不确定）；所有的作用都是来自——（生齐答：不确定）。所以，我们应该把强调的重音留给谁？（生齐答：

不确定）来！一起读！

（再次齐读道理，重读"不确定"。）

【道理原本不是抽象的说教，它的背后是言说者生命经验的体悟。教师要带领孩子们透过那似乎"一看就懂"的道理，去还原作者发现道理时曲折的心路，去触摸与感受作者当初心灵的震颤与温度。

办法只有一个，回到故事，回到作者言说的最初。】

四、拐点：转向言语形式的秘妙

师：可是，这个道理林清玄一开始就明白吗？（生：不明白）怎么看出来的？打开课本，寻找蛛丝马迹，你们怎么知道林清玄一开始并不明白这个道理？

生：到底应该什么时间来？多久浇一次水？桃花心木为什么会无缘无故地枯萎？如果你每天来浇水，桃花心木应该不会枯萎吧？

师：很好，她从林清玄的质疑声中读出了他的不明白。

生：我从第6自然段的"我越来越感到奇怪"中也能看出来。

师：说说你的理解。

生：前面说"奇怪的是，他来得并没有规律"，这个"奇怪"可以看出他的疑惑。

师：他从"奇怪"当中，体会到林清玄当时并不明白这个道理。他发现了林清玄当时对种树人的一种反应，你们再来找一找，"奇怪"这个反应在故事当中前前后后出现了几次？把它们一次一次地找出来。

（生按要求读书、圈画。）

生：第一次就在第4自然段的开头："树苗种下以后，他常来浇水。奇怪的是，他来得并没有规律，有时隔三天，有时隔五天，有时十几天才来一次。"

师：把这个"奇怪"圈出来，标上"1"。

生：第二次出现在第6自然段："我越来越感到奇怪。"

师：把"越来越感到奇怪"圈出来，标上"2"。第三次又在哪里？

生：第三次出现在第 7 自然段，"更奇怪的是，桃花心木苗有时莫名其妙地枯萎了"。

师：好，把"更奇怪"圈出来，标上"3"。孩子们，林清玄对种树人的反应是"奇怪"，前前后后出现了几次"奇怪"？

生：三次。

（屏幕以台阶式图案呈现文字）

奇怪？越来越感到奇怪？更奇怪？

师：一起读，第一次——

生：（齐读）奇怪。

师：第二次——

生：（齐读）越来越感到奇怪。

师：第三次——

生：（齐读）更奇怪。

师：你们发现了什么？

生：林清玄越来越感到奇怪。

师：那个反应的程度——

生：一层一层推进。

师：好，"层层推进"，这个词用得好。

生：心中的谜团慢慢变大。

生：林清玄对种树人的做法越来越感到好奇。

师：林清玄为什么要一而再、再而三地写自己的奇怪，而且层层推进？有这个必要吗？

生：我觉得是为下文揭示这个道理做铺垫。

生：我觉得作者就是为了激发读者的兴趣，让我们继续读下去。

师：注意她的回答！很简单的一句话，里面却有一个很专业的术语在提醒我们，林清玄为什么要这样写？

生：激发

师：不是。

生：吸引我们阅读。

师："我们"是谁？

生：读者。

师：太对了！"读者"。这就是她刚才说到的那个很专业的术语。当所有的孩子都沿着作者的思路考虑的时候，只有她想到了读者，厉害！你想一想，当林清玄第一次写到自己"奇怪"的时候，作为读者的我们是不是也会随着他一起"奇怪"？这时候，作为读者的你，想干什么？

生：我想继续往下读。

师：太对啦，你想要读下去。好，我们再来看第二次。当林清玄说自己"越来越感到奇怪"的时候，作为读者的我们是不是也随着他一起"越来越奇怪"？这个时候你还想干什么？

生：我还想去了解。

师：对，你还想读下去，是吧？再看第三次。当林清玄说自己"更奇怪"的时候，作为读者的我们会跟着他一起"更奇怪"，那么这个时候你是否会有一种渴望和冲动？

生：我有一种迫切地想要读下去的冲动。

师：太对了，你有一种迫切读下去的冲动和渴望。

（在师生对话中，屏幕于画面台阶上三次出现：想要读下去。）

师：孩子们，现在你们明白了，林清玄一次又一次地写自己的"奇怪"，其实是在一次又一次地吊谁的胃口？

生：（齐）读者。

师：一次不够，吊——

生：（齐）两次。

师：两次不够，吊——

生：（齐）三次。

师：最终把读者的胃口和注意力全部吊到了这个道理上。你们看，当林

135

清玄第一次写自己感到奇怪的时候，他就想把读者的注意力吸引到这个道理上来，读——

生：（齐读）在不确定中生活的人，能比较经得起生活的考验，会锻炼出一颗独立自主的心。在不确定中，就能学会把很少的养分转化为巨大的能量，努力生长。

师：吊一次不够，第二次林清玄写自己感到越来越奇怪，其实，他是想把读者的注意力越来越吸引到这个道理上来，读——

（生齐读写道理的句子）

师：可是，吊两次似乎还不够，于是第三次林清玄写到自己更奇怪，其实，他更是想把读者的注意力吸引到这个道理上来，读——

（生齐读写道理的句子）

师：孩子们，这种写故事的方法，我们把它叫作——

（屏幕出示：层层设置悬念）

生：（齐读）层层设置悬念。

师：写下来。（生写）你们一定明白了，要把一个故事写生动，写得富有吸引力，可以用什么方法？

生：（齐）层层设置悬念。

师：林清玄之所以能把这个故事讲得如此生动，如此具有吸引力，正是因为他用了这个方法——

生：（齐）层层设置悬念。

师：当然，以后你在写故事的时候，也可以试着用用这个方法——

生：（齐）层层设置悬念。

【这么重要的道理，作者起初是否明白？作者为什么一而再，再而三地写自己的"奇怪""？像是无心宕开一笔，实则教者着力为之。

"文学是如何地经过艺术家的匠心而完成，借着如何微妙的形式而表现出来，这不是常人所注意的，也不是常人所能了解的。"王老师曾引用宗白华先生的这句话谈语文教学的内容，他说："语文教师不能做'常人'"，故而，教学中一定要引领学生去揣摩作者的"匠心"，去品味文章的"形式"。

这一课里，"层层设置悬念"正是王老师着力引导学生去发现、揣摩与品味的"匠心"与"形式"。这自然是执教者对本课所谓"语文教学本体性内容"的敲打与照顾。有此"保底"，教学就可以越过"语文"与"文学"，走向教者真正要言说的"意义"了。】

五、终点：引领智慧的言语人生

师：孩子们，刚才，我们联系课文读懂了"不确定"，现在再来联系生活，说说在你们的生活当中有没有遇到过"不确定"的事？

生：我前不久感冒了，自己不确定什么时候会感冒。

师：感冒了，非常难受，意识到生病"不确定"。

生：我打球的时候没想到扣篮时球落到脸上了，受伤了。

师：严重吗？

生：不太严重。

师：哦，还好，你发现意外伤害"不确定"。

生：我们今天来到这里也是"不确定"的，我们也不知道我们期待的老师要教我们什么。

师：这个孩子说了一个很重要的教学原理：课堂是"不确定"的。老师怎么教，不确定，我们怎么学，不确定，因为两个"不确定"遇到了一起，所以我们对教学充满了什么——

生：期待。

师：充满了期待。这样上课才有趣儿，才有味儿。

生：考试的时候成绩也是不确定的，有的时候会考好，有的时候会考砸。

师：你是不是遇到过一次？

生：遇到过好多次。

师：遇到过好多次，是考砸了还是考得更好了？

生：考砸了。（笑声）

师：考砸了，所以你印象特别深，那真是刻骨铭心啊！以为自己考好了，试卷一发下来，砸了！是的，是的。孩子们，把手放下来，我知道你们还有很多很多不确定的生活。现在，想听听林清玄说的"不确定"的生活吗？

生：想。

师：那年我在上海听林清玄的演讲，他就说到了三个人的"不确定"的生活。想听吗？一起来看。第一个，叫陆羽。

（屏幕出示，一生朗读。）

生：唐朝的陆羽，完成了中国历史上第一部研究茶的专著——《茶经》，被誉为"茶圣"。

师：大家听说过陆羽吗？没有，大家可能不太喝茶，没关系。第二个叫慧能，谁来读一读？

（屏幕出示，一生朗读。）

生：唐朝的慧能，把佛教的真髓深深打入中国人的心坎，成为禅宗的六祖。

师：听说过慧能吗？没有，大家都不做和尚。（笑声）还有一个玄奘，你来读一读。

（屏幕出示，一生朗读。）

生：唐朝的玄奘，《西游记》中唐僧的原型，西行5万余里、历时17年去印度取经，一生翻译佛经75部、1335卷。

师：玄奘应该听说过吧？因为他是《西游记》中唐僧的原型。这三个人可不得了，林清玄说，那是他一生当中最敬佩的三个人。我知道这三个人在中国的文化史上举足轻重，而且在世界文化史上也是赫赫有名。可是，你们谁也想不到，这三个人曾经有过的不确定的生活。我们一起来看第一位——

（屏幕出示，一生朗读。）

生：陆羽出生时相貌丑陋，被父母丢在路边，后来被寺庙的人捡到收养。

师：当了解了陆羽这一段经历的时候，你有什么感受？

生：感觉他很可怜，很早就被父母丢弃了。

师：是的，可怜。"不确定"的生活有时意味着"可怜"。再来看看慧能——

（屏幕出示，一生朗读。）

生：慧能幼年失去父亲，随母亲流落他乡，长大后靠砍柴抚养母亲、维持生活。

师：如果用一个词来形容慧能的生活，你会用哪个词？

生：艰难。

师：是的，孩子们，"不确定"有时意味着"艰难"。再看玄奘——

（屏幕出示，一生朗读。）

生：玄奘出生在书香世家，从小接受良好的教育，不料10岁时父母双亡，无依无靠，只好投身寺庙。

师：这是玄奘的生活。谁都想不到，那一年玄奘几岁？

生：10岁。

师：你们几岁？

生：12岁。

师：12岁，也就是说，玄奘遭遇那段不确定生活时的年龄跟你们是差不多的。孩子们，设想一下，你就是10岁时的玄奘。昨天，你还在父母的面前撒娇，然而今天，你却只能在灵堂前回忆他们的音容笑貌——什么感受？

生：感到悲哀。

师：再设想一下，昨天你还过着衣食无忧的日子，然而今天，你却无依无靠——什么感受？

生：痛苦。

师：再设想一下，昨天你还在自家的私塾里跟小伙伴们一起读书，一起玩耍，然而今天，你却只能投身寺庙——什么感受？

生：（呜咽地）无奈。

生：绝望。

师：来，孩子们，读这个词（指黑板上"不确定"一词，生齐读）。记住，"不确定"有时意味着"无奈"，"不确定"有时意味着"绝望"，"不确定"有时意味着无限的"痛苦"。

师：你们千万不要认为"不确定"就是"没有规律"，就是"不一定"，就是"有时、有时、有时"，不！那样的理解远远不够。当联系生活之后，我们发现，"不确定"可能意味着"可怜"，可能意味着"不幸"，可能意味着突如其来的"苦难"。"不确定"让你绝望，让你沮丧，甚至让你充满巨大的恐惧。（全场静默）

师：孩子们，想过自己的生活可能会遭遇这样的"不确定"吗？

生：没有。

师：其实是不敢想啊！但是有一个人想过，谁？

生：林清玄。

（屏幕出示描写道理的句子）

生：（齐读）在不确定中生活的人，能比较经得起生活的考验，会锻炼出一颗独立自主的心。在不确定中，就能学会把很少的养分转化为巨大的能量，努力生长。

师：当"不确定"意味着"不幸"的时候，谁能接着读？

生：（灵活接读）在不幸中生活的人，能比较经得起生活的考验，会锻炼出一颗独立自主的心。在不幸中，就能学会把很少的养分转化为巨大的能量，努力生长。

师：当"不确定"意味着"挫折"的时候，谁来读？

生：（灵活接读）在挫折中生活的人，能比较经得起生活的考验，会锻炼出一颗独立自主的心。在挫折中，就能学会把很少的养分转化为巨大的能量，努力生长。

师：当"不确定"意味着突如其来的"苦难"的时候，谁来读？

生：（灵活接读）在苦难中生活的人，能比较经得起生活的考验，会锻炼出一颗独立自主的心。在苦难中，就能学会把很少的养分转化为巨大的能量，努力生长。

师：现在，我们开始一步一步地走进生活中的不确定。孩子们，面对不幸，有人变得气馁，有人自暴自弃，那么面对生活中不确定的不幸，你会怎么想？

生：我要积极地面对不幸。

师：因为你知道——

生：（朗读）在不幸中生活的人，能比较经得起生活的考验，会锻炼出一颗独立自主的心。在不幸中，就能学会把很少的养分转化为巨大的能量，努力生长。

师：好一个"积极面对"！面对挫折，有人自卑，有人放弃了努力和拼搏，那么面对生活中不确定的挫折，你会怎么想？

生：要有阳光的心态，要自信。

师：因为你知道——

生：（朗读）在挫折中生活的人，能比较经得起生活的考验，会锻炼出一颗独立自主的心。在挫折中，就能学会把很少的养分转化为巨大的能量，努力生长。

师：好一个阳光的心态！面对生活中突如其来的苦难，有人低下了高贵的头，有人甚至过早地结束了自己的生命。你又会怎样面对？

生：我要勇敢向前，化解一切苦难。

师：因为你知道——

生：（朗读）在苦难中生活的人，能比较经得起生活的考验，会锻炼出一颗独立自主的心。在苦难中，就能学会把很少的养分转化为巨大的能量，努力生长。

师：好一个勇往直前！好一个化解一切苦难！

【联系生活，再悟道理。因为道理源自生活，也最终为了生活。

这生活，不仅是作者自己的生活，还有他所阅读、感悟的他人的生活。这生活，不仅有学生已经历的现实生活，还有他们未知的人生。道理与生活就这样深深地联系在一起。当然，这种联系的建立靠的是教师的选材、拓展，还有成功的情境创设、体验教学。

入境体验使善感的孩子在他人"不确定的生活"中含泪呜咽，化用接读，又让他们在可能面对的"不确定的生活"面前，生发出信念与勇气。

教育，教学，最根本的"意义"不是方法上的，而在文化与人格。】

师：孩子们，林清玄悟出的这个道理，让我们对自己的生活有了新的理解。我们发现，生活是不确定的——

（屏幕出示，师生接读。）

生活是不确定的，有时会幸福，有时会痛苦；

生活是不确定的，有时会成功，有时会失败；

生活是不确定的，有时会平安，有时会危险；

生活是不确定的，有时会富裕，有时会贫穷；

……

师：既然生活是不确定的，那么，当我们处在痛苦的时候——

（屏幕出示，一生朗读。）

生：当我们处在痛苦的时候，幸福就在不远处，因为痛苦本来就是不确定的。

师：既然生活是不确定的，当我们处在失败的时候——

生：（灵活接读）成功就在不远处，因为失败本来就是不确定的。

师：既然生活是不确定的，当我们处在危险的时候——

生：（灵活接读）平安就在不远处，因为危险本来就是不确定的。

师：是的，既然生活是不确定的，当我们处在贫穷的时候——

生：（灵活接读）富裕就在不远处，因为贫穷本来就是不确定的。

师：是的，生活就是这样，它可能幸福，可能痛苦，既然这样——

（屏幕出示，师生接读。）

幸福来了，就享受幸福；痛苦来了，就直面痛苦，因为一切都是不确定的。

师：是的，我们太知道了，生活是不确定的，我们又会怎样面对自己的成功与失败呢？——

生：（灵活接读）成功来了，就享受成功；失败来了，就直面失败，因为一切都是不确定的。

师：既然生活就是不确定的，我们又该怎样面对自己的平安与危险呢？

生：（灵活接读）平安来了，就享受平安；危险来了，就直面危险，因为一切都是不确定的。

师：那么我们又该怎样面对富裕和贫穷呢？

生：富裕来了，就享受富裕；贫穷来了，就直面贫穷，因为一切都是不确定的。

师：正是"不确定"让我们活在了每一个当下，让我们在面对痛苦、面对失败、面对危险、面对贫穷的时候，能够始终保持内心的平静和淡定。

【一次又一次的化用接读，当然不仅是思维与表达的训练，更是生命智慧的启迪。

步步引导，声声诵读，似种下一排又一排美丽的树，它们必将随着岁月一起长大，像课文最后那高大挺拔、郁郁葱葱的桃花心木。】

师：孩子们，到现在，你们读懂"不确定"了吗？

生：（齐）读懂了。

（师擦去板书"不确定"）

师：读懂了"不确定"，自然也就读懂了什么？

生：（齐）生活考验。

（师擦去板书"生活考验"）

师：读懂了"不确定"，自然也就明白了什么？

生：（齐）独立自主。

（师擦去板书"独立自主"）

师：读懂了"不确定"，自然也就理解了什么？

生：（齐）转化能量。

（师擦去板书"转化能量"）

师：读懂了"不确定"，自然也就知道了什么？

生：（齐）努力生长。

（师擦去板书"努力生长"，至此已擦掉所有板书。）

师：看到了什么？

生：空白。（笑声）

师：（向另一生）你看到了什么？

生：问题圆满解决时的快乐。（赞叹声）

师：（向另一生）你看到了什么？

生：成长。

师：（向另一生）你看到了什么？

生：光明与希望。

师：多么会想象的孩子，因为你们的心灵是自由的。孩子们，一切都是不确定的，而只有不确定才是唯一确定的，而这，也叫——无常。（板书：无常）无常就是不确定，不确定就是无常。一个人只有懂得了无常，才能经得起——

生：（齐）生活考验。

师：一个人只有懂得了无常，才能学会——

生：（齐）独立自主。

师：一个人只有懂得了无常，才能把很少的养分——

生：（齐）转化为巨大的能量。

师：一个人只有懂得了无常，才能真正让自己——

生：（齐）努力生长。

师：一个人只有懂得了无常，才能从人生的痛苦和烦恼中彻底醒来！

（课件播放艾米丽·王嘉宝演唱的《醒来》，屏幕缓缓出现歌词。）

从生到死有多远

呼吸之间

从迷到悟有多远

一念之间

144

从爱到恨有多远

无常之间

从古到今有多远

笑谈之间

从你到我有多远

善解之间

从心到心有多远

天地之间

当欢场变成荒台

当新欢笑着旧爱

当记忆飘落尘埃

当一切是不可得的空白

人生是多么无常的醒来

人生是无常的醒来

师：下课。

【"不确定"就是"无常"。但是"无常"的，绝不仅仅是"苦难""挫折""不幸"。迁流不住，乃是宇宙的实相，"幸福""成功"等也是"不确定"的。正因为此，在课的最后，王老师要引导学生体会"幸福"与"痛苦"、"成功"与"失败"、"平安"与"危险"、"富裕"与"贫穷"这一组组相对的概念，只有认识到一切都是不确定的，才能安于每一个当下，在面对人生的种种际遇时，拥有一份真正的安宁、淡然与洒脱。这是作者林清玄想要向我们传递的生命的智慧。这种智慧带有现代佛教的气息，也恰是林清玄散文的重要特色。】

‖ 课程反思 ‖

在"不确定"中迈向智慧之境

宗教不能进入语文课程，但是，作为一种文化现象，作为中华优秀传统文化的精髓，佛家文化则应该也能够在语文课程中有所体现、有所传承。

《桃花心木》作为林清玄富有代表性的哲理散文，就散发着浓厚的佛家文化气息。而最能反映其佛家文化精神的，则是此文的文眼——"不确定"。《桃花心木》语境中的"不确定"，实则是佛家"诸法无常"思想的一种现代性表达，其本质就是对世间万事万物恒常性的一种解构，一切皆是缘起，一切都在变化之中。这不是迷信，这恰恰是科学，是对生命和宇宙实相的真理性揭示。

有人不禁要问，如此高深的思想，如此明澈的智慧，学生能体会得到吗？即便有所体会，对学生语文素养的发展又有什么意义呢？

我执教《桃花心木》，试图应对的正是这些困惑和质疑。我的课堂实践证明，以"不确定"为核心的佛家思想，学生不但能作一般理性的解读，而且还能切入自己的生活体验和人生历程，有所感触、有所醒悟，也就是说，他们对"不确定"的理解不是一种定义式的阐释，而是一种体验性的建构。而在这样一种体验性的建构过程中，学生的语言、思维、审美和文化等，均随之水涨船高、拾级而上，获得了全面而有效的提升。

一、以学情为起点，锁定"不确定"

课前，我围绕《桃花心木》的预学情况，布置了一个调查任务。结果，

诗意语文课堂实录与品悟

从调查情况来看，课文的两大部分"故事"与"道理"，学生更感兴趣的居然是"道理"。我们当然不能被抽象的统计数据障目，但是，学生的选择必然有其自身的逻辑。其一，相比较而言，"故事"易懂，"道理"难懂，所谓的兴趣很有可能是学生的一种认知困惑；其二，在学生的一般经验中，"故事"听过也就罢了，但是"道理"有用，人生需要"道理"指引，所谓的兴趣很有可能是学生的一种价值判断；其三，读此类文章，学生已经具备相应的前认知，即"故事"是用来讲"道理"的，学"故事"的目的是明白"道理"，所谓的兴趣很有可能是学生的一种思维定式。

于是，我们能做的，就是看见学生可能的认知困惑、尊重学生可能的价值判断、顺应学生可能的思维定式。与此同时，不忘适时适度地引导与点拨。

师：谁来读一读这个道理？

生：（朗读）在不确定中生活的人，能比较经得起生活的考验，会锻炼出一颗独立自主的心。在不确定中，就能学会把很少的养分转化为巨大的能量，努力生长。

师：（屏幕出示描写道理的语句）没错，就是这个道理，林清玄在这个故事当中要告诉我们的是这样一个道理——

（生齐读这个道理）

师：从这个道理上看，林清玄要我们面对的是怎样的生活？

生：不确定的生活。

师：把"不确定"一词圈出来。（板书：不确定）

既然学生最感兴趣的是"道理"，无论兴趣背后隐含着他们怎样的思考逻辑，至少，一开始的阅读焦点学生瞄准的就是"道理"。那么，教学为什么不去锁定这个阅读焦点呢？而锁定的过程，恰恰是进一步对焦的过程，即由"道理"的完整表述缩小到"我们要面对的生活样态"，再由"我们要面对的生活样态"缩小到"不确定"，并最终锁定文本的这个文眼。

当然，让学生发现"不确定"只是引子，唤醒学生对"不确定"的关注与思考才是真正的意图。将"不确定"一词板书在正中间，这是在形式上确立"不确定"的中心地位，同时也是对学生学习目标和注意力的一种提示、一种强化。

二、以道理为支点，质疑"不确定"

要唤醒学生对"不确定"的关注与思考，最佳策略无疑是对"不确定"本身产生疑问。"不确定"的字面意思不难理解，难就难在学生容易被这个简单的字面意思遮蔽，停止思考，放弃深究。

师：这个道理有三分之二的同学认为自己已经完全读懂了，但仔细一琢磨，可能还会有漏洞；还有三分之一的同学读得似懂非懂，这就意味着还有问题，是吧？那么，围绕这个道理，你们觉得还有什么地方读不懂的，把读不懂的问题提出来。

生：这里的"不确定"是什么意思？

师：很好！（在板书"不确定"一词旁打"？"）什么样的生活是"不确定"的？这是一个非常好的问题。继续提问。

生："生活的考验"指的是什么？

师：你想问"什么是生活的考验"。

生：怎样把很少的养分转化为巨大的能量？

师：怎样把很少的养分转化为巨大的能量？孩子，你想问的这个问题的答案已经在这个道理中，作者已经告诉你了，来，你读第二句话——

生：在不确定中，就能学会把很少的养分转化为巨大的能量，努力生长。

师：明白了吗？怎么才能转化？

生：在不确定中生活。

师：继续提问，相信你们能发现更重要、更有价值的问题。

生：为什么经历过不确定生活的人有这么多好处？

诗意语文课堂实录与品悟

师：问得好！不但问得好，而且问得深！我知道，你这个问题至少包括四个小问题，你一个一个问。

生：为什么在不确定中生活的人，比较经得起生活的考验？为什么在不确定中生活的人，能锻炼出一颗独立自主的心？为什么在不确定中生活的人，就能把很少的养分转化为巨大的能量？为什么在不确定中生活的人，能努力生长？

以我对学情的推测，学生的质疑一般会指向"是什么""怎么样"上，而较少会做出"为什么"的意义之问。譬如，"不确定"是什么意思？怎样把很少的养分转化为巨大的能量？尤其是对于"怎么样"的质疑，学生更容易产生兴趣。诸如，怎么样才能经得起生活考验？怎么样才能变得独立自主？怎么样才能让自己努力生长？说白了，学生更容易思考"术"的问题，更渴望掌握"术"的知识。但问题恰恰就在这里，"不确定"不是"术"，而是"道"。只有以道驭术，术才能真正有效。

因此，教师此时必须做出引导和点拨。引导的发力点，就在"道"与"术"的关系上，即"不确定"与"生活考验""独立自主""转化能量""努力生长"的内在联系上。学生一旦在关系上质疑，也就真正开始触及"道"的思考了。这不仅是一个学法指导的问题，也是一个思维层次的问题，更是一个价值探究的问题。

三、以故事为语境，体会"不确定"

理解有两种不同的方式：一种是基于概念的逻辑性理解，一种是基于体验的直觉性理解。事实上，林清玄在《桃花心木》中对"不确定"的理解，就是一种基于体验的理解。这个体验，就是他所叙述的故事，这个故事就是他理解的体验场域。因此，虽然学生更感兴趣的是"道理"，但是要引导学生真正抵达这个道理，就必须回到故事，重构作者曾经进入的那个体验场域。

（课件展示，生齐读。）

他来得并没有规律，有时隔三天，有时隔五天，有时十几天才来一次；浇水的量也不一定，有时浇得多，有时浇得少。他有时早上来，有时下午来，时间也不一定。

师：请问，"不确定"在哪里？

（生汇报交流）

师：是的，你们看，种树人给桃花心木浇水是不确定的。第一，间隔的天数不确定；第二，浇水的量不确定；第三，浇水的时间不确定。……你们发现没有，这短短的一段文字，有一个词出现的频率特别高，哪个词？

生：（自由应答）有时。

师：把所有的"有时"圈出来。（生圈词）你们圈了几个？

生：7个。

师：作者前前后后反反复复地使用那么多个"有时"，就是为了凸显种树人给桃花心木浇水是不确定的。……非得这样浇水吗？

生：如果我每天都来浇水，每天定时浇一定的量，树苗就会养成依赖的心，根就会浮在地表上，无法深入地下，一旦我停止浇水，树苗会枯萎得更多。幸而存活的树苗，遇到狂风暴雨，也会一吹就倒。

师：（指着板书）如果不这样浇水的话，树苗还能适应老天的不确定吗？

生：不能。

师：如果树苗不能适应老天的不确定，那么它们能经得起生活的考验吗？

生：不能。

师：它们还能把很少的养分转化为巨大的能量，努力生长吗？

生：不能。

师：这就是林清玄最终悟出的道理。

林清玄所精心叙述的这个故事，实质是道理的具象化、体验化、情境化。学生一旦真正进入这个故事的场域，也就能当下领悟故事中所蕴含的这个具象化、体验化、情境化的道理。而故事的直觉把握，需要抓住结构化的线索，这个结构化的叙事线索，就是故事中接连出现的 7 个"有时"。抓住并梳理这 7 个"有时"，让学生建构起种树人"不确定"浇水与老天爷"不确定"下雨之间的内在联系，和作者一起经历整个悟道的过程。

四、以生活为道场，直面"不确定"

真正的智慧，来自生活，又必须回到生活，所谓"佛法在世间，不离世间觉"就是这个道理。因此，将"不确定"与学生的生活关联起来，将"不确定"的道理融入日常生活中，由生活这个大故事、大语境来显现"不确定"这一生命实相、宇宙真理，才有可能引领学生迈向"无常"的智慧之境。

师：孩子们，刚才，我们联系课文读懂了"不确定"，现在再来联系生活，说说在你们的生活当中有没有遇到过"不确定"的事？

（生交流）

师：那年我在上海听林清玄的演讲，他就说到了三个人的"不确定"的生活。想听吗？

（课件先后呈现）

唐朝的陆羽，完成了中国历史上第一部研究茶的专著——《茶经》，被誉为"茶圣"。

唐朝的慧能，把佛教的真髓深深打入中国人的心坎，成为禅宗的六祖。

唐朝的玄奘，《西游记》中唐僧的原型，西行 5 万余里、历时 17 年去印度取经，一生翻译佛经 75 部、1335 卷。

师：我知道这三个人在中国的文化史上举足轻重，而且在世界文化史上也是赫赫有名。可是，你们谁也想不到，这三个人曾经有过的不确定的生活。

（课件先后呈现）

陆羽出生时相貌丑陋，被父母丢在路边，后来被寺庙的人捡到收养。

慧能幼年失去父亲，随母亲流落他乡，长大后靠砍柴抚养母亲、维持生活。

玄奘出生在书香世家，从小接受良好的教育，不料10岁时父母双亡，无依无靠，只好投身寺庙。

师：你们千万不要认为"不确定"就是"没有规律"，就是"不一定"，就是"有时、有时、有时"，不！那样的理解远远不够。当我们联系生活之后，我们发现，"不确定"可能意味着"可怜"，可能意味着"不幸"，可能意味着突如其来的"苦难"。"不确定"让你绝望，让你沮丧，甚至让你充满巨大的恐惧。（全场静默）

（将"不确定"置换成"不幸"等词语，引导学生重读整个"道理"。）

师：孩子们，林清玄悟出的这个道理，让我们对自己的生活有了新的理解。我们发现，生活是不确定的——

（屏幕出示，师生接读。）

生活是不确定的，有时会幸福，有时会痛苦；

生活是不确定的，有时会成功，有时会失败；

生活是不确定的，有时会平安，有时会危险；

生活是不确定的，有时会富裕，有时会贫穷；

……

师：既然生活是不确定的，那么，当我们处在痛苦的时候——

（屏幕出示，一生朗读。）

生：当我们处在痛苦的时候，幸福就在不远处，因为痛苦本来就是不确定的。

……

师：正是"不确定"让我们活在了每一个当下，让我们在面对痛苦、面对失败、面对危险、面对贫穷的时候，能够始终保持内心的平静和淡定。

师：一个人只有懂得了无常，才能从人生的痛苦和烦恼中彻底醒来！

（课件播放艾米丽·王嘉宝演唱的《醒来》）

　　著名教育家李霁野说过："人生确是无常的，不过人生的可爱处也多半就在这无常。"这一点，必须在生活中、通过生活才能真正有所体悟。为此，我通过多种方式重现、重构学生的生活场域。第一层次，是通过唤醒自己的生活经验，初步体会生活中的不确定；第二层次，通过提供别人的生活经验，进一步强化对不确定的体验，尤其是不确定所带来的负面体验；第三层次，通过置换词语、迁移句式等操作，升华由生活中悟得的道理；第四层次，通过创设情境、播放歌曲，进一步加深无常之道的审美化体验，从而实现对"不确定"的领悟由文本语境向生活语境的跃迁。

　　以"不确定"的领悟作为课的文化主脉，并不意味着对语文的弱化与忽视。恰恰相反，顺着这样一条文化主脉，通过丰富多彩、生动活泼的语言实践，学生对文本关键信息的提取能力得到有效锻炼；借助问题支架和案例支架，思维过程不断向着纵深推进；而作为中华优秀传统文化精髓的佛家文化的渗透、传承也在不知不觉中得到了无痕落实。

第五编

「道」…与天地精神往来
——《天籁》课堂实录与品悟

‖ 课品综述 ‖

小学文言课程提前起步的可能与可为

《天籁》一课选自庄子的《齐物论》，就课文内容而言，此文诘屈聱牙、晦涩难懂，估计大学中文系的学生在阅读时也会觉得困难，似乎不应该成为小学生课堂学习的材料。但是，在王崧舟老师60分钟的教学之后，现场五年级的小学生不仅能够流利地朗读课文，基本准确地把握文义，还能够对文章的意义进行个性化的阐释！这看起来匪夷所思的教学效果令我们重新审视了小学生文言文教学的相关问题：小学生的文言阅读接受能力究竟在怎样的水平？小学文言文教学内容的难度是否仅仅只能局限于"浅易"？如果小学文言阅读教学内容的难度可以增加，那么教学设计的关键在哪里？

我曾经以此课为入口，回顾梳理了小学文言文教学百年沉浮的历史，结合当前中小学文言文教学的现状，在历史的视野与当前传统文化复兴的语境下对小学文言文课程的意义进行确证，对课程内容的难度进行重估，提出了小学文言课程提前起步、重心前移的主张。在此，让我们在结构主义的视野下，由个别到一般，探寻文言文教学设计在小学阶段可行的路径与规律。

1959年布鲁纳在《教育过程》中提出了"任何学科的基本原理都可以以某种理智的方法有效地教给处于任何发展阶段的学生"的观点。布鲁纳的理论首先强调了结构的重要性，重视一门学科基本概念和原理的连续性，并主张以螺旋式课程的概念打通中小学和大学同一学科的界线。其次，学科的基本结构（基本原理、基本概念）必须是按照某特定年龄的儿童观察、解释事物的特定方式去加以表述。"给任何特定年龄的儿童教某门学科，其任务就是按照这个年龄儿童观察事物的方式去阐述那门学科的结构。"这个任务可以看作一种翻译工作，也可以理解为将学习材料转移成儿童的逻辑。再次，布鲁纳重视"直觉思维"的作用，重视学习发现中的灵感与顿悟。

以结构主义的视角观照王老师《天籁》一课的教学设计，我们可以从以下三个方面阐释文言文教学设计的路径与方法。

第一，把握结构。文言文学习当然要关注它的词汇、语法、语音等知识体系。文言文课程要求它的课程内容（选文）以螺旋的方式涵盖了这些知识，并根据一定的目标层次与复杂水平不断增加。就文言文内容而言，对基本结构的理解不应仅限于文言知识、语法体系等层面，在单篇文章的教学中，我们不妨把文章的基本思想、内容概要视为它的基本结构。小学阶段的文言文教学重在把握文章基本内容，了解大意，并通过广泛的阅读、记诵，培养文言语感、文言思维。王崧舟老师《天籁》一课设定的学习目标与教学重难点把握的正是基本内容。当目标定位在诵读、感悟、积累，教学实践中自然不求一一对译，字字落实，句句确切，而求"神"忘"形"，基本理解，熟读成诵，形成"混沌的感悟"即可。对于文言知识、语法现象等，随着学生年段的增高和阅读量的增大自然会多次出现，学生通过反复感知的方式实现螺旋式的积累，最终可以达到知识的"精加工"。这样的教学路径设计也完全符合我国"好读书不求甚解"的方法论传统。事实上，我国古代对小学阶段的文言文教学也是要求"只能讲其大义"，"若欲博综精研，可俟入大学堂后为之"（《奏定初等小学堂章程》）。

第二，注重方式。小学文言课程提前起步的认知心理学基础是"任何观念都能够用学龄儿童的思想方式正确地和有效地阐释过来"，这里特别需要注意的是以"儿童的思想方式"阐释。因为"儿童智力发展的研究突出了这个事实：在发展的每个阶段，儿童都有他自己观察世界和解释世界的独特方式"，而且这些初次阐述过的观念由于这种早期学习，在日后学起来会比较容易，也比较有效和精确。《天籁》一文难读，王老师就引领孩子以各种各样的方式一遍一遍地读。教师领读、自由读、师生接力读、同桌互读、指名读、齐读，六读《天籁》，终于把课文读通、读顺。《天籁》难理解，王老师巧妙地设计了两个连线练习：通过第一个练习，学生很容易就抓出文章行文的脉络，了解了课文的主要内容；第二个练习旨在帮助学生理解地籁的各种声音。绝不要求学生字字对译，逐句会讲，连线的方式正是给了他们一条最合适的发现路径。这两处练习设计的实质正是向学生提出了难易恰切的"适中问题"，彰显出文言文教学设计的分寸与尺度。

第三，重视"顿悟"。文言文学习中的"顿悟"属于直觉思维，读得多了，看得多了，自然会形成一种语言的直觉，这种直觉以文言语感为基础，可以帮助学生对陌生句式或不确定的词句产生忽然的领悟。但是，对于文言文学习而言，更重要的"顿悟"不是针对文言知识的，而是源于文本所传递的思想内容。文言文所述之事、所言之理皆为千百年前古人生命的体验、思考与感悟，它们流溢着生命的意蕴，更彰显着文化的品格，内中精妙往往"存乎一心"，无法传授而只能靠学生体悟。在小学文言文的教学中，教师一方面应珍视孩子们对语言的直觉与顿悟，不以碎片化的分析破坏他们的想象与发现之途；另一方面，可通过有效的设计启迪学生的思考，启发他们对生命的体认与感知。王崧舟老师的《天籁》一课在这一点上也为我们提供了良好的范例。在本课的结尾，教师提问："今天，我们学了庄子的《天籁》，认识了这样三种声音……你觉得庄子本人最喜欢、最推崇的会是哪种声音？"此处的问绝非求解之问，而是启思之问。在课堂现场，答案的丰富以及孩子们的解释远远超出教师的预估与想象。接下来，王老师巧妙地引入歌曲《那是谁》。歌词中"不悲不喜""不错不对""不进不退"的人是谁？现代摇滚乐与国学经典在这里互文互解。学生是带着问题，带着思考，带着懵懵懂懂的感受离开课堂的，对于天籁，对于庄子，孩子们今天能懂得多少，真的不重要。甚至在他们未来的人生里能否在某一个时刻顿悟到那一份化羽成蝶的逍遥、能否语禅论道，也单凭造化。教师能做的，不过是播种与等待。

最后还需要说明的是，本文以王崧舟老师执教的《天籁》一课为例说明小学文言课程提前起步的可能与可为，并不是说每一位小学语文教师借以一定的方法就可以游刃有余地进行相当难度的古文教学。其实，决定一位教师适切课堂教学难度的，不在于学生的认知水平，而恰恰在于教师本身思想与学养的深度。有足够文化底蕴的老师不难找到适合儿童的话语或方式将自己的思想与学问传递给孩子，而相关知识储备不足的老师，倘若自己对文本的驾驭都成问题，那就谈不上有效的教学了。

《天籁》

　　子綦曰："夫大块噫气，其名为风，是唯无作，作则万窍怒呺。而独不闻之翏翏乎？山林之畏佳，大木百围之窍穴，似鼻，似口，似耳，似枅，似圈，似臼，似洼者，似污者；激者，謞者，叱者，吸者，叫者，譹者，宎者，咬者。前者唱于而随者唱喁，泠风则小和，飘风则大和，厉风济则众窍为虚。而独不见之调调之刁刁乎？"

　　子游曰："地籁则众窍是已，人籁则比竹是已，敢问天籁。"子綦曰："夫吹万不同，而使其自己也，咸其自取，怒者其谁邪？"①

---

① 注：《天籁》选自北师大出版集团《国学》第十册第5课。

课堂品格与文化品格的相证

一、通读：把握行文思路

师：孩子们，拿起课文纸，跟老师一起读课文《天籁》。

（课件呈现《天籁》全文）

师：怎么读呢？我读一句，你们跟着读一句。

（师生朗读课文）

【尽管课文全文都有注音、注解，学生也提前做了预习，但这里面实在有太多难读的字，跟着老师读，很安全的开始。】

师：在朗读的过程中，你有没有发现有些字的读音非常特殊、非常奇怪，需要特别提醒大家注意的？

生："山林之畏佳"的"佳"（cuī）。

师：容易读成——

生：jiā。

师：其实，这两个字的读音都特别值得注意，不要读成 wèi jiā，这是异读字。谢谢你的提醒，请你带大家把这个词读一遍。

（生带读"畏佳"）

生："夫大块"的"夫"（fú）。

师：嗯，念第几声？

生：第二声。

师：平时我们念第几声？

生：第一声。

师：这个词单独出现，出现在句首做语气词的时候，其实它没有具体的意思，应该读二声——"夫大块噫气"。读音相同的其实还出现过一次，在哪儿？

生：在最后一句"夫吹万不同"。

师：好极了！我们一起来读一读这两处。

（师带读"夫大块噫气""夫吹万不同"）

师：还有什么需要提醒大家注意的？

生："泠风则小和，飘风则大和"。

师：我知道你想提醒大家注意的这个字是——

生：和（hè）。

师：对，这是一个多音字，在这里读四声。"和"就是"呼应"。你带着大家一起来读读。

（生带读"泠风则小和，飘风则大和"）

生：我觉得应该注意的是"咬（jiāo）者"。

师：这个字一看就容易读成 yǎo，这是一个异读字，读 jiāo，带着大家一起读。

（生带读"咬者"）

师：好。孩子们，这篇文章读起来诘屈聱牙，有很多多音字，有很多异读字，有很多难读的生僻字。来，自己试着读，特别注意刚才同学提醒的那些字词。自由读，争取把所有的字音读正确，读到位。

（生自由朗读课文，教师巡视指导。）

【学生相互提醒难读的、易读错的字，教师讲解、说明或强调。这里不仅有生僻字、多音字，还出现了异读字。对于何为"异读"，为何"异读"，老师不解释概念，只在全文语境中要求孩子们会读，这样的学习是为中学再次接触此类文言现象时略做铺垫。】

师：我们再来读一读《天籁》。怎么读呢？老师读第一句，你们读第二句；老师读第三句，你们读第四句，这样依次轮流往下读，明白吗？

生：（齐答）明白！

（师生合作接读全文）

师：同桌之间这样读，你读前一句，他读后一句，依次轮流往下读。一旦发现同桌读错了，马上帮助他纠正。

（学生按老师要求同桌接读课文，教师巡视。）

师：好！觉得你的同桌读得特别棒的请举手。

（部分学生举手）

师：太好了！懂得欣赏他人，这是一种修为。学好语文，修为比能力更重要。现在，哪位同学愿意一个人站起来完完整整地读一读庄子的《天籁》？（对一生）如果我没看错，你是第一个举手的。请你来读！

（生诵读全文，流利准确，声音洪亮。）（全场鼓掌）

师：送你八个字"中气十足，字正腔圆"！来，我们一起来读一读庄子的《天籁》。

【至此，才是独立朗读。】

（生齐读课文）

师：庄子的《天籁》我们反反复复读了很多遍，满篇传来的是"之乎者也"，它到底写了什么呢？打开作业纸，完成课堂练习的第一大题。

（课件呈现）

先写　　　天籁

再写　　　地籁

后写　　　人籁

（生课堂练习，教师巡视。）

师：谁愿意跟大家分享自己的思考？

生：我觉得是先写地籁，再写人籁，最后写的是天籁。

（师随学生的回答，依次板书：地籁、人籁、天籁。）

师：非常好！一起看黑板，原来在庄子的世界里，有这样三种声音。第一种叫——

生：（齐）地籁。

师：第二种叫——

生：（齐）人籁。

师：第三种叫——

生：（齐）天籁。

师：是的，这是三种完全不同的声音。这三种声音，在庄子的这篇课文当中，他是先写——

生：（齐）地籁。

师：接着写——

生：（齐）人籁。

师：最后写——

生：（齐）天籁。

师：是的，这就是课文的主要内容，也是课文的写作顺序。

【《天籁》难读。于是，开课就是一遍一遍地读。教师领读、自由读、师生接力读、同桌互读、指名读、齐读，六读《天籁》正是步步撤梯子的过程，由扶到放，课文终于读通，读顺。

《天籁》难理解。教师利用练习，提示学生抓出行文脉络，大道至简。

观课现场，那一句一句、一遍一遍"之乎者也"的诵读仿佛把人带回古代私塾。一丝不苟又规规矩矩的文言味儿有些陌生又似曾相识。】

二、美读：感受行文节奏

师：从课文中看，地籁、人籁、天籁，这三种声音，哪一种声音写得最具体、最详细、最生动？

生：地籁。

师：你来读一读庄子笔下的地籁。

163

（生朗读课文第 1 自然段）

师：拿出笔，在旁边标注两个字"地籁"。这段文字占了我们这篇课文的绝大多数篇幅，写得特别详细，特别具体，特别生动。我们一起来读一读！

（生齐读第 1 自然段）

师：从这段文字的描写来看，地籁发声要靠什么？

生：风。

师：你从哪里知道的？

生："夫大块噫气，其名为风"，还有"泠风则小和，飘风则大和，厉风济则众窍为虚"。

师：火眼金睛！一下子就发现了"风"和"地籁"的关系。"夫大块噫气"——

生：（齐）"其名为风"。

师："是唯无作"——

生：（齐）"作则万窍怒呺"。

师：（小声地）"泠风"——

生：（齐，小声地）"则小和"。

师：（高声地）"飘风"——

生：（齐，高声地）"则大和"。

师：（更高声地）"飘风"——

生：（齐，更高声地）"则大和"。

师：（语调变化，由高到低）"厉风济"——

生：（在教师的手势引导下轻声齐读）"则众窍为虚"。

【"夫大块噫气，其名为风。"庄子认为风是天地的呼吸，绮丽的想象源于宇宙的人情化。风大则窍穴发出的声音大，风小则窍穴发出的声音小，风止则寂无声息。这就是所谓"泠风则小和，飘风则大和，厉风济则众窍为虚"。学生找到这一句后，老师没做任何解释，而是引领学生以声带读、以读代讲，风与地籁的关系立即清清楚楚。

观课至此，感叹执教者像个高明的指挥，抬手间，旋律随即流出。教与

学仿佛都轻而易举，课者此处不过牛刀小试。】

师：我们知道，地籁要发声，第一靠的是风，风是地籁的发动者。（板书：风）但是，光有风是不够的，地籁要发声，还得靠大地上各种各样的什么？

生：窍穴。

师：是的，窍穴，或者说万窍，或者说众窍，是吧？（在"地籁"右边画线并板书："众窍"）

师：就在写地籁的这一大段文字当中，有一处是专写众窍的，谁来读一读？

生：（朗读）山林之畏佳，大木百围之窍穴，似鼻，似口，似耳，似枅，似圈，似臼，似洼者，似污者。

师：把这一处画出来。你们仔细看，里面一共写到了几种窍穴？

（课件呈现）

似鼻，似口，似耳，似枅，似圈，似臼，似洼者，似污者。

生：一共写了八种。

师：一口气写了八种。自由地读一读这八种窍穴，自由地读，放开声音读。

（生自由读）

师：孩子们，你们发现没有，这八个写众窍的词儿，有一个共同的特点，谁看出来了？

生：都有一个"似"字。

师：都有一个"似"，而且这个"似"的位置都出现在哪儿？

生：都在第一个字。

师：都在第一个字。想一想，连续出现的八个"似"，而且每一个"似"都出现在每一个词的开头。怎么读？自己试着再读读看！

（生自由练读）

师：孩子们，连续出现的八个"似"，每一个"似"又出现在每一个词的开头，让你们自然而然地联想到你们曾经学过的哪一种句式？

165

生：排比句。

师：没错，就是排比句。想一想，排比句带给你一种什么节奏？什么气势？我们一起来读一读。

（师生合作读，所有的"似"老师读，后面的字学生读。）

师：谁来读一读这句话？看谁的朗读能让我们看到窍穴是如此之多。

（生朗读此句，流利、声音洪亮。）

师：有味道。谁还想读？

（生朗读此句，声音舒缓但有一定的节奏。）

师：读得比较低调。尽管比较低调，我们却在他的朗读中确实看到了窍穴之多。你们看，大树百围之上，有各种各样的洞穴，这些洞穴有的深，有的浅，有的大，有的小，有的方，有的圆……"山林之畏佳，大木百围之窍穴"，你们看——（富有节奏感地朗读，先慢后快，先低后高，"似洼者"成为整句朗读的拐点）"似鼻，似口，似耳，似枅，似圈，似臼，似洼者，似污者"。

师：我们一起来！

（生随着老师的节奏与手势美读该句）

师：山陵上各种陡峭的地方，大树上有各种形状的窍穴，你的眼睛都快忙不过来了！所以"似污者"后面的标点应该改成——

生：省略号。

师：（富有节奏地打手势）你们看——山林之畏佳，大木百围之窍穴——

（生随着老师先慢后快、先低后高的手势有节奏地朗读此句。）

师：如此多样、如此丰富的窍穴，经风这么一吹，自然就会发出各种各样、丰富多变的地籁之声了。听！"激者，謞者，叱者，吸者，叫者，譹者，宎者，咬者"。

（课件呈现）

激者，謞者，叱者，吸者，叫者，譹者，宎者，咬者。

师：发现没有，写众窍的句子和写地籁的句子，有着惊人的相似。第一点——

生：都有八个词语。

师：没错，这是最为明显的。第二点——

生：都是排比句。

师：是的，也是排比句，一排就是八句。第三点——

生：气势是一样的，也有澎湃的感觉。

【教师提醒，写地籁的与写孔窍的句子惊人的相似。八种孔窍，八种声音，似乎那声音正是一一对应着从中发出。两处排比汪洋恣肆、气势磅礴，庄子语言的魅力尽显于斯。】

师：谁来读一读？读出这样的节奏和气势来！

（生朗读此句）

师：谁再来读一读？

（生朗读此句）

师：我们一起来读一读。当大块噫气的时候，当万窍怒呺的时候，你听，你的耳边响起了这样的地籁之声——

（生齐读此句）

师：你刚才读得很低调，你似乎想继续保持你的内敛和低调？

生：不是。

师：让我们听听你是如何高亢和激昂的。山林之畏佳，大木百围之窍穴——

（生朗读句子，声音仍然是舒缓平和的。）（众笑）

师：继续保持低调，幸亏没听老师的，因为那就是你，那就是你本来的样子，你读出来是最自然的。咱们找中气饱满的再来读一读。（向前面一生）这就是你本来的样子，你是高亢、激昂的。

（生朗读句子，声音洪亮，语速较快。）

师：挺好，就是快了点。快还不行，还得有章法。注意节奏。再来一次，你一定能超越自己。

师：大块继续在噫气，万窍继续在怒呺，你的耳边继续回响着这样的地籁之声——

（生在教师手势指导下富有节奏地朗读此句）

【好一个"那就是你本来的样子"！让"低调的"可以继续"低调"，让"中气十足的"就继续"中气十足"，只因为"那就是你，那就是你本来的样子"。

课堂中的插曲是自然生成的，教师用课堂细节印证庄子的自然之道，让教学的品格与教学内容的文化品格相契相证，也让今昔互文、古今相认。】

师：这就是庄子笔下的地籁！真没想到，地籁是如此的丰富多彩，如此的千变万化！那么，这些地籁究竟是一些怎样的声音呢？请大家完成课堂练习的第二大题。

（课件呈现）

激者	像细细的呼吸声	叫者	像鸟儿鸣叫叽喳
謞者	像湍急的流水声	譹者	像放声叫喊
叱者	像迅疾的箭镞声	宎者	像嚎啕大哭
吸者	像大声的呵斥声	咬者	像在山谷里深沉回荡

（生独立完成课堂练习。教师一边巡视，一边提醒：可以参考底下的注释和后面的译文。）

师：好，我们一起来听一听，这些地籁究竟是些怎样的声音。第一列，哪位来说一说？

生：激者，是指像湍急的流水声；謞者，是指像迅疾的箭镞声；叱者，是指像大声的呵斥声；吸者，是指像细细的呼吸声。

师：好的，同意的请举手。

（绝大多数学生举手）

师：非常好！现在看第二列，哪位来说一说？

生：叫者，像放声叫喊；譹者，像嚎啕大哭；宎者，像在山谷里深沉回荡；咬者，像鸟儿鸣叫叽喳。

师：跟他一样的请举手。

（三分之二以上的学生举手）

师：原来，庄子笔下的地籁，有着如此丰富多变的声音。当大块噫气的时候，当万窍怒呺的时候，它们有的像——

生：（齐读）细细的呼吸声。

师：有的像——

生：（齐读）湍急的流水声。

师：有的像——

生：（齐读）迅疾的箭镞声。

师：有的像——

生：（齐读）大声的呵斥声。

师：当然，当大块噫气的时候，当万窍怒呺的时候，地籁远远不止这些声音。它们有的还像——

生：（齐读）鸟儿鸣叫叽喳。

师：有的还像——

生：（齐读）放声叫喊。

师：有的还像——

生：（齐读）嚎啕大哭。

师：有的还像——

生：（齐读）在山谷里深沉回荡。

师：只有这八种声音吗？

生：（齐答）不是。

师：你听，当大块噫气的时候，当万窍怒呺的时候，地籁有的甚至还像——

生：沙沙的树叶声。

师：有的甚至还像——

生：老虎的怒吼声。

师：有的甚至还像——

169

生：哗哗的流水声。

师：说的完吗？恐怕三天三夜也说不完。地籁之声，实在是太丰富、太多样了，是吧？最后的标点符号应该改写成——

生：省略号。

【又一道教师自己设计的练习题，用以突破难点，帮助学生理解文意。无须一一串讲，学生在自己的学习区，抬抬脚就能摘到果子。】

师：无论是哪种地籁，再怎么丰富、怎么多样，它们必须靠什么？

生：地籁如果想发出声音，必须得靠风。

师：得靠风，得靠众窍。只有风，只有众窍，才能让我们听到各种各样、丰富多变的地籁。风小的时候，地籁就——

生：（齐答）小。

师：风大的时候，地籁就——

生：（齐答）大。

师：风突然停止了，地籁就——

生：（齐答）停止了。

师：地籁与风之间的关系是如此密切。你听！泠风——

（课件呈现此句）

前者唱于而随者唱喁，泠风则小和，飘风则大和，厉风济则众窍为虚。

生：（齐读）则小和。

师：为什么是小和，不是大和？

生：因为泠风是小风。

师：没错，风小地籁自然就小。再听！飘风——

生：（齐读）则大和。

师：为什么这里又变成大和了？

生：因为飘风就是大风，所以是大和。

师：是的，风大地籁自然就大。再听！厉风济——

生：（齐读）则众窍为虚。

170

师：众窍还能发声吗？我们还能听到地籁吗？为什么？

生：因为风突然停了下来，所以就没有声音了。

师：看，这就是地籁！它能发出各种各样、丰富多变的声音，激者，謞者，叱者，吸者，叫者，譹者，宎者，咬者。但是，所有的地籁，都离不开众窍，离不开风。

【《天籁》选自《齐物论》。在《齐物论》开端，庄子塑造了学生颜成子游和老师南郭子綦两个人物。一天，子游看到老师与往日不同，他已然形如槁木，面如死灰，便向老师询问缘故。子綦告诉他的学生："今者吾丧我，汝知之乎？汝闻人籁未闻地籁，汝闻地籁未闻天籁！"意思是：我完全忘记了自身的存在，放弃了我（"吾丧我"即是"我物同一"），你能理解吗？你听过人籁却没听过地籁，听过地籁却没听过天籁！】

子游问其方。因为"人籁"是已知的，老师以汪洋恣肆的语言描述了"地籁"。这就是课文第1自然段。在庄子的描述里，天地呼吸吐纳成为风，风吹过山中大树各种各样的窍穴，发出各种各样的声音就是地籁。这一段的描写鲜明地体现了庄子语言的特点——神奇瑰丽、跌宕跳跃、气势磅礴，既有赋的铺陈，又有诗的节奏。清人方东树曾言："（庄子文）意接而词不接，发想无端，如天上白云卷舒灭现，无有定形。"

【如何让小学生体会到庄子语言的魅力，并透过这些奇崛的文字大致理解文意？王老师用的方法仍然是读。精妙的范读、创设情境读、师生合作读、想象读，读出风与地籁的关系，读出目不暇接的众窍，读出千变万化的地籁之声。在这个过程中，教师多次通过声调、手势的变化引领学生体会行文节奏的变化。反复的引读，促进了理解，形成了画面，也使课堂凝成一种场。】

三、品读：体味行文意蕴

师：这是地籁。其实，如果不是庄子，我们可能不会注意天地间有一种叫作地籁的声音，我们听到更多的是人籁。那么，什么是人籁呢？

"人籁则"，——

　　生：（齐读）"比竹是已"。

　　师：（在"人籁"右边画线并板书："比竹"）真好！人籁发声靠什么？

　　生：比竹。

　　师：比竹就是并排连在一起的箫，见过排箫吗？差不多就是那种乐器。当然，乐器本身是不会发声的，要发声还得靠谁？

　　生：人。

　　师：（在"人籁"左边画线，并板书："人"）所以才叫人籁。我们看，人籁发声，一要靠——

　　生：（齐答）比竹。

　　师：二要靠——

　　生：（齐答）人。

　　师：（指板书）我们一起来看地籁和人籁，地籁发声，一靠众窍，二靠风；人籁发声，一靠比竹，二靠人。所以，无论是地籁还是人籁，它们都有一个相同的特点，谁看出来了？

　　生：它们都需要依靠别的东西才能发声。

　　师：也就是说，它们自己都不能直接发声，对吧？

　　生：（齐答）对！

　　【"地籁靠众窍发声，人籁靠比竹发声"，注意，这是子游的认识，不是子綦的。】

　　师：那么天籁呢？敢问天籁？谁来读一读子綦的回答？

　　生：（朗读）夫吹万不同，而使其自己也，咸其自取，怒者其谁邪？

　　师：（课件呈现此句）孩子们，拿起笔来，把这句话用波浪线画下来。

　　（生画线）

　　师：我们一起看大屏幕，来读一读庄子笔下的天籁。

　　（生齐读此句）

　　师：孩子们，与地籁和人籁相比，天籁发声有什么不同？

　　生：我认为天籁发声不需要依靠别的东西。

师：是吗？你是怎么知道的？

生：因为"夫吹万不同，而使其自己也"，天籁发声是靠自己的。

师：那么，天籁发声的发动者是谁呢？

生：是它自己。

师：你又是怎么知道的？

生：因为"咸其自取，怒者其谁邪？"就是说，除了它自己，难道还有别人吗？

师：明白了！请问，天籁发声依靠众窍吗？

生：（齐答）不依靠。

师：天籁发声依靠比竹吗？

生：（齐答）不依靠。

师：请问，天籁发声是风吹出来的吗？

生：（齐答）不是。

师：请问，天籁发声是人吹出来的吗？

生：（齐答）不是。

师：是的！天籁发声，不靠人，不靠风，不靠众窍，不靠比竹，唯一依靠的是它——

生：（齐）自己。

师：地籁发声有呼应者，众窍。人籁发声有呼应者，比竹。那么，天籁的呼应者是谁呢？

生：（齐）自己。

（师板书"自己"，形成板书如下。）

风——地籁——众窍

人——人籁——比竹

自己——天籁——自己

师：这就是天籁。你看，"夫吹万不同"——

生：（齐）"而使其自己也"。

师："咸其自取"——

生：（齐）"怒者其谁邪？"

师：天籁发声，完完全全靠它自己。发出自己的声音，依靠自己来发声，通过发声成为它自己，这就叫天籁。一起读——

（生齐读天籁全句）

【《齐物论》通篇都在消解，而不立论。它只是不断地解构即成的认识，但并不接着建构肯定的答案。

子游认为地籁是众窍发出的声音，人籁是箫管发出的声音，那么何为天籁？他的老师没有正面回答。而用了反问："夫吹万不同，而使其自己也，咸其自取，怒者其谁耶？"】

师：庄子并没有像写地籁那样写各种天籁的声音，其实，在我们的日常生活中，到处都有这样的天籁。请大家完成课堂练习第三大题，写出不少于一种的天籁。

（生写生活中听到过的天籁，教师巡视。）

师：好的，孩子们，你们的笔下出现了怎样的天籁之声？我们来听一听。

生：海浪的拍打声。

生：婴儿的哭声。

生：破土而出的小苗的生长之声。

生：鸟儿拍打翅膀的声音。

生：瀑布的轰鸣声。

生：树叶的沙沙声。

生：竹子拔节的声音。

生：青蛙的呱呱声。

师：孩子们，我们一起静静地看黑板。黑板上出现了排列在一起的八种天籁，如果你觉得哪些天籁特别有意思，现在可以静静地把它们写在自己的作业纸上。这样，你不但分享了同学的经验，也丰富了自己的体验。

（生安静地做记录）

【八种天籁之音，与前面八种窍穴、八种地籁之声遥相呼应，教者用心可见。

天籁之丰富，即自然之丰富。此处的想象、书写、拓展，带领孩子们走进了细微的宇宙人情。写满黑板的天籁之声，也正是言语生命悄然绽放的天籁。】

师：我们一起抬头看黑板。"夫吹万不同，而使其自己也，咸其自取"，比如（教师指着板书）——

生：（齐）海浪的拍打声。

师：比如——

生：（齐）婴儿的哭声。

师：比如——

生：（齐）破土而出的小苗的生长之声。

师：比如——

生：（齐）鸟儿拍打翅膀的声音。

师：比如——

生：（齐）瀑布的轰鸣声。

师：比如——

生：（齐）树叶的沙沙声。

师：比如——

生：（齐）竹子拔节的声音。

师：比如——

生：（齐）青蛙的呱呱声。

师：当然还有许许多多的天籁之声，我们可以在这里加上什么符号？

生：省略号。

【地籁、人籁、天籁的比较与理解是本文的难点与重点。教师通过板书的图示，一次又一次地引导学生核对、梳理、确证。

在王老师的课上，哪怕面对如此难读的古文，学生也永远是"安全"的，无须畏难。因为王老师搭好了理解的支架，且常常复习，步步回顾。经过这样反复重复、反复梳理，大家都能够理解，能够跟上。

若看课堂气质，师生应答随意自然，如聊天谈话，素朴和谐。教者顺应自然之道，课堂的品格正是道家文化的品格。

回到《齐物论》子游的问题之初，莫忘记子綦并不是要谈论三籁，而是要借助三籁谈论修行的境界。什么样的境界是天籁？外在看，形如槁木，面如死灰。这就是"物化"之后的"我"，与山中干枯的大树一样。心如窍孔，任大小风气吹过，不去辨别高下，不去问背后的主宰，只是随顺发声，自有声响，这就是天籁。

清代宣颖在《南华经解》中言"待风而鸣者，地籁也；而风之使窍自鸣者，即天籁"。

当然，在修行的境界里，天籁不再是指一种声音，而是一种状态，一种物我合一、顺应自然的状态。庄子的心是通于无常的，是空性的，是作为山水而存在的，也是作为植物、动物而存在的，可以是鱼、是鸟，也可以是槁木，是孔窍。这种状态后来在六祖慧能那里得到印证，正是"静我本心""成一切相即心，离一切相即佛"。当把心放开在万物之中，任风吹过，游于万物，一个人也就实现了精神上的自由来去，通行无滞。

庄子未语禅，却是禅意的开端。】

四、留白：言有尽而意无穷

师：今天，我们学了庄子的《天籁》，认识了这样三种声音（指板书）——第一种叫（生：地籁），第二种叫（生：人籁），第三种叫（生：人籁）。地籁、人籁、天籁。其中最容易引起我们注意的是人籁，比如笛子吹出来的声音，特别好听。在庄子的描述之下，我们还了解到另外一种不太被注意的声音，那是风吹过各种窍穴发出的声音。还有一种声音，更不太容易被我们注意，那就是自己发声，发出自己的声音——天籁。问题来了，你觉得庄子本人最喜欢、最推崇的会是哪种声音？

生：地籁。因为在本文中，地籁描写得最多。

师：好。他认为地籁是庄子最推崇的声音，理由只有一个，地籁写得最多。很好，这是他的观点。来，说说你的观点。

生：我觉得庄子应该喜欢天籁。

师：理由是——

生：因为他把题目写作"天籁"。

生：他最推崇的是天籁。

师：为什么？

生：因为天籁是靠自己发出的声音。

师：你认为靠自己发出声音是庄子最推崇的，是吧？这是一个理由。当然，这是她的观点。你们不要让她的观点影响了自己的观点，我想听到不同的观点。

生：人籁。

师：人籁？理由——

生：因为音乐的声音特别美妙。

师：你喜欢欣赏音乐，觉得那个声音最美妙。还有不同的观点吗？

生：我认为应该是天籁。因为所有的声音都是天籁，都是自己发出的，所以都是天籁。

师：所有的声音都是天籁！地籁、人籁也是天籁？真是石破天惊的观点，与众不同。

【孩子道出的真相石破天惊。——"所有的声音都是天籁"，因为说到底，所有的声音"都是自己发出的"。

站在此处回看子綦的反问："夫吹万不同，而使其自己也，咸其自取，怒者其谁邪？"——那风那气吹来有万千种不同，不过是使孔窍们自己发声，一切都是自己造成的，吹动它的还有谁呢？此语解构的是"众窍发声靠风""比竹发声靠吹"，而认为一切发声都是自己发声，在这个意义上，冯有兰等认出"地籁""人籁"就是"天籁"。

郭象在《庄子注》里的解释是："夫天籁者，岂复别有一物哉？即众窍比竹之属，接乎有生之类，会而共成一天耳。"唐代成玄英在《南华真经疏》

中进一步的解释是"物皆自得之耳，谁主怒之使然哉！此重明天籁也"。

在一定意义上，一切发声都是自己发声，因此，一切声音皆是天籁。】

生：我觉得庄子对三种声音可能都喜欢。因为他三种声音都写了，所以可能都喜欢。

师：所以课文的题目应该改成——

生：三籁。

（全场笑）

师：真是太厉害了！当孩子说三种声音他都喜欢，甚至建议把课文的题目改"三籁"的时候，我怎么听怎么觉得他的声音就像天籁一般。

【孩子可能不知道《齐物论》，不知道"万物齐一"，但是他直觉地感到，庄子可能三种声音都喜欢。若天籁可以理解为就是纯任自然之道，那么，孩子在课堂上的这种朴素的直觉与感受就是教育中的"天籁"！

不必惊讶，因为儿童离哲学最近。】

师：哎呀，这个事情就麻烦了。观点太多了，第一种观点认为庄子推崇天籁，理由各不一样。第二种观点认为庄子喜欢和推崇地籁，有他的理由，听起来似乎有道理。第三种观点更是石破天惊，认为庄子喜欢和推崇的可能是人籁，因为人籁是人为创造出的音乐，特别好听。甚至还有天籁一样的观点，认为庄子可能是三种声音都喜欢。麻烦了，这个麻烦可就大了。向谁请教呢？

生：庄子。

师：哎呀，那得回到2500年前。（笑声）要不咱们把庄子请出来？想不想见见庄子？（音乐前奏起）

师：庄子年纪比较大了，走路也比较慢，而且是从遥远的2500年前走来，咱们得等等他。（众笑）来了，来了。

（《那是谁》歌声响起，课件呈现歌词。）

那是谁　不喜不悲

那是谁　无怨无悔

诗意语文课堂实录与品悟

那是谁　安然入睡

那是谁　以心相随

那是谁　无语无泪

那是谁　不错不对

那是谁　安然入睡

那是谁　那么美

风轻云淡　高山流水

花开花落　朝霞余晖

岁月如歌　来去如归

他说真美　真美

悲喜间　心静如水

天地间　日月同辉

生死之间　来去如归

他说都美　都美

那是谁　从不追随

那是谁　也不献媚

那是谁　不进不退

那是谁　那么美

那是谁　独饮独醉

那是谁　不用谁陪

那是谁　安然入睡

那是谁　那么美

师：孩子们，那是谁?

生：庄子。

师：庄子，你们都认识啊。明白了吗?

179

（全场笑声。学生有的点头，有的摇头，有的茫然。）

师：有的脱口而出"明白了"；有的一脸茫然，直勾勾地看着王老师；有的轻轻地在说"疯了，疯了"（笑声）。孩子们，其实明不明白并不重要，真的。因为有的书，只要三五天就能读懂；有的书，只要三五个月就能读懂；而有的书，需要三五年才能读懂；有的书，需要三五十年才能读懂；还有的书，可能需要一辈子才能读懂，甚至一辈子都不一定能读懂，下辈子回来继续读。《庄子》就是这样的书。明白吗？下课。

【拍案叫绝的结尾，亦庄亦谐。

地籁、人籁、天籁，庄子可能更推崇哪一种？此处的问绝非求解之问，而是启思之问。答案的丰富以及孩子们的解释远远超出教师的预估与想象，那些回答与思考如此简单又如此深刻，永远别忘了，儿童离哲学最近。

接下来，歌曲《那是谁》的引入出人意料，却又如此妥帖。那"不悲不喜""不错不对""不进不退"的人啊，是谁？现代摇滚乐与国学经典在这里互文互解，又是一次古今相认。

这其中的意蕴孩子们懂还是不懂？不必问。国学课不同于一般的语文课，国学课主要的价值目标不是要掌握实用的技能、确切的知识、唯一的答案，而是要完成文化的传承，文化的体认。所以，对于天籁，对于庄子，孩子们今天能懂得多少，真的不重要。甚至在他们未来的人生里能否领悟到那一份化羽成蝶的逍遥、能否语禅论道，也单凭个人的幸运。现在，我们且只管播种。】

天籁无声　道法自然

　　《天籁》选自《庄子》内篇的《齐物论》，共 158 字（不含标点），通过对"地籁""人籁""天籁"这三种声音的描写，反映了庄子万物平等、道通为一的齐物思想。

　　《天籁》虽短，但是教学难度极大。首先，全文出现了大量的生僻字、通假字、异读字、多音字，读起来佶屈聱牙、颇不顺口；其次，文章对地籁的描写，叠用大量比喻，极尽铺排描绘之能事，文意颇为晦涩；最后，"三籁"之述，实则反映庄子的齐物思想，该思想博大精深、高深莫测。

　　那么，这样一篇难度极大的文章，教给小学五年级的学生，合适吗？他们能读懂吗？

　　对此，我做了一些探索。

一、以熟为重，百转千回读"天籁"

　　文言文的教学，熟读是关键，是重中之重。读熟了，文言的声音、韵律、节奏自然就通了、顺了，味道就出来了，兴趣就浓厚了；读熟了，字与字、词与词、句与句、段与段之间的关系就理清了，文义也就大致通了；读熟了，文言语感也就敏化了、沉淀了、养成了，对文言的质地、造型、意蕴等也就有了直觉的感悟。所以朱熹才如是说："大抵观书，先须熟读，使其言皆若出于吾之口；继以精思，使其义皆若出于吾之心，然后可以有得尔。"

这堂课，一以贯之的策略就是"诵读"二字。课堂上，学生一直在读，读的形式花样繁多，读的目的各有侧重，读的层次既有分别又有关联。可以说，每一次读，都有不同的梯度，不同的要求。

一开始，我便设计了多种形式的诵读，有教师引读、自由读、男女生合作读、同桌合作读、指名读、纠正读、全班齐读，通过诵读量的累积，促使学生对文言的声音和节奏由完全陌生到半生半熟再到相对耳熟，为后续深入诵读打下了扎实的基础。

在反复诵读的基础上，我借助连线题，让学生梳理文章顺序：先写"地籁"，再写"人籁"，最后写"天籁"。在理清全文结构的基础上，重点指导了三处诵读。

首先是文中对"众窍"形状的描写："似鼻、似口、似耳、似枅、似圈、似臼、似洼者、似污者"。先让学生自己尝试练读，然后我范读，再要求学生试读，最后齐读，直到读流畅为止。而后，引导学生观察这八个词的构词规律，发现其排比的句式特点。于是，我借助手势的指挥，引导学生读出排比的节奏和气势。学生的诵读随着文字流淌，时而像湍急的流水，时而像细细的呼吸声，时而像放声叫喊，时而像嚎啕大哭，前面呼呼响起，后面呼呼应和。自然界的风止住了，学生的诵读也戛然而止。此时的诵读，一方面促进了学生对文言语感的熟知熟能，另一方面也深化了学生对文言语义的感受与理解。

在学生感悟了排比句式的诵读诀窍和魅力之后，我借助第二道连线题，把描写"地籁"的八个文言词汇跟八句白话译文联系起来，然后引导学生边想象声音的画面感边读出排比的气势和节奏。这样的处理，既是一种声音诵读模式的迁移，也是一种文言语感图式的内化。

至于对"泠风则小和，飘风则大和，厉风济则众窍为虚"的诵读指导，我采用手势示意、领读示范的形式，引导学生入境入情地呼应诵读，如是三番，营构出一种回环复沓、余音绕梁的诵读氛围。

总之，全课教学牢牢把握诵读这条主线，从第一层次的读出节奏，到第二层次的读出气势，再到第三层次的读出神韵，最后到第四层次的读出顿悟。我始终坚信，再难的文言，也敌不过一个"熟"字。熟能化性，熟能生巧。

二、以通为度，纵横捭阖读"天籁"

文言文教学，我坚决反对逐字逐句地串讲，坚决反对以白话解释取代学生的自读自悟。事实上，汉语文重意合、重神韵、重文气的特点，恰恰为学生的通晓大意、不求甚解创造了本体性条件。具体而言，就是教学必须在"通"字上下功夫。我的做法如下。

一是疏通大意，即学生在预学《天籁》时，同时将文言原文和白话译文呈现给他们，辅之以对生僻字、通假字、异读字、多音字、关键字的注释，使学生对《天籁》原文产生一种直觉的、整体的把握与领会。这种整体性的领会，不需要逐字逐句一一对应式地解读，也不需要对文言中大量存在的省略、缺失成分做出相应的补充和还原。总之，以大体知道此文写了什么为目的。

二是贯通文脉，在第一层次的熟读基础上，通过第一道连线题，让学生明了，全文先写地籁，再写人籁，最后写天籁。这样的练习安排，一方面，难度适宜，学生完全能够有效完成；另一方面，学生借由这样的整体感知，既了解了全文大意，主要在写"三籁"，也把握了行文线索，明白了其中的详略布局，从而为后面的深入解读"地籁"建构了一个宏观背景。

三是互通文白，全文对地籁的描写极为生动、极为精彩，除了通过博喻的方式形象地描绘了众窍的形状之外，更是对不同的地籁做了极为传神的描摹和比喻。庄子之所以如此不厌其烦地描绘地籁，实则是在为天籁的阐释铺垫认知基础。为此，我通过第二道连线题，引导学生对地籁的文言描写与白话描绘加以逐一对应，从而使学生对地籁产生有效联想，深化对"吹万不同""咸其自取"的理解。

四是沟通生活，即将天籁与学生的生活经验相沟通。我通过让学生写一写自己在生活中曾经听过的天籁之声，分享汇总学生的生活经验，充实和丰富学生从感性层面对天籁的理解，进而促进学生对齐物思想的直觉领悟。

以上设置的各种通读，都有一个度的把握在里面，即无论是文义疏通、文脉贯通、文白互通还是生活沟通，都点到为止，绝不微言大义、深挖细究。

三、以悟为贵，玄之又玄读"天籁"

《天籁》一文给人冲击力最大的是庄子借子綦之口对"地籁"的描绘：纵横捭阖，汪洋恣肆，生动地写出山陵大木的种种窍穴；洋洋洒洒，酣畅淋漓，尽摹状之天工，渲染万窍怒呺的各类声音。随后总绾一笔，揭示出风窍两者相随、相应的止息关联。子綦认为子游"闻人籁而未闻地籁，闻地籁而未闻天籁"，子游问"三籁"究竟如何，子綦却只对"地籁"浓墨重彩，这是为何？

"比竹是已"的"人籁"是人们有意为之，常人习见，而"众窍是已"的"地籁"则是常人所忽视的。但经过子綦浓墨重彩的铺陈渲染，熟视无睹的"地籁"自然令人印象深刻，子游自然也悟得"地籁""风作窍应"和"人籁""息吹管响"的相同发声机理。"天籁"实"道籁"，常人自然从无听闻，只有在掌握它"自己自取"的机理后，收视返观于内心才能谛听。究竟何为"天籁"，子綦未举一例，这又是为何？

以上解读，很难做逻辑的推理性分析，只有通过基于直觉、基于具象、基于体验的感悟，才能得其精髓。

我请学生感受生活中的天籁，他们举例，有"海浪的拍打声""婴儿的哭声""破土而出的小苗的生长之声""鸟儿拍打翅膀的声音""瀑布的轰鸣声""树叶的沙沙声""竹子拔节的声音""青蛙的呱呱声"等。当学生写下这些声音时，他们正以自己的方式形象地感悟着天籁。

课的最后，我给学生一道命题：你认为，天地之间，庄子最推崇的是哪种声音？有的说是天籁，因为课题写的就是天籁；有的说是地籁，因为写地籁的内容最详细；有的说是人籁，因为人籁特别美妙；有的说都推崇，因为三种声音都写到了。对此，我没有给出一个明确的结论，而是以一首流行歌曲《那是谁》的欣赏，来进一步激活学生的自悟自得。

老庄思想博大精深，需要我们用一生去领悟。如花开自在，随风摇曳，花香或浓或淡，只有风儿才懂；至于花的心事，怕只有花儿自己才懂。正如庄周梦蝶，蝶梦庄周，谁又知道呢？

第六编

那些生命里的离别与成长

——《爸爸的花儿落了》课堂实录与品悟

课品综述

课品的生命意蕴

　　对许多创作者而言，作品是生命情绪的一种消解与救赎。林海音在谈到《城南旧事》的写作缘由时，曾这样说："我漫写北平，是因为多么想念她，写一写我对那地方的情感，情感发泄在格子稿纸上，苦思的心情就会好些。"小说如是，艺术化的课堂作品亦如是。《爸爸的花儿落了》一课是王崧舟老师在父亲离世 30 周年纪念之际，敬献给父亲的一炷心香。所以这不是常态的课堂教学，不是有一篇课文在等着你要去教授，而是有种情感在心里，希望通过一节课来安放、来寄托。

　　课文出自林海音的自传体小说《城南旧事》，是这部小说的最后一章。作者用细腻克制、简练温静的文字记述了 12 岁的英子在小学毕业这一天，遭遇爸爸重病离世这一重大变故，也在这一天忽然长大的故事。小说使用了插叙的手法，英子的回忆使时空交错，明写爸爸的故事，暗写英子在爸爸的教育下走上精神独立之路。王老师在设计这一课的教学时正是抓住了这明暗两条线索，引导学生理解爸爸严慈相济的爱。课的语文知识教学目标放在"插叙"上，整堂课的设计围绕"插叙"展开。王老师将长长的小说改成多幕剧的形式，帮助学生从整体上把握文章结构，理解插叙的作用与意义。这样设计的好处是提纲挈领，文章骨架立现，知识目标容易有效达成。

　　但是，将文本的篇章结构特点作为教学目标并成为课的主体脉络，教师就不得不舍弃一些骨架之外的细节，毕竟课的容量有限。这一课中，特别遗憾的是，执教者没能在"爸爸与花"的故事上着力。林海音在《城南旧事》

诗意语文课堂实录与品悟

序里曾写道："父亲爱花是真的。……父亲常和挑担卖花的讲价钱，最后，总是把整担的花全买下。于是父亲动手了，我们也兴奋地忙起来，廊檐下大大小小的花盆都搬出来。"在课文中，花儿点缀于各个场景，各个时段。毕业典礼发言时别在胸前的夹竹桃，校门口等待开门时拿在手里的玉簪花，从正金银行出来时看到的蒲公英，爸爸离世时凋落的石榴花。花开美好，蕴含着主人公对生活的期待与热爱；花落怅然，预示着生命有相聚也有离别，有绽放也有凋落。世事无常中的生命的悲苦与温柔，其实都在花中了。文章以"爸爸的花儿落了。我已不再是小孩子"结尾，更是音韵悠长，言尽意远。

王老师在文本解读时当然也感受到这些，他曾经设想过一个教学设计，让学生将所有花的句子找出来，并以此为线索，分析品读文章，理解人物。可惜，当选择了"插叙"这一教学目标后，他不得不放弃了这一点。因为教学目标一旦设定，课品也就有了自己的独立生命节奏，教学内容的选择、教学方法的选用都不再自由。课堂作品有自己的生命逻辑，在一定意义上，它只能这样走，这样长，带着缺憾，带着特点。甚至在一定意义上，课品只能是自己完成它自己。因此，在这一课上，关于父亲与花，王老师只引导学生关注了课题的隐喻。细心的观课者可能会发现，王老师此课课件中的每张PPT 的背景都是精选的古画中的花儿，大概是对这一遗憾略微的补偿吧。

《爸爸的花儿落了》作为《城南旧事》的最后一章，与其他章节不同之处在于，之前的章节中漫写北平经验、文化乡愁，都是英子的旁观叙述，沧桑悲苦的人事经过童眸的过滤，也有了柔软与温情。但是，最后一章，爸爸的离世却是英子必须直面的切肤的痛。"他溺爱我，也鞭策我。"那个有些专制的父亲，那个曾经拳脚相逼的父亲，那个伫立教室窗外默默凝望女儿的父亲，在女儿未成年之时带着多少牵挂，永远离开了她。多年之后，林海音说，"我知道如果写到父亲，总不免要触及他离开我们过早的悲痛记忆"。于是，小说在深深的怀念情绪中不自觉地映照出"死亡"这个更大的主题。

很多年前与工作室的成员跟王老师一起去西塘，曾听他讲起父亲离世的那个夜晚。榻前，父亲说："你娘是弱的""弟弟妹妹还小"……那一夜，王老师说他在半睡半醒间看到白衣人靠近，拼命阻挡，奈何父亲还是走了，带着万般不舍与牵挂，把照顾家庭的责任交给了年轻的长子，从此，天人永隔。当时王老师也就 20 岁吧，师范毕业刚刚工作，尚未成家。在后来的岁月里，王老师曾如何艰难地与寡母一起承担家庭的担子，并照顾弟妹成人，没有听他提过，就像林海音也只写到"爸爸的花儿落了。我已不再是小孩子"就戛然而止了。

也许每个人都有自己的《城南旧事》，小说似乎给了我们一个出口，看淡淡的文字，听娓娓的诉说，在英子的回忆里回望自己曾经的岁月。《爸爸的花儿落了》并不是王老师第一节献给父亲的课。2006 年，王老师执教《二泉映月》，也是献给父亲的。很多人知道《二泉映月》这支名曲对王老师特殊的生命意义，他在《惟知音者倾听》里曾写过："父亲一定是受了我爷爷的熏染，又加自己的一点天分，吹拉弹唱样样出得了手。父亲的三弦和板胡在当地属于头魁首的，镇上的社戏、红白喜事都有他的份儿。我第一次听到《二泉映月》，就在父亲那儿。"《爸爸的花儿落了》一课中也有一段经典的音乐，那就是《送别》。《送别》为弘一法师（李叔同）出家前所作，这支被禅意点染的曲子，哀而不伤，似乎可以超越苦难，缓缓诉说着人生中一场又一场的离别——与朋友、与亲人、与一段时光、与曾经的自己。

从《二泉映月》到《爸爸的花儿落了》，中间又是十年了。

‖ 课文呈现 ‖

《爸爸的花儿落了》

　　新建的大礼堂里，坐满了人；我们毕业生坐在前八排，我又是坐在最前一排的中间位子上。我的襟上有一朵粉红色的夹竹桃，是临来时妈妈从院子里摘下来给我别上的，她说："夹竹桃是你爸爸种的，戴着它，就像爸爸看见你上台一样！"

　　爸爸病倒了，他住在医院里不能来。

　　昨天我去看爸爸，他的喉咙肿胀着，声音是低哑的。我告诉爸爸，行毕业典礼的时候，我将代表全体同学领毕业证书，并且致谢词。我问爸爸，能不能起来，参加我的毕业典礼？六年前他参加我们学校的那次欢送毕业同学同乐会时，曾经要我好好用功，六年后也代表同学领毕业证书和致谢词。今天，"六年后"到了，我真的被选做这件事。

　　爸爸哑着嗓子，拉起我的手笑笑说："我怎么能够去？"

　　但是我说："爸爸，你不去，我很害怕。你在台底下，我上台说话就不发慌了。"

　　"英子，不要怕，无论什么困难的事，只要硬着头皮去做，就闯过去了。"

　　"那么爸爸不也可以硬着头皮从床上起来到我们学校去吗？"

　　爸爸看着我，摇摇头，不说话了。他把脸转向墙那边，举起他的手，看那上面的指甲。然后，他又转过脸来叮嘱我：

　　"明天要早起，收拾好就到学校去，这是你在小学的最后一天了，可不能迟到！"

"我知道，爸爸。"

"没有爸爸，你更要自己管自己，并且管弟弟和妹妹，你已经大了，是不是？"

"是。"我虽然这么答应了，但是觉得爸爸讲的话使我很不舒服，自从六年前的那一次，我何曾再迟到过？

当我在一年级的时候，就有早晨赖在床上不起的毛病。每天早晨醒来，看到阳光照到玻璃窗上了，我的心里就是一阵愁：已经这么晚了，等起来洗脸，扎辫子，换制服，再到学校去，准又是一进教室就被罚站在门边。同学们的眼光，会一个个向你投过来，我虽然很懒惰，却也知道害羞呀！所以又愁又怕，每天都是怀着恐惧的心情，奔向学校去。最糟的是爸爸不许小孩子上学乘车的，他不管你晚不晚。

有一天，下大雨，我醒来就知道不早了，因为爸爸已经在吃早点。我听着、望着大雨，心里愁得不得了。我上学不但要晚了，而且要被妈妈逼着穿上肥大的夹袄，（是在夏天！）踢拖着不合脚的油鞋，举着一把大油纸伞，走向学校去！想到这么不舒服的上学，我竟有勇气赖在床上不起来了。

过一会儿，妈妈进来了。她看我还没有起床，吓了一跳，催促着我，但是我皱紧了眉头，低声向妈妈哀求说：

"妈，今天晚了，我就不去上学了吧？"

妈妈就是做不了爸爸的主，当她转身出去，爸爸就进来了。他瘦瘦高高的，站到床前来，瞪着我：

"怎么还不起来，快起！快起！"

"晚了！爸！"我硬着头皮说。

"晚了也得去，怎么可以逃学！起！"

一个字的命令最可怕，但是我怎么啦？居然有勇气不挪窝儿。

爸爸气极了，一把把我从床上拖起来，我的眼泪就流出来了。爸爸左看右看，结果从桌上抄起鸡毛掸子倒转来拿，藤鞭子在空中一抡，就发出咻咻的声音，我挨打了！

爸爸把我从床头打到床角，从床上打到床下，外面的雨声混合着我的哭

诗意语文课堂实录与品悟

声。我哭号，躲避，最后还是冒着大雨上学去了。我是一只狼狈的小狗，被宋妈抱上了洋车，第一次花钱坐车去上学。

我坐在放下雨篷的洋车里，一边抽抽搭搭地哭着，一边撩起裤脚来检查我的伤痕。那一条条鼓起来的鞭痕，是红的，而且发着热。我把裤脚向下拉了拉，遮盖住最下面的一条伤痕，我最怕被同学耻笑。

虽然迟到了，但是老师并没有罚我站，这是因为下雨天可以原谅的缘故。

老师叫我们先静默再读书。坐直身子，手背在身后，闭上眼睛，静静地想五分钟。老师说：想想看，你是不是听爸妈和老师的话？昨天的功课有没有做好？今天的功课全带来了吗？早晨跟爸妈有礼貌地告别了吗？……我听到这儿，鼻子抽搭了一下，幸好我的眼睛是闭着的，泪水不至于流出来。

静默之中，我的肩头被拍了一下，急忙地睁开了眼，原来是老师站在我的位子边。他用眼神告诉我，叫我向教室的窗外看去，我猛一转头，是爸爸那瘦高的影子！

我刚安静下来的心又害怕起来了！爸爸为什么追到学校来？爸爸点头示意招我出去。我看看老师，征求他的同意，老师也微笑地点点头，表示答应我出去。

我走出了教室，站在爸爸面前。爸爸没说什么，打开了手中的包袱，拿出来的是我的花夹袄。他递给我，看着我穿上，又拿出两个铜板来给我。

后来怎么样了，我已经不记得，因为那是六年以前的事了。只记得，从那以后，到今天，每天早晨我都是等待着校工开大铁栅栏校门的学生之一。冬天的清晨站在校门前，戴着露出五个手指头的那种手套，举了一块热乎乎的烤白薯在吃着；夏天的早晨站在校门前，手里举着从花池里摘下的玉簪花，送给亲爱的韩老师，是她教我跳舞的。

啊！这样的早晨，一年年都过去了，今天是我最后一天在这学校里啦！

当当当，钟声响了，毕业典礼就要开始。看外面的天，有点阴，我忽然想，爸爸会不会忽然从床上起来，给我送来花夹袄？我又想，爸爸的病几时才能好？妈妈今早的眼睛为什么红肿着？院里大盆的石榴和夹竹桃今年爸爸都没有给上麻渣，他为了叔叔给日本人害死的事，急得吐血了，到了五月节，石榴花开得没有那么红，那么大。如果秋天来了，爸爸还要买那样多的菊花，摆满在我们的院子里、廊檐下、客厅的花架上吗？

爸爸是多么喜欢花。

每天他下班回来，我们在门口等他，他把草帽推到头后面，抱起弟弟，经过自来水龙头，拿起灌满了水的喷水壶，唱着歌儿走到后院来。他回家来的第一件事就是浇花。那时太阳快要下去了，院子里吹着凉爽的风，爸爸摘一朵茉莉插到瘦鸡妹妹的头发上。陈家的伯伯对爸爸说："老林，你这样喜欢花，所以你太太生了一堆女儿！"我有四个妹妹，只有两个弟弟。我才12岁……

我为什么总想到这些呢？韩主任已经上台了。他很正经地说："各位同学都毕业了，就要离开上了六年的小学到中学去读书，做了中学生就不是小孩子了，当你们回到小学来看老师的时候，我一定高兴地看到你们都长高了，长大了……"

于是我唱了五年的骊歌，现在轮到同学们唱给我们送别："长亭外，古道边，芳草碧连天。问君此去几时来，来时莫徘徊！天之涯，地之角，知交半零落，人生难得是欢聚，惟有别离多……"

我哭了，我们毕业生都哭了。我们是多么喜欢长高了变成大人，我们又是多么怕呢！当我们回到小学来的时候，无论长得多么高，多么大，老师！你们要永远拿我当个孩子呀！

做大人，常常有人要我做大人。

宋妈临回她的老家的时候说：

"英子，你大了，可不能跟弟弟再吵嘴！他还小。"

兰姨娘跟着那个四眼狗上马车的时候说：

"英子，你大了，可不能招你妈妈生气了！"

蹲在草地里的那个人说：

"等到你小学毕业了，长大了，我们看海去。"

这些人都随着我的长大没有影子了。他们是跟着我失去的童年一起失去了吗？

爸爸也不拿我当孩子了，他说：

"英子，去把这些钱寄给在日本读书的陈叔叔。"

"爸爸！"

"不要怕，英子，你要学做许多事，将来好帮着你妈妈。你最大。"

于是他数了钱，告诉我怎样到东交民巷的正金银行去寄这笔钱——到最里面的台子上去要一张寄款单，填上"金柒拾元整"，写上日本横滨的地址，交给柜台里的小日本儿！

我虽然很害怕，但是也得硬着头皮去——这是爸爸说的，无论什么困难的事，只要硬着头皮去做，就闯过去了。

"闯练，闯练，英子。"我临去时爸爸还这样叮嘱我。

我手里捏紧一卷钞票，心情紧张地到银行去。等到从最高台阶的正金银行出来，看着东交民巷街道中的花圃种满了蒲公英，我很高兴地想：闯过来了，快回家去，告诉爸爸，并且要他明天在花池里也种满了蒲公英。

快回家去！快回家去！拿着刚发下来的小学毕业文凭——红丝带子系着的白纸筒，催着自己，我好像怕赶不上什么事情似的，为什么呀？

进了家门，静悄悄的，四个妹妹和两个弟弟都坐在院子里的小板凳上。他们在玩沙土，旁边的夹竹桃不知什么时候垂下了好几枝子，散散落落的，很不像样，是因为爸爸今年没有收拾它们修剪、捆扎和施肥。

石榴树大盆底下也有几粒没有长成的小石榴，我很生气，问妹妹们：

"是谁把爸爸的石榴摘下来的？我要告诉爸爸去！"

妹妹们惊奇地睁大了眼，摇摇头说："是它们自己掉下来的。"

我捡起小青石榴。缺了一根手指头的厨子老高从外面进来了，他说：

"大小姐，别说什么告诉你爸爸了，你妈妈刚从医院来了电话，叫你赶快去，你爸爸已经……"

他为什么不说下去了？我忽然着急起来，大声喊着说：

"你说什么？老高。"

"大小姐，到了医院，好好儿劝劝你妈，这里就数你大了！就数你大了！"

瘦鸡妹妹还在抢燕燕的小玩意儿，弟弟把沙土灌进玻璃瓶里。是的，这里就数我大了，我是小小的大人。我对老高说：

"老高，我知道是什么事了，我就去医院。"我从来没有过这样的镇定，这样的安静。

我把小学毕业文凭，放到书桌的抽屉里，再出来，老高已经替我雇好了到医院的车子。走过院子，看那垂落的夹竹桃，我默念着：

爸爸的花儿落了。

我已不再是小孩子。①

---

① 注：本课选自人教版义务教育课程标准实验教科书《初中语文》七年级下册第2课。作者林海音。

"我已不再是小孩子"

一、概括事件：今天，"我"参加毕业典礼

师：请打开作业纸，完成课堂练习的第一大题。

（课件呈现）

预习回顾

小说从头到尾写了这件事，这件事发生的时间是在"今天"，发生的地点是在"学校礼堂"。

①爸爸逼"我"去上学　　②"我"参加毕业典礼

③爸爸临终前叮嘱"我"　④爸爸教"我"去寄钱

（学生按要求各自独立完成第一题）

师：好，完成的孩子请举手示意（生举手）。这位同学，请分享一下你的答案。

生：我认为，小说从头到尾写了"我"参加毕业典礼这件事，应该选②。

师：请坐，同意的请举手。（生全部举手）非常好，把手放下，一起看大屏幕。孩子们，这篇小说近3500字，68个自然段，这是你们在小学读到的最长的课文。那么，这么长的课文在写什么呢？就写了一件事，这件事就是——

　　生：（自由应答）"我"参加毕业典礼。

　　师：没错，这件事发生的时间是在——

　　生：（自由应答）今天。

　　师：是的，发生的地点是在——

　　生：（自由应答）学校礼堂。

　　师：我们一起来看看这件事。

（课件呈现）

时间：今天　地点：学校礼堂　事情："我"参加毕业典礼

　　新建的大礼堂里，坐满了人；我们毕业生坐在前八排，我又是坐在最前一排的中间位子上。

　　……

　　当当当，钟声响了，毕业典礼就要开始。

　　……

　　于是我唱了五年的骊歌，现在轮到同学们唱给我们送别："长亭外，古道边，芳草碧连天。问君此去几时来，来时莫徘徊！天之涯，地之角，知交半零落，人生难得是欢聚，惟有别离多……"

　　……

　　快回家去！快回家去！拿着刚发下来的小学毕业文凭——红丝带子系着的白纸筒，催着自己，我好像怕赶不上什么事情似的，为什么呀？

　　……

　　师：这件事的开头，小说是这样写的，哪位同学来读一读这个开头？

　　生：（朗读）新建的大礼堂里，坐满了人；我们毕业生坐在前八排，我又是坐在最前一排的中间位子上。

　　师：读得真流利。这件事继续往下是这样写的，你请——

　　生：（朗读）当当当，钟声响了，毕业典礼就要开始。

　　师：这件事再往下是这样写的，这位同学请——

生：（朗读）于是我唱了五年的骊歌，现在轮到同学们唱给我们送别："长亭外，古道边，芳草碧连天。问君此去几时来，来时莫徘徊！天之涯，地之角，知交半零落。人生难得是欢聚，惟有别离多……"

师：读得真好！把"别离多"的味儿全读出来了。孩子们，这首《送别》的骊歌你们曾经听到过吗？

生：（自由应答）听到过。

师：听到过，是的。这首骊歌常常是在毕业的时候由其他同学唱给毕业生听。来，我们一起来读一读这首送别的骊歌。"于是我唱了五年的骊歌，现在轮到同学们唱给我们送别——"

生：（齐读）长亭外，古道边，芳草碧连天。问君此去几时来，来时莫徘徊！天之涯，地之角，知交半零落，人生难得是欢聚，惟有别离多……

师：是啊，人生难得是欢聚，惟有别离多。

【《城南旧事》整部小说都在讲离别，作者以儿童的视角、淡雅的文字娓娓诉说。秀贞、兰姨娘、宋妈……这些人物出现在英子的童年里，又一一离她而去。至最后这一章则是与爸爸的生死离别，也是与无忧童年的告别。李叔同的《送别》多次出现在小说中，这哀婉含蓄的骊歌令全文弥漫着离别的惆怅。】

师：我们来看这件事的最后。来，这位同学你来读——

生：快回家去！快回家去！拿着刚发下来的小学毕业文凭——红丝带子系着的白纸筒，催着自己，我好像怕赶不上什么事情似的，为什么呀？

师：为什么呀？一种不祥的预感袭上了英子的心头。孩子们，近3500字、68个自然段的小说写的就是这样一件事，这件事就是——

生：（齐答）"我"参加毕业典礼。

师：这件事发生的时间是在——

生：（齐答）今天。

师：这件事发生的地点是在——

生：（齐答）学校礼堂。

【近3500字，68个自然段，《爸爸的花儿落了》是初中的一篇课文，放

197

在小学六年级学，必然存在一定的难度。如何帮助学生理清课文的主要线索，在繁杂的叙事中发现课文的主要事件？在整体感知环节，王老师没有让学生自己去概括，而是拟题让学生选择。只要认真读过课文，选择就很容易做出——"我"参加毕业典礼。这样的设计显示了执教者对学情充分的尊重与体贴。注意，题目中的另外几个备选项，恰恰是即将出场的回忆中的几个事件。题目不是训练的手段，而是理解课文的扶梯。

然后，教师通过 PPT 以"场景式"呈现课文主体事件，挑出了全文的实线，带领学生把长文读短。】

二、聚焦回忆：往昔，"我"和爸爸的故事

师：当然，我们知道，其实在写这件事情的过程当中，小说还写了别的事。而所写的别的事都跟英子的谁有关系？

生：（齐答）爸爸。

师：我们一起来看看写爸爸的这些事儿——

（课件呈现）

时间：昨天　地点：医院　事情：爸爸临终前叮嘱"我"

爸爸哑着嗓子，拉起我的手笑笑说："我怎么能够去？"

但是我说："爸爸，你不去，我很害怕。你在台底下，我上台说话就不发慌了。"

"英子，不要怕，无论什么困难的事，只要硬着头皮去做，就闯过去了。"

"那么爸爸不也可以硬着头皮从床上起来到我们学校去吗？"

爸爸看着我，摇摇头，不说话了。他把脸转向墙那边，举起他的手，看那上面的指甲。然后，他又转过脸来叮嘱我：

"明天要早起，收拾好就到学校去，这是你在小学的最后一天了，可不能迟到！"

"我知道，爸爸。"

"没有爸爸，你更要自己管自己，并且管弟弟和妹妹，你已经大了，是不是？"

【注意课件的内容，教师在本课的教学中几次出现对课文的再加工。把故事的时间、地点、事件提炼出来，再呈现主要片段，使一篇水墨般淡雅的叙事小说有了"多幕剧"的课堂效果。】

师：这是小说中写爸爸的第一个片段。这个片段发生的时间是——

生：（自由应答）昨天。

师：发生的地点是——

生：（自由应答）医院。

师：讲的事情是——

生：（自由应答）爸爸临终前叮嘱"我"。

【这样的师生问答不是真正意义的提问（因为答案显而易见），而是通过一种谈话应答的方式强调要点，确认认知。】

师：请一位孩子来读一读这个片段，请你！

（生流利地朗读了这个片段）

师：读得很认真，也很流利！这就是昨天发生在医院的事情。其实，我们都知道，这个时候英子的爸爸已经病得很重很重了，他的嗓子是——

生：（自由应答）沙哑的。

师：他的喉咙是——

生：（自由应答）肿胀的。

师：他的身体已经极度虚弱。然而，就是这样一位爸爸，当他听说自己的女儿害怕一个人上台发言，你们听，他用沙哑的嗓子这样鼓励自己的女儿——

生："英子，不要怕，无论什么困难的事，只要硬着头皮去做，就闯过去了。"

师：你读得非常好，但是，请你不要"读"。知道吗，现在的你就是谁？

生：我是英子的爸爸。

师：没错，忘记自己，你是英子的爸爸，把自己放进去。这个时候你的嗓子是沙哑的，你的喉咙是肿胀的，你的身体早已极度虚弱。但是，当你听说自己的女儿害怕一个人上台发言的时候，你多么想给她哪怕是一点点的鼓励——

生：（语气低沉而缓慢）"英子，不要怕，无论什么困难的事，只要硬着头皮去做，就闯过去了。"

师：你终于把自己放进去了。我们再听，病得很重很重的爸爸，当他知道女儿明天要去参加毕业典礼，而那是女儿在小学的最后一天。于是，他又一次用他沙哑的嗓子，用他肿胀的喉咙，用他虚弱的声音对英子这样说——

生：（语速较快）"明天要早起，收拾好就到学校去，这是你在小学的最后一天了，可不能迟到！"

师：孩子，不要急。忘记自己，你是英子的爸爸，你感受一下他当时的那种心情，他当时的那种虚弱的身体。来，把声音放下来，慢慢地对女儿说——

生：（放慢语速）"明天要早起，收拾好就到学校去，这是你在小学的最后一天了，可不能迟到！"

师：我们再听，病得很重很重的爸爸，身体已经极度虚弱的爸爸，当他意识到自己可能是见女儿最后一面了，于是就有了他生命当中对女儿的最后一番叮嘱——

生：（低沉而缓慢）"没有爸爸，你更要自己管自己，并且管弟弟和妹妹，你已经大了，是不是？"

【朗读指导，重在入情入境。值得品味的是教师的引导语，王老师很少用"请你想象……""假如你是……"等教学指令语，而是放弃此时此地教学的现场，直接带学生穿越到文本的情景对话里。譬如此处，他的引导语是："我们再听，病得很重很重的爸爸，身体已经极度虚弱的爸爸，当他意识到自己可能是见女儿最后一面了，于是就有了他生命当中对女儿的最后一番叮嘱——"这种沉浸式的阅读符合儿童认知心理，帮助他们理解与体验，同时也将课堂营造成审美的场域。】

师：把自己放进去，你就能真真切切地感受到爸爸的那颗心。孩子们，这就是刚刚发生在昨天医院的事情，病得很重很重的爸爸，身体已经极度虚弱，精神已经极度疲惫，但是，他放不下英子，他一次次地鼓励着、提醒着、叮嘱着自己的女儿。你们说，这是一位怎样的爸爸呀？

【片刻出境，旁观思考。】

生：我觉得这是一位慈爱的爸爸。

师：慈爱，真好。

生：我认为这是一位爱英子的爸爸。

师：爱英子，心中满满是爱。

生：我觉得英子的爸爸是非常伟大的。

师：伟大？"伟大"这个词听起来好像有点儿突兀，但是我知道，在英子的心目中爸爸就是伟大的！

生：我觉得英子的爸爸还是一位严格的父亲，他对自己的孩子很严格。

师：确实很严格。严而有爱，严慈相济，这就是英子心目中伟大的爸爸！但是你们知道吗？你们所讲的这些词儿对英子来说其实都是苍白的，就在昨天，就在医院，英子唯一记住的是爸爸对她讲过的每一句话，唯一记住的是爸爸每一次讲话时的深情和期待。你们听，当她告诉爸爸害怕一个人上台发言的时候，她清清楚楚地记得爸爸用他沙哑的嗓子这样鼓励她——

生：（齐读）"英子不要怕，无论什么困难的事，只要硬着头皮去做，就闯过去了。"

师：你们听，当她告诉爸爸明天要去参加毕业典礼的时候，她清清楚楚地记得爸爸用他肿胀的喉咙这样提醒她——

生：（齐读）"明天要早起，收拾好就到学校去，这是你在小学的最后一天了，可不能迟到！"

师：你们再听，当她依依不舍地跟爸爸告别的时候，她清清楚楚地记得爸爸用他极度虚弱的声音这样叮嘱她——

生：（齐读）"没有爸爸，你更要自己管自己，并且管弟弟和妹妹，你已经大了，是不是？"

201

师：这就是英子的爸爸！他慈爱，他严格，他伟大！可是，谁也没有想到，就在今天，就在英子参加毕业典礼的今天，爸爸永远走了！

（指着板书的课题）读——

生：（齐读）爸爸的花儿落了。

师：轻轻地读——

生：（轻轻地齐读）爸爸的花儿落了。

师：缓缓地读——

生：（缓缓地齐读）爸爸的花儿落了。

【品读写爸爸的第一个片段——爸爸临终前叮嘱"我"。在典型场景中教师引导学生关注的是人物的语言，品味语言后，用一个词来形容这是怎样的爸爸。带着感受再回读，体会语言。在片段的收束处教师设计了突转，点明"爸爸的花儿落了"之隐喻，形成情感张力。

那个慈爱的爸爸、伟大的爸爸，已经离开英子了，在她12岁这一年，在她小学毕业这一天。】

师：这是写爸爸的第一个片段，我们再来看一个写爸爸的片段——

（课件呈现）

时间：六年前　地点：家里　事情：爸爸逼"我"去上学

他瘦瘦高高的，站到床前来，瞪着我：

"怎么还不起来，快起！快起！"

"晚了！爸！"我硬着头皮说。

"晚了也得去，怎么可以逃学！起！"

一个字的命令最可怕，但是我怎么啦？居然有勇气不挪窝儿。

爸爸气极了，一把把我从床上拖起来，我的眼泪就流出来了。爸爸左看右看，结果从桌上抄起鸡毛掸子倒转来拿，藤鞭子在空中一抡，就发出咻咻的声音，我挨打了！

爸爸把我从床头打到床角，从床上打到床下，外面的雨声混合着我的哭声。我哭号，躲避，最后还是冒着大雨上学去了。

师：这个片段发生的时间是——

生：（齐答）六年前。

师：发生的地点是——

生：（齐答）家里。

师：讲的事情是——

生：（齐答）爸爸逼"我"去上学。

师：请一位孩子来读一读这个片段（指着后排一女生）。其他同学做一件事，请你们打开课文，迅速找到这件事，然后请你们拿起笔来，把所有爸爸打英子的动词一个一个圈出来。

（生朗读这个片段，随着该生的朗读，课件逐次圈出爸爸打英子的动词：瞪着、拖起来、抄起、倒转来拿、一抡、打到、打到……）

师：读得历历在目，都把我们带进去了。好！一起看大屏幕，出现在你眼前的是一个又一个的圈儿，是吧？你们都知道，所有圈出来的都是爸爸打英子的——

生：（齐答）动作。

师：我们一起来看看爸爸是怎么打英子的。第一个，读——

生：（齐读）"瞪着"。

师：第二个——

生：（齐读）"拖起来"。

师：第三个——

生：（齐读）"抄起"。

师：第四个——

生：（齐读）"倒转来拿"。

师：第五个——

生：（齐读）"一抡"。

师：第六个——

生：（齐读）"打到"。

师：第七个——

生：（齐读）"打到"。

师：还有第八个、第九个、第十个……请问，爸爸打英子打得厉不厉害？

生：（齐答）厉害！

师：假如你就是英子，这么被爸爸打了，你的心里是什么滋味？

生：我认为是一种委屈的滋味。

生：一种被冤枉的感觉。

生：我很不好受。

生：感觉很难过。

生：还有一丝的害怕。

生：心里感到一阵酸楚。

师：真是五味杂陈啊！你委屈、你难受、你难过、你害怕、你酸楚……所有的感受全都化作了一句话——爸爸不爱我了！（停延）但是，我想问大家一个问题，打完英子的爸爸，他的心会不会痛？

生：我觉得爸爸的心一定会痛。

师：为什么？

生：因为从下文来看，我觉得爸爸十分爱英子，爸爸这么狠心去打英子，也就是说爸爸打了他自己心爱的人，所以我觉得他会很心痛。

师：好，他打的是谁？

生：他打的是自己的女儿。

师：亲生女儿，亲生骨肉，你说他的心会不会痛？

生：他的心一定会痛。

师：打在英子身上，痛在谁的心上？

生：痛在爸爸的心上。

师：他当然会痛，他肯定会痛，他怎会不痛？那就奇怪了，明明会痛，而且会很痛，为什么还要打？

生：我认为爸爸想让英子去上学，一个是为了她以后能在学校学到更多

204

知识，为英子的以后，爸爸不能放纵她不去上学。我认为这个事情对所有的爸爸来说都是一个原则性的问题。

师：这孩子太会说话了！一口一个"以后"，一口一个"原则"，我注意到你在反复强调爸爸为了英子的什么？

生：未来。

师：未来！为了女儿的未来，爸爸希望从现在开始就要英子养成什么？

生：养成一个好的习惯。

师：习惯。是的，习惯太重要了！人一旦养成了好习惯，就会终身受益；一旦养成了坏习惯，就会终身受害啊！原来，爸爸打英子，想的不是英子的现在，而是英子的——

生：（自由应答）未来。

师：这就是英子的爸爸！严肃、严格，甚至严厉的背后，是对孩子未来的期待和责任，这是多么深沉的爱啊！可是，这样一位爸爸，却在今天走了，永远地走了，（指着板书的课题）读——

生：（齐读，语调低沉）爸爸的花儿落了。

【品读写爸爸的第二个片段——爸爸逼"我"去上学。在这个场景中，教师引导学生关注的是人物的动作。聚焦打英子的一连串动词，然后引导学生理解体会"爱之深，责之切"。

《城南旧事》是回忆式自传小说，但成年叙述者的角色被完全隐藏起来，童稚的眼光使得这部作品呈现出清澈、明净的风格特点。在本段描写中，孩子赖床以及挨打之后的心理描写细腻、真切。而打过孩子之后站在学校窗外爸爸的内疚与自责却是婉转含蓄的，好在学生们发现了。

本段结尾的教学设计仍是突转，引读课题，点明"爸爸的花儿落了"之比喻义。与上一片段的设计呼应，形成回环复沓的审美场——

那个严厉的爸爸、严格的爸爸，那个雨天打了孩子又殷殷跑去学校探望的爸爸，已经离开英子了，在她12岁这一年，在她小学毕业这一天。】

师：小说中还有一个写爸爸的片段，我们一起来看——

（课件呈现）

205

时间："我"读小学时　地点：家里　正金银行　事情：爸爸教"我"去寄钱

"英子，去把这些钱寄给在日本读书的陈叔叔。"

"爸爸！"

"不要怕，英子，你要学做许多事，将来好帮着你妈妈。你最大。"

于是他数了钱，告诉我怎样到东交民巷的正金银行去寄这笔钱——到最里面的台子上去要一张寄款单，填上"金柒拾元整"，写上日本横滨的地址，交给柜台里的小日本儿！

我虽然很害怕，但是也得硬着头皮去——这是爸爸说的，无论什么困难的事，只要硬着头皮去做，就闯过去了。

"闯练，闯练，英子。"我临去时爸爸还这样叮嘱我。

我手里捏紧一卷钞票，心情紧张地到银行去。等到从最高台阶的正金银行出来，看着东交民巷街道中的花圃种满了蒲公英，我很高兴地想：闯过来了，快回家去，告诉爸爸，并且要他明天在花池里也种满了蒲公英。

师：这个片段发生的时间是——

生：（齐答）"我"读小学时。

师：发生的地点是——

生：（齐答）家里。

师：后来又去了——

生：（齐答）正金银行。

师：讲的事情是——

生：（齐答）爸爸教"我"去寄钱。

师：请一位孩子来读一读这个片段——

（生朗读片段）

师：读得好，你也闯过来了！孩子们，你们有没有发现，在爸爸对英子所讲的话中有一个字出现的频率特别高，这个字就是——

生：（齐答）"闯"。

师：（课件动态呈现一个"闯"字）大声读——

生：（齐读）"闯"。

师：带着闯劲儿读——

生：（齐读）"闯"。

师：谁能给"闯"组个词语？

生：闯关。

师：一个。

生：闯荡。

师：两个。

生：闯入。

师：三个。

生：闯练。

师：现成的，四个。

生：闯祸。

师：祸咱就不闯了（众笑）。

【幽默调节，亦庄亦谐。】

生：走南闯北。

师：太好了，五个。有许多带"闯"的词语：闯关、闯荡、闯入、闯练、走南闯北、闯关东、闯江湖、闯世界、闯天下。想一想，所有的"闯"都需要靠什么？

生：我觉得所有的"闯"都需要靠我们的勇气。

师：勇气！

生：我觉得还需要信心。

师：信心！

生：还需要靠我们的毅力。

师：毅力。孩子们，"闯"要勇气，"闯"要信心，"闯"要坚持到底的毅力。那么，英子去正金银行寄钱，她闯过了什么？

（生沉思）

师：来，我们再做一回英子。记住！此时此刻，你是谁？

生：（自由应答）英子。

师：英子，准备好了，我们出发。英子，你要去正金银行干什么？

生：我要去正金银行给陈叔叔寄钱。

师：以前你去过正金银行寄钱吗？

生：没有，是第一次去。

师：你紧张吗？（生答：紧张）你害怕吗？（生答：害怕）你担心吗？（生答：担心）但是，你没有办法，只好硬着头皮出发了，为什么？

生：因为爸爸要我去闯练闯练。

师：你硬着头皮离开了熟悉的家，走上了陌生的大街，你转过几个弯儿，又穿过几条街，你终于来到了陌生的正金银行。看着那高高的陌生的台阶，看着那一张张来来往往的陌生的面孔（走向一个女生），英子，此刻的你有什么感受？

生：我感到非常焦虑。

师：非常焦虑，为什么啊？

生：因为要自己一个人去银行，然后没有爸爸的陪伴，所以我很焦虑。

师：我能感受到你的焦虑。但是，就在你焦虑的时候，你的耳边仿佛响起了谁的话？

生：响起了爸爸的话。

师：爸爸说——

生：无论什么困难的事，只要硬着头皮去做，就闯过去了。

师：爸爸还说——

生：闯练，闯练，英子。

师：（课件呈现：闯练，闯练，英子）来！我们一起读——

生：（齐读）闯练，闯练，英子。

师：来！给英子一点儿勇气！读——

生：（齐读，大声地）闯练，闯练，英子。

师：想起爸爸的鼓励，你终于硬着头皮走进了正金银行。你来到最里面的台子找寄款单，可是，你东找西找左找右找，怎么也没有找到寄款单。（走向一个女生）英子，此时此刻，你又有什么感受？

生：我心里非常紧张。

师：为什么？

生：因为我左找右找也找不着，心里肯定会害怕，担心没有把爸爸交代的事情做好。

师：你肯定紧张啊！但是，就在你紧张的时候，你的耳边仿佛又一次响起了谁的话？

生：响起了爸爸的话。

师：来！我们一起读——

生：（齐读）闯练，闯练，英子。

师：来！给英子一点儿自信！读——

生：（齐读，大声有力地）闯练，闯练，英子。

师：想起爸爸的鼓励，你平静了下来，你低头一看，原来寄款单掉在地上了，你把它捡了起来，在上面写上"金柒拾元整"，你手里捏紧一卷钞票，转身向高高的柜台走去，你知道柜台里面坐着谁？

生：小日本儿。

师：想到小日本儿，刚刚平静下来的心又开始——

生：有一种害怕，害怕去面对。

师：但是，就在你害怕面对的时候，你的耳边仿佛又一次响起了谁的话？

生：又响起了爸爸的话。

师：来，孩子们，一起响起来——

生：（齐读）闯练，闯练，英子。

师：来！给英子坚持到底的力量和信心吧！读——

生：（大声齐读）闯练，闯练，英子。

师：你终于把钱寄了出去！回家的路上，看着花圃里种满了蒲公英，你对自己说，闯过来了，闯过来了。英子，你到底闯过了什么？

生：我闯过了心里对一些东西最大的恐惧。

师：你闯过了内心的恐惧。

生：我觉得闯过了第一次，第一次去帮爸爸给陈叔叔寄钱。

师：第一次意味着陌生，意味着毫无经验，你闯过了内心的空白。

生：我觉得闯过了一种心理，就是，我害怕没有人来帮我的孤独感。

师：你闯过了内心的无助和孤独。其实，你闯过的是自己内心一道又一道的坎儿。英子，谁给了你这份闯练的勇气？

生：（齐答）爸爸。

师：谁点燃了你这份闯练的信心？

生：（齐答）爸爸。

师：谁唤醒了你面对困难的坚持和毅力？

生：（齐答）爸爸。

师：（停延）可是，爸爸走了，永远走了。（指着板书的课题）读——

生：（齐读）爸爸的花儿落了。

师：轻轻地读——

生：（齐读，轻声）爸爸的花儿落了。

师：缓缓地读——

生：（齐读，低沉缓慢）爸爸的花儿落了。

【品读写爸爸的第三个片段——爸爸教"我"去寄钱。在这个场景中，教师引导学生关注的是一个关键字"闯"。理解内容时，教师使用了组词拓展法。然后，引导学生想象英子寄钱时可能出现的意外与紧张，理解"闯"字的意义。片段的结尾仍是突转，引读课题，点明"爸爸的花儿落了"之比喻义——那个给女儿信心与勇气的爸爸、那个告诉英子"闯练闯练"的爸爸，已经离开英子了，在她 12 岁这一年，在她小学毕业这一天。

至此回看整个板块，从内容看，这个板块聚焦回忆，通过三个事件梳理出全文的虚线。从结构看，三个片段，每个片段自成世界，皆有圆满的结构。整体看，三个片段的设计又大致相似，片段与片段之间，形成排比式的修辞韵味，教法似章法。王老师的教学设计本身有自己独立的审美品格。】

三、时空交错：理解插叙的写法与意义

师：读着读着，感觉有点儿不对劲儿。孩子们，我想你们一定不会忘记，这近 3500 字、68 个自然段的小说写的是一件什么事？

（课件重新呈现 2 号幻灯片）

生：（自由应答）"我"参加毕业典礼。

师：这件事发生的时间是——

生：（齐答）今天。

师：这件事发生的地点是——

生：（齐答）学校礼堂。

师：这就奇怪了！明明写的是"今天的事"，明明写的是"学校礼堂的事"，明明写的是"我参加毕业典礼的事"，那怎么会有昨天的事？怎么会有六年前的事？怎么会有医院的事？怎么会有正金银行的事？

生：是英子回忆起来的。

生：是回忆。

生：是英子在脑子里想起来的。

生：是她回想起以前的事情。

师：一句话，是回忆。孩子们，这篇近 3500 字的小说，真正写"我"参加毕业典礼这件事的不到三分之一。但是，写"我"也就是"英子"回忆过去的事的却超过了三分之二，是不是有点儿奇怪？

生：（纷纷点头应答）是。

师：奇怪的还不仅仅是这一点。我们看，刚才这些回忆的事在小说的开头有没有出现？

生：没有出现。

师：是的。在小说的结尾有没有出现？

生：也没有出现。

师：只出现在哪里？

生：小说的中间。

师：来，打开作业纸，请大家思考并完成课堂练习的第二大题。

（生独立完成第二大题练习）

师：（随机巡视并插话）这些回忆的事分别出现在小说中间的哪些位置，请你们用横线把它们一一地对应起来：第一处省略号对应哪件回忆的事，第二处省略号对应哪件回忆的事，第三处、第四处省略号又对应哪件回忆的事。

（生继续独立完成第二大题）

师：请一个孩子分享一下他的思考，（走向一男生）这个孩子请——

生：第一处省略号写了爸爸临终前叮嘱"我"。

师：稍等，同意的请举手！（生全举手，课件呈现第一件回忆的事）很好，继续——

生：第二处省略号写了爸爸逼"我"去上学。

师：同意的举手。（生全举手，课件呈现第二件回忆的事）好，继续——

生：第四处省略号写了爸爸教"我"去寄钱。

师：同意的举手。（生全举手，课件呈现第三件回忆的事）非常好！请抬头看大屏幕，仔细看！

（课件呈现6号幻灯片）

时间：今天　地点：学校礼堂　事情："我"参加毕业典礼

新建的大礼堂里，坐满了人；我们毕业生坐在前八排，我又是坐在最前一排的中间位子上。

……（爸爸临终前叮嘱"我"）

……（爸爸逼"我"去上学）

当当当，钟声响了，毕业典礼就要开始。

……

于是我唱了五年的骊歌，现在轮到同学们唱给我们送别："长亭外，古道边，芳草碧连天。问君此去几时来，来时莫徘徊！天之涯，地之角，知交半零落，人生难得是欢聚，惟有别离多……"

212

……（爸爸教"我"去寄钱）

快回家去！快回家去！拿着刚发下来的小学毕业文凭——红丝带子系着的白纸筒，催着自己，我好像怕赶不上什么事情似的，为什么呀？

……

师：出现在你眼前的，是我们这篇小说隐藏的一个大秘密。这是个什么秘密呢？一起看，大屏幕中这些正常的文字写的都是哪天的事？

生：（齐答）今天。

师：写的都是什么地方的事？

生：（齐答）学校礼堂。

师：写的都是哪件事？

生：（齐答）"我"参加毕业典礼。

师：这些正常的文字，按照"我"参加毕业典礼的顺序，把事情一步一步写下来。但是，在这些文字中间插入了加粗的文字，这些加粗的文字写的是今天的事吗？

生：（自由应答）不是。

师：写的是发生在学校礼堂的事吗？

生：（自由应答）不是。

师：写的是"我"参加毕业典礼的事吗？

生：（自由应答）不是。

师：我们都知道，这些加粗的文字所写的事都是英子的回忆。在今天的事中间插入这些回忆的事，这就是这篇小说的一个大秘密，这个秘密叫作——（课件呈现：小说的插叙）

生：（齐读）小说的插叙。

师：请把这个词记下来（板书：插叙）。抬头看，什么是插叙？（课件把加粗的字隐去）现在有插叙吗？

生：没有。

师：现在只有今天的事，只有发生在学校礼堂的事，只有"我"参加毕

213

业典礼的事。但是，在这件事的中间插入了这样一件回忆的事——爸爸临终前叮嘱"我"，这就是小说的——

生：（齐答）插叙。

师：再看，在今天的事的中间又插入了这样一件回忆的事——爸爸逼"我"去上学，这也是小说的——

生：（齐答）插叙。

师：继续看，在"我"参加毕业典礼这件事的中间又插入了这样一件回忆的事——爸爸教"我"去寄钱，这还是小说的——

生：（齐答）插叙。

师：正是有了这些插叙，我们才一次又一次地走近了英子的爸爸。

【揭示文章结构特点，学习插叙。】

师：（小提琴演奏的《送别》响起）就在今天，就在学校礼堂，就在英子参加毕业典礼的时候，她一次又一次地陷入了回忆。她记得，昨天在医院里，她跟爸爸说她害怕一个人上台发言，病得很重很重的爸爸用他虚弱的声音这样鼓励她——

生：（齐读）"英子不要怕，无论什么困难的事，只要硬着头皮去做，就闯过去了。"

师：她记得，她告诉爸爸明天她要去参加毕业典礼，病得很重很重的爸爸用他沙哑的嗓子这样提醒她——

生：（齐读）"明天要早起，收拾好就到学校去，这是你在小学的最后一天了，可不能迟到！"

师：她记得，在她依依不舍地跟爸爸告别的时候，病得很重很重的爸爸用他肿胀的喉咙这样叮嘱她——

生：（齐读）"没有爸爸，你更要自己管自己，并且管弟弟和妹妹，你已经大了，是不是？"

师：孩子们，这个片段就是小说的——

生：（齐答）插叙。

师：正是有了这段插叙，我们第一次感受到了爸爸的慈爱，爸爸的严格，爸爸的伟大。还记得，那是在六年前，"我"因为赖床挨打了。那一幕，深深地烙印在英子的脑海中——

生：（齐读）"爸爸气急了，一把把我从床上拖起来，我的眼泪就流出来了。爸爸左看右看，结果从桌上抄起鸡毛掸子倒转来拿，藤鞭子在空中一抡，就发出咻咻的声音，我挨打了！"

师：孩子们，这个片段也是小说的——

生：（齐答）插叙。

师：正是有了这段插叙，我们感受到了一位严肃、严格甚至有点儿严厉的爸爸为女儿未来着想的那一份良苦用心。毕业典礼正在举行，一曲《送别》的骊歌又一次把英子的思绪拉回到过去。还记得，在"我"读小学的时候，爸爸教"我"去正金银行寄钱。"我"心情紧张地捏紧一卷钞票到银行去，这时"我"的耳边仿佛响起了爸爸的叮嘱——

生：（齐读）"闯练，闯练，英子。"

师："我"有了勇气走向正金银行。"我"忐忑不安地走到银行最里面的台子找寄款单，耳边仿佛又一次响起了爸爸的叮嘱——

生：（齐读）"闯练，闯练，英子。"

师："我"有了信心填写寄款单。"我"把钱战战兢兢地交给了柜台里的小日本儿，爸爸的叮嘱仿佛又一次在"我"的耳边响了起来——

生：（齐读）"闯练，闯练，英子。"

师：孩子们，这个片段还是小说的——

生：（齐答）插叙。

师：正是有了这段插叙，我们又一次感受到了爸爸为英子成长所用的心思，所花的心血。所有的这一切，靠的就是小说的——

生：（齐答）插叙。

师：但是，小说的插叙怎么会有这么大的作用呢？我们一起来看看，假如刚才的这些插叙全没了，想想看，这篇小说的时间只能限定在哪一天？

生：今天。

师：但是插叙出现了，插叙回来了，于是小说的叙事时间就可以回去了。回到——

生：昨天。

生：六年之前。

生："我"读小学的时候。

师：其实，有了插叙，小说就可以回到任何想要回到的过去。你们发现没有，因为插叙的出现，时间的限制被打破了。我们再来看看，假如没有刚才的这些插叙，这篇小说的地点只能限定在哪儿？

生：学校礼堂。

师：但是插叙出现了，插叙回来了，于是小说的叙事地点就可以回去了，回到——

生：医院。

生：家里。

生：还可以回到正金银行。

师：其实，有了插叙，小说就可以回到任何想要回到的过去。你们看，因为插叙的出现，地点的限制也被打破了。孩子们，这就是插叙的作用所在（课件呈现：叙事自由）——

生：（齐读）叙事自由。

师：请把它记下来。（板书：叙事自由）

师：是插叙，让我们回到了医院、回到了六年前、回到了正金银行；是插叙，让我们感受到了爸爸的慈爱、爸爸的严格、爸爸对英子深沉的期待。但是，插叙的作用再大，也留不住英子的爸爸。就在今天，就在英子参加毕业典礼的今天，爸爸走了，永远走了——

生：（齐读）爸爸的花儿落了。

师：轻轻地读——

生：（轻轻地齐读）爸爸的花儿落了。

师：缓缓地读——

生：（缓缓地齐读）爸爸的花儿落了。

【时空交错，理解插叙的特点与意义。

在这个片段中，《送别》的小提琴曲在课堂中第一次响起。似无声的讲解，娓娓的诉说，音乐声里，爸爸的话语再一次重温，往事再来，一幕一幕催人落泪。

板块的结尾，最后一次聚焦花落，生命之花落。落花的意象稍稍冲淡了父亲的死亡可能有的悲痛意味，文章的基调是怅惘的，但并不绝望。】

四、发现成长："我"已不再是小孩子

师：爸爸的花儿真的落了吗？（停延）打开课文，快速浏览，找一找、画一画英子的变化和表现。你从英子的哪些变化、哪些表现中发现爸爸对她的影响已经深深地烙印在她的生命里？

（生浏览课文并思考问题）

师：好，来听听这个孩子的发现。

生：请大家看第9页，倒数第4段——"'老高，我知道是什么事了，我就去医院。'我从来没有过这样的镇定，这样的安静。"我从这一段知道了爸爸以前说的"闯练，闯练"英子已经记到心里了，所以她才这样镇定和安静。

师：正是爸爸不断鼓励英子闯练闯练，才让英子学会了什么？

生：学会了勇敢，学会了不害怕。

师：你从哪两个词中体会到了她的勇敢和不害怕？

生："镇定"和"安静"这两个词。

师：孩子们，把这两个词圈出来，"镇定""安静"。这位同学的目光非常敏锐，一下子就发现了关键事情中的关键细节！我想问你一个问题：英子说"老高，我知道了"，你知道英子知道了什么？

生：英子知道她爸爸已经离开人世了。

师：爸爸去世了。那你知道那一年英子几岁？

生：12岁。

师：你今年几岁？

生：12 岁。

师：也就是说，英子和你们差不多年龄。想想看，一个 12 岁的小女孩，突然知道自己的爸爸去世了，最自然、最本能的反应是什么？

生：就是坐在地上哭。

师：哭，对，就是哭。谁能找一个词来形容英子可能会有的哭？

生：我觉得是泣不成声。

师：泣不成声，这是最自然的反应。

生：还可能会嚎啕大哭。

师：嚎啕大哭，这是最自然的反应。

生：还有可能泪流满面。

师：泪流满面，这是最自然的反应。但是，我们回头看看 12 岁的英子，她泣不成声了吗？

生：（自由应答）没有。

师：她嚎啕大哭了吗？

生：（自由应答）没有。

师：她泪流满面了吗？

生：（自由应答）没有。

师：不但没有哭，而且她的表现是——

生：非常镇定，非常安静。

师：非常镇定！非常安静！这不是一个 12 岁的小女孩该有的反应啊！谁让英子学会了这样的镇定？

生：我觉得是因为她想起了爸爸的那些话，所以让她从特别慌张转变到特别镇定。

师：又是谁让英子学会了这样的安静？

生：我觉得也是爸爸以前的那些鼓励和叮嘱。

师：爸爸的花儿开在了哪里？

生：开在了她的心中。

师：真好！爸爸的花儿没有落，爸爸的花儿开在了英子的镇定、安静里。继续发现（走向一个男生）——

生：应该是"我"经过爸爸那一次的教导之后从来都不迟到了。

师：嗯，把那段文字找出来。

生：请大家看第5页的第4自然段——"只记得，从那以后，到今天，每天早晨我都是等待着校工开大铁栅栏校门的学生之一。冬天的清晨站在校门前，戴着露出五个手指头的那种手套，举了一块热乎乎的烤白薯在吃着；夏天的早晨站在校门前，手里举着从花池里摘下的玉簪花，送给亲爱的韩老师，是她教我跳舞的。"

师：这是一段多么美丽多么诗意的文字啊！我们知道，从那以后英子上学再也没有迟到过。几年？

生：六年。

师：几个学期？

生：12个学期。

师：六年，12个学期，无论刮风，无论下雨，无论烈日炎炎，无论大雪纷纷，英子再也没有迟到过！孩子们，谁让英子学会了这样的坚持？

生：是爸爸。

师：谁教导、督促英子养成了这样的好习惯？

生：是爸爸。

师：爸爸的花儿开在了哪里？

生：英子的心中。

师：爸爸的花儿没有落，爸爸的花儿开在了英子的坚持和毅力中。哎！有没有孩子注意到英子去正金银行寄钱这件事？（向一生）说说你的发现——

生：请大家看一下第8页的倒数第3自然段——"等到从最高台阶的正金银行出来，看着东交民巷街道中的花圃种满了蒲公英，我很高兴地想：闯过来了，快回家去，告诉爸爸，并且要他明天在花池里也种满了蒲公英。"我觉得这里的"蒲公英"也预示着她长大了，因为蒲公英是落地生根，同时也暗示着她知道自己长大了，所以也要爸爸种上蒲公英。

师：好犀利的目光啊！他竟然从蒲公英的象征意义中看到了英子的成长，厉害！说到成长，我问你一个小问题，当时英子去正金银行寄钱是几个人去的？

生：是自己一个人。

师：一个人，爸爸有没有陪着去？

生：没有。

师：确定？

生：我觉得是她带着爸爸的教导以及爸爸给她的信念去的正金银行。

师：不管怎么说，去寄钱的只有英子一个人，是吗？

生：是。

师：请问，爸爸为什么不陪着英子一起去？

生：我觉得爸爸是想让英子磨炼自己的意志，想让她更加坚定。

师：磨炼意志，更加坚定，是吗？爸爸陪着英子一起去，不也可以磨炼吗？为什么非得让英子一个人去？（走向旁边的女生）

生：这样的话可以让英子变得更加独立。

师：孩子们，听到没有，她说了一个非常重要的词？

生：独立。

师：独立！请把这个词记下来（板书：精神独立）。孩子们，什么叫成长？成长就是四个字——

生：（齐读）精神独立。

师：什么是父母对子女最好的爱？最好的爱就是让子女学会——

生：（齐读）精神独立。

【"成长"是《城南旧事》中的另一个主题，作者明写"离别"，暗写"成长"。故事中的人物一个一个离英子而去，带给英子不同的思考与感受，至结尾，童年远去，英子"不再是小孩子"。最后这一章，明写爸爸的故事，暗写英子的精神独立之路，明暗交错；实写毕业典礼这一事件，插叙回忆，时空交错；而点缀始终的花儿则是侧面描写，是逝水不返的光阴里温润动人的细节，又是生命精神之花的象征与寄托。值得注意的是，故事里的英子12

诗意语文课堂实录与品悟

岁，课堂里六年级的学生们也是 12 岁。在毕业歌即将响起的时候，去理解英子的故事，自然会有诸多"共情"的慨叹。

"爸爸的花儿落了。我也不再是小孩子"，这是英子对童年的总结和告别，她从此负起了爱的全部责任。童年的结束也如春天的花开、秋天的叶落令作者、读者、课者在成年后的回味中低回不已。从此，实际的童年过去，心灵的童年永存下来。】

五、想象将来，补写插叙

（小提琴演奏的《送别》再次响起，课件呈现。）

夹竹桃开了又谢，谢了又开。我念完了中学，又念完了大学。如今，我已成了《××日报》的记者和编辑。今天是清明，雨纷纷地下着，我来到爸爸的墓地，把一枝粉红色的夹竹桃轻轻地放在了他的面前。

记得_____

几声清脆的鸟叫声把我的思绪拉了回来。不知什么时候，雨已经渐渐地停止了。我凝视着爸爸的墓碑，默念着：爸爸，您的花儿没有落……

师：爸爸走了，再也没有回来。英子在爸爸的影响下，学会了成长，学会了独立。夹竹桃开了又谢，谢了又开。"我"念完了中学，又念完了大学。如今，"我"已成了《××日报》的记者和编辑。今天是清明，雨纷纷地下着，"我"来到爸爸的墓地，把一枝粉红色的夹竹桃轻轻地放在了他的面前。（停延）

师：往事一幕又一幕地在英子的脑海中浮现出来。孩子们，拿起笔来，忘记自己，成为英子。在清明，在墓地，你想起了一件事——这件事可能发生在你读中学的时候，可能发生在你读大学的时候，也可能发生在你参加工作以后。之所以让你想起这件事，一定跟你的爸爸有着某种联系。也许，在学习上，在生活上，在工作上，你又遇到了什么困难，又面对了什么挫折，就在这个时候，爸爸的话仿佛又一次在你的耳边响了起来。这一次，你闯过来了吗？——请把这件事记下来。

（生想象写话，师巡视指导，发现优秀习作。）

师：孩子们，请把笔都放下来。不管你有没有写完，不管你写多还是写少，这些都不重要。重要的是，在你提笔写话的时候，你意识到你不再是你，你是谁？

生：英子。

师：英子。来，请所有打过五角星的"英子"站起来。（共有6位学生起立）

（小提琴演奏的《送别》又一次响起）

师：今天是清明，雨纷纷地下着，"我"来到爸爸的墓地，把一枝粉红色的夹竹桃轻轻地放在了他的面前。记得——

生：（朗读）我大学毕业后第一次参加面试，等待的时间漫长而焦灼。我孤身一人，紧张得手心出了冷汗，脚不停地发抖。我皱着眉头，幻想着，幻想着面试的恐怖，幻想着失败的可怕……就在这时，我脑海中回荡起爸爸那个慈祥而伟大的声音："英子，不要怕，无论什么困难的事，只要硬着头皮去做，就闯过去了。"啊，往事桩桩件件浮上心头。我感到一股伟大的力量在推动着我——这就是爸爸给我的力量，这就是爱的力量！终于轮到我了，我进了面试室。在爱的萦绕下，我娓娓地向面试官介绍，发挥得异常出色。我成功地被录取了！

师：多么生动的细节，多么感人的场面。当爸爸那个慈祥而伟大的声音再一次响起的时候，我知道，爸爸的花儿没有落，爸爸的花儿依然开在你的心里。

生：（朗读）记得初一时青年节联欢会上的那次演讲，演讲前，我在后台踱着步子，紧张得直冒汗。怎么办？等会儿就要到我上台演讲了，台下那么多领导，我要出了错，岂不是糗死了？就在我焦急万分之际，那熟悉的话语，在我耳边响起来。"闯练，闯练，英子！"我仿佛一下子被注入了力量。是啊，闯练！这演讲有什么可怕的呢，只要认真、自信地去做，就一定会成功的，这只不过是对我的小小考验。轮到我上台了，我微笑着面对所有的观众，流利自信地完成了演讲，台下响起了热烈的掌声。

师：掌声响起来，我心更明白，爸爸的爱将永远与我同在！

生：（朗读）记得那是个春雨绵绵的日子，似乎我在随着时间飞逝。我独自来到《××日报》的工作地点，我呆呆地凝望着空旷的大门，我的脚步再一次停止了。雨水顺着衣衫流了下来，我想起了您的话："闯练，闯练，英子。"我迈向我人生中的第一步，我对自己说，不要怕，无论什么困难的事，只要硬着头皮去做，就闯过去了。一切都是那么陌生，仿佛有无数双眼睛在角落里盯着我。我一步一步地向前走，要闯出一个新的世界。

师：孩子，你知道吗？爸爸从来没有离开过你。在你迷茫的时候，在你害怕的时候，在你无助的时候，爸爸就在你的身后，这样深情地看着你。

生：（朗读）记得在我读初三的时候，每天，我都花大量的时间去复习。每当想到中考这件大事，我会有一种想放弃的感觉。每每看到数量繁多的复习题，我真想有一个人来鼓励我。这时，我总会想起爸爸在医院中的教诲："英子，不要怕，无论什么困难的事，只要硬着头皮去做，就闯过去了。"爸爸这熟悉的声音，让我又找回了信心。是啊，我可不能辜负爸爸的期望。我每天认真复习，时时刻刻提醒自己，不能懒惰，不能怠慢。到了中考那天，我从来没有这样镇定、这样安静过。最终，我以优异的成绩通过了中考。

师：是爸爸生前的教导，让你在面对人生的大考时又一次变得这样镇定、这样安静！你知道吗？当你把这个喜讯告诉爸爸的时候，爸爸的在天之灵一定会感到欣慰、感到自豪，你是他最大的骄傲啊！

生：（朗读）记得我刚刚步入中学的大门时，曾参加过学校举办的征文大赛，但由于经验不足，选材、描写手法都有不少的缺陷，几经投稿都没有任何回音。正当我信心的堡垒开始微微动摇时，我想起了您的话："无论什么困难的事，只要硬着头皮去做，就闯过去了！"我顿时感到充满了信心，就像您在我的身边鼓励我、指导我，陪伴我。几经修改，征文终于有了回音，我的作文不仅发表在学校的刊物上，还被推荐参加全国中学生作文大赛。

师：没有人可以随随便便成功，鲜花和掌声的背后一定有不为人知的汗水和眼泪。是爸爸的教导，让你明白"硬着头皮去闯"的力量和信念！你一定还会参加更多的征文比赛，你一定还会取得更大的成功，爸爸永远与你同在！

生：（朗读）记得我刚工作时，要去采访一位著名的作家，我十分害怕，不敢去接这个重大的任务，怕会出现什么岔子。但是我又不想失去这么好的机会，因为我也渴望成为一位作家。是坚持采访，还是放弃采访？这时，我的耳畔回响起了爸爸的话："闯练！闯练！英子！"是啊，我已经不是第一次这样闯练，只要我硬着头皮去闯，就一定能闯过去的。我终于鼓起勇气，顺利完成了这次重要的采访。

师：每次想起爸爸的话，你的心里就会充满自信和勇气，这就是爱的感觉。这爱的感觉，在爸爸临终前对你的叮嘱中；这爱的感觉，在爸爸逼你去上学的严厉中；这爱的感觉，在爸爸教你去正金银行寄钱的闯练中。如今，你已长大，当你又一次来到爸爸的墓地，又一次将爸爸最喜欢的夹竹桃轻轻放在他的面前，我想，你一定有一句话想对他说，这句话在你的心里藏了很久很久。现在，请你轻轻地告诉他，爸爸——

生：我爱您！（全体鼓掌）

师：孩子们，你们刚才所写的就是小说的插叙。清明扫墓，这是现在的事；而你们在插叙中所写的一桩桩一件件，都是回忆的事。一遍遍的插叙，一次次的回忆，让我们重新感受到那份温暖而伟大的父爱，也让我们看见英子生命成长的勇气、自信和毅力。爸爸走了，爸爸的爱却留在了英子生命的最深处。孩子们，爸爸的花儿——会落吗？

生：（齐答）不会。

师：下课！

（最后形成的板书如下）

爸爸的花儿落了

插

叙事自由　　　精神独立

叙

【最后一个板块，想象写话。教师创设情境，让孩子们想象主人公未来的生活经历，从而进一步读懂爸爸的用心以及成长的意义。这是一个插叙写作练习，在这个设计中，文章明暗、虚实、正侧面等，数线归一。

学生现场写作令人惊叹。朗读交流阶段，师生合作，将写作交流演绎为课堂叙事，不是教师刻意在教什么，而是师生在谈话交流中共同完成一个课堂作品。

交流的过程中，《送别》的音乐再次响起，李叔同的这首骊歌，是对小说内容的回扣，又是课堂基调的映衬。小提琴的旋律带着禅意的点染，哀而不伤，惆怅悠远。

人生难得是欢聚，惟有别离多。不思量，自难忘。王老师的这一课让我们又一次回到林海音治愈系的文字里，那些光阴的故事、文化的乡愁似小鸡嫩黄的绒毛，英子清澈的大眼睛，让世界安静。父亲的慈爱与严厉，永远陪伴在英子的精神生命里，往事惆怅、温柔，永远在老北平的城南，任光阴似水，花开花落。】

生命境域中的插叙之美

《爸爸的花儿落了》是林海音自传体小说《城南旧事》中的最后一章。全文以主人公英子参加小学毕业典礼的过程为主线，穿插了对父亲往事的回忆，表现了父爱的伟大，抒发了对父亲的感念和缅怀之情。作为台湾乡土文学的代表作品之一，文章表达情感哀而不伤，十分节制；语言优美，艺术表现手法丰富多样。这当中，插叙的运用尤为精致，且通过插叙所呈现的内容几乎占了全文的一多半。于是，我将插叙的学习作为本课的语文核心目标。那么，如何引导学生以语文的方式理解插叙，并进而理解小说独特的生命意蕴呢？

一、梳理主线，搭建插叙的认知框架

作为小说叙事方式之一的插叙，是相对于顺叙而言的。没有顺叙这个大背景、大框架，也就无所谓插叙了。因此，插叙教学必须始于顺叙的感知与梳理。为此，教学一开始，我便借助预学反馈，安排了这样一道课堂练习：

小说从头到尾写了这件事，这件事发生的时间是在"今天"，发生的地点是在"学校礼堂"。

①爸爸逼"我"去上学　　②"我"参加毕业典礼

③爸爸临终前叮嘱"我"　④爸爸教"我"去寄钱

在明确了"我"参加毕业典礼这件事之后，我又将小说中叙述"我"参加毕业典礼的全部文字按顺序呈现出来，并刻意在涉及插叙的位置上标示省略号。然后，引导学生再次通读"我"参加毕业典礼这件事的文字。

这样一个看似简单的教学设计，蕴含的教学意图和作用是多方面的。首先，通过对小说的整体性回顾，把握小说的主要内容；其次，通过明确小说贯穿始终的一件事，梳理小说的主线与结构，并反复强调，这件事发生的时间是在"今天"、发生的地点是在"学校礼堂"，为后续的插叙学习铺垫认知基础；最后，通过四个选项的设置，使学生明了小说不只是写了"我"参加毕业典礼一件事，还写了其他三件事，从而引发学生对其他三件事写作顺序的思考。

二、复沓回环，感受插叙的情感色彩

插叙作为一种语文知识，只能以语文的方式加以掌握。所谓语文的方式，即在语文实践过程中，在小说叙事的展开过程中，通过品读小说情节、感受人物形象、体察人物情感，发现插叙的存在，认知插叙的作用，明了插叙的特征。这跟纯粹的知识学习不同，纯粹的知识学习是从概念出发，通过分析概念含义、把握概念外延，再将概念推衍到具体事例中加以验证，从而系统掌握其知识要义。以语文的方式学习插叙，是感性的、直觉的，是一种基于体验的隐性理解。

小说的插叙主要写了三件事：第一件写爸爸临终前对"我"的叮嘱，时间在昨天，地点在医院；第二件写爸爸逼"我"去上学，时间在六年前，地点在家里；第三件写爸爸教"我"去寄钱，时间在"我"读小学时，地点先是在家里，后去了正金银行。这三件事，集中叙述了爸爸对我的教导与关爱，也从另一个侧面折射了"我"在父爱滋养下的人格成长。这既是小说的主体内容，也是教学的主体环节。这一主体环节的设置，核心目标就是通过对小说情节的梳理和关键语言的品读，把握爸爸这一人物形象，领悟爸爸对"我"成长的影响，并从中体会温暖而哀伤的情感色彩。为此，我在这一环节中，选择复沓回环的教学策略与艺术，努力达成这一主体环节的核心目标。

1. 课题情感的复沓强化。

每学完插叙中的一件事情，就通过自己教学语言的调度与渲染，引导学生反复诵读课题，强化课题中所蕴含的哀伤又不舍的深情。同时，也通过对课题的复沓诵读，渲染出整堂课的情感基调。

2. 重点语句的复沓引读。

如，爸爸临终前对"我"的叮嘱："没有爸爸，你更要自己管自己，并且管弟弟和妹妹，你已经大了，是不是？"我引导学生将自己摆进去，设想自己就是病重的爸爸，反复引读，用声音感染自己，也感染他人。

3. 重要情节的复沓渲染。

如"我"去正金银行寄钱，小说的叙事相对简单，我运用复沓手法，将这一情节铺陈为三个环节："我心情紧张地捏紧一卷钞票走向银行""我忐忑不安地到银行最里面的台子找寄款单""我把钱战战兢兢地交给了柜台里的小日本儿"，并反复强调每个环节"我"想起爸爸的叮嘱，从而使学生非常鲜明地感受到"我"的成长与父爱之间的联结。

4. 记叙要素的复沓提醒。

插叙中每件事情的提取与呈现，都一再提醒学生注意这件事情的发生时间和发生地点，让学生明白插叙中的记叙要素跟主事件中的记叙要素是不同的，为后续从语文知识的角度精准把握插叙特征铺垫阅读经验。

这一主体环节，虽然没有直接出现插叙这个概念，但是通过多种形式、多个维度的复沓回环式的学习，学生已经通过自己的沉浸式、体验式品读，充分感受到了插叙的意义和作用。

三、还原矛盾，把握插叙的基本内涵

作为叙事方式的插叙与顺叙，在《爸爸的花儿落了》中既是矛盾的，更是统一的。所谓矛盾，主要体现在叙事的时间逻辑上，顺叙是顺时间逻辑的叙事方式，而插叙则是逆时间逻辑的叙事方式，而且其穿插叙事本身也是对时间逻辑的一种解构。所谓统一，从叙事的层级上看，顺叙是整体的叙事方式，处在叙事的最高层面，而插叙则是局部的叙事方式，最终统一在整体的叙事过程中；从叙事的意图和作用看，则无论顺叙还是插叙，都统一于对父爱的感念与"我"的成长这一主旨中。因此，要让学生深入把握插叙，就必须在他们已经拥有的感性阅读经验的基础上，还原矛盾，分析差异，从更高的理性层面把握插叙的基本内涵。

为此，我首先通过提醒学生注意主事件与三个插叙事件在具体时间、具体地点上的不同，发现叙事逻辑的矛盾。接着，通过设置课堂练习（二），让学生明确三个插叙事件在整个主事件中出现的具体位置，进一步凸显插叙作为局部叙事方式的表现特征。然后，将主事件与三个插叙事件在行文结构中的位置加以直观对比，点出这篇小说的一大秘妙——"插叙"。这是一个从具体经验上升到抽象概念的过程。

但是，只有这个过程是不够的。于是，我又将小说中所有的插叙全部删除，使学生进一步意识到插叙与顺叙的不同，并重新将三个插叙事件逐一插入小说原有的位置，使学生更加鲜明地体认到"插叙"之"插入""穿插"的叙事特点。然后，通过配乐朗读，引导学生再次回顾插叙的内容，感受插叙的情绪色彩，体会插叙对刻画人物形象、表现小说主题的作用。最后，又一次通过删除插叙、重置插叙的比较，引导学生发现插叙在整个小说叙事中的独特作用——提升小说叙事的自由度。这是一个从抽象概念重新回归具体经验的过程，但是，这样的回归是认识的扬弃，是理解的升华。

四、身临其境，体验插叙的语用价值

语文知识的最终习得，必然要落在语用表达上。从感受到理解，从感性到理性，从具象到抽象，只解决了语文知识的内化问题。从理解到表达，从理性到运用，从抽象到再现，进一步解决了语文知识的活化问题。所以，对插叙的最终习得，不能止步于理解、理性与抽象的内化，更需要提升到表达、运用和再现的活化上去。为此，在课的最后板块，我创设了这样一个表达情境。

（小提琴演奏的《送别》再次响起，课件呈现。）

夹竹桃开了又谢，谢了又开。我念完了中学，又念完了大学。如今，我已成了《××日报》的记者和编辑。今天是清明，雨纷纷地下着，我来到爸爸的墓地，把一枝粉红色的夹竹桃轻轻地放在了他的面前。

记得 _____

几声清脆的鸟叫声把我的思绪拉了回来。不知什么时候，雨已经渐渐地停止了。我凝视着爸爸的墓碑，默念着：爸爸，您的花儿没有落……

学生再一次将自己摆了进去。跟之前不同的是，这一次的摆进去，需要学生自己动用阅读经验、发挥合理想象、顺应情感逻辑，创造出属于自己的那个插叙情境与生命境域。

生：（朗读）记得我刚工作时，要去采访一位著名的作家，我十分害怕，不敢去接这个重大的任务，怕会出现什么岔子。但是我又不想失去这么好的机会，因为我也渴望成为一位作家。是坚持采访，还是放弃采访？这时，我的耳畔回响起了爸爸的话："闯练！闯练！英子！"是啊，我已经不是第一次这样闯练，只要我硬着头皮去闯，就一定能闯过去的。我终于鼓起勇气，顺利完成了这次重要的采访。

师：每次想起爸爸的话，你的心里就会充满自信和勇气，这就是爱的感觉。这爱的感觉，在爸爸临终前对你的叮嘱中；这爱的感觉，在爸爸逼你去上学的严厉中；这爱的感觉，在爸爸教你去正金银行寄钱的闯练中。如今，你已长大，当你又一次来到爸爸的墓地，又一次将爸爸最喜欢的夹竹桃轻轻放在他的面前，我想，你一定有一句话想对他说，这句话在你的心里藏了很久很久。现在，请你轻轻地告诉他，爸爸——

生：我爱您！（全体鼓掌）

师：孩子们，你们刚才所写的就是小说的插叙。清明扫墓，这是现在的事；而你们在插叙中所写的一桩桩一件件，都是回忆的事。一遍遍的插叙，一次次的回忆，让我们重新感受到那份温暖而伟大的父爱，也让我们看见英子生命成长的勇气、自信和毅力。爸爸走了，爸爸的爱却留在了英子生命的最深处。孩子们，爸爸的花儿——会落吗？

生：（齐答）不会。

通过插叙，学生再一次把自己摆了进去。他们再一次进入英子的精神世界，跟英子一起呼吸、一起心跳、一起欢笑、一起流泪、一起沉思、一起缅怀，他们再一次活在了爱的世界里，也再一次见证了英子生命的拔节。

但同时，学生的体验、想象、表达，又何尝不是他们自身成长与爱的折射与返照呢？正是他们全身心的投入与共同参与，这个原本只属于英子的生命境域，拓展、扩充为属于每个学生自己的生命境域，这才是插叙背后最为温暖、最为深刻的生命意蕴。

第七编

「雪」之情

——《湖心亭看雪》课堂实录与品悟

更有痴似相公者

　　在一定意义上，阅读是一种寻找。闫学老师《教育阅读的爱与怕》一书的书签上写着：我相信，在黑夜中，有无数的灵魂在寻找，寻找与自己相近的灵魂。今天听王崧舟老师《湖心亭看雪》一课，我忽然意识到，在一定意义上，选择一个公开课的文本也是一种寻找，寻找与自己相近的那个灵魂，寻找与自己相契的那些符号。日常的课，自然有规定的内容，虽然也有拓展的余地，但教材中的篇目必须得一课一课教过。公开课有研讨的性质，它与日常的教学必然存在些许的抽离。公开课上什么？有人说，文本选好了，课就成功了一半。选择成功的教学材料，往往是最能体现执教者教学风格且在生命深层意蕴上与执教者最契合的那一个。文本与课者，是一种相互的成全。

　　我不敢肯定，《湖心亭看雪》是否以三百多年的孤绝在等待，但是，我确定，《湖心亭看雪》是王崧舟诗意语文路程中的又一座高峰，可以比拟的课品大约只有《长相思》了。同是绍兴人的张岱与王崧舟，以《湖心亭看雪》一课互相辨认，互相确证，共通的是天地宇宙间诗意的化境。

　　王崧舟老师课堂教学最大的辨识度就是"审美性"。他的课，不能算作课了，严格地说，是个艺术品才是（王小庆）。朱光潜先生将"审美"作为一种态度，与"实用的态度""科学的态度"相区别。他将美定义为"无所为而为的欣赏"，认为，在有所为而为的活动中，人是外物的奴隶，在无所为而为的活动里，人才是自己的主宰。王老师的《湖心亭看雪》一课，正是最大程度地淡化了"有所为而为"的实用的教学目标，呈现出一种"无所为而为"的艺术之境。

强大的课堂叙事力是王崧舟老师教学艺术化的基点。王老师善用描述，他把与课文相关的背景与材料和课文本身串联起来，形成一种独特的课堂叙事，带着孩子们走进文本，走进情境，走进故事，走进画面。在这一课里，我们看到的是由"那年，我就住在西湖……"领起的一次又一次入境的想象与朗读。品读王老师的课堂叙事，你会觉得课堂就是他与孩子们借由文本形成的课堂言语人生，短暂又深远。

强大的课堂造境力是王崧舟老师教学艺术化的显著特点。课堂叙事当然是课堂情境营造的重要手段，本质是用语言感染。此外，王老师课堂中使用的图片、音乐、节奏的把控，以及孩子们的声声诵读、老师的诵读都使他的课形成一种场。场中的执教者、学习者、听课者共同进入一个情境，这个情境让我们忘记现实，屏息凝神，完全化入课堂故事之中。

强大的课堂设计力是王崧舟老师教学艺术化的内在支点。我们往往惊讶于教师问题提出的巧妙，好的问题（含教学指令）就是学生理解文本的通道。高质量的问题设计，首先在于执教者对文本的敏感，能够发现其中的张力，这种张力要么是文本的矛盾处，要么是独特处。如本课之中，王老师提出的"用波浪线画出文中所有带'一'的句子""这个叫张岱的人，……完全跟天地融为一体。如果用文中的一个字来形容他，你们找到的是哪个字？""张岱的'痴'和金陵人的'痴'真的完全一样吗？"

关于这一课，还不得不说到设计者对儿童精神的深刻理解与尊重。张岱的孤傲离孩子们太远了，所以王老师每一刻都在为孩子们的生活经验与张岱的文章制造链接。"你去过西湖吗？""我们熟悉的古诗中西湖是什么样子的？""平日的西湖是怎样的？""如果你去看雪，你会叫上谁？"这些问题源于孩子的生活，但最终指向的都是与孩子们完全不同的、张岱的精神世界。唤醒同情体验，确证自己是一种阅读，通过比较不同，理解别人的体验，丰富自己的心灵与世界，是另一种阅读。

不言胜景，不叙深情。王老师的课是要现场听才能真切感受的。今日我

第七编 "雪"之情 ——《湖心亭看雪》课堂实录与品悟

所反复强调的审美，无疑是一种对现实世界的超越，放在教育史的长河里看，它是语文教学现代化之路到达一定阶段后的调适。当然，强调审美，并非不要"实用之用"，这一课对文言现象的处理，对字词的讲解与引领，都堪称文言文教学的典范，不是不要，而是放在意境中、情境中学习，如"雾凇沆砀"一词的教学。不是不要实用，而是在实用之上、运用之上有更高的境地。真正的语用绝不是片面的、孤立的、表层的。卡西尔曾超越柏拉图"人是理性的动物"而提出"人是符号的动物"，我想，这种超越正是指明人借由符号（主要是文字），抵达精神的国度。

张岱与王崧舟同生绍兴。这片神奇的土地啊，属于王羲之、谢灵运，属于王充、陆游，属于鲁迅，更属于白马湖畔的叶圣陶、夏丏尊、李叔同、朱自清……越文化的精神是名士之风，是魏晋之韵，是崇尚自然、寄情山水、独抒性灵，是情不知所起，一往而深。张岱曾说："人无癖，不可与之交，以其无深情也！"张岱、王崧舟，还有这一课背后隐含的《红楼梦》（王老师的板书设计化用了《红楼梦》的开篇诗，而《红楼梦》的作者与张岱的人生经历又相仿），让我想起三百多年前的舟子曾喃喃念着的"更有痴似相公者！"

在这一课里，我感受到王老师的某一种超越与回归，与之对应的是《慈母情深》一课里"语文意识"的提出。我感受到一种对"语文意识"否定之否定后的自在与从容，它摆脱了表层的"语用"的羁绊，我且称它为"诗意的凯旋"。但是我知道，这只是属于我的感受。在王老师那里，他的每一个创作，每一堂课，每一个与孩子相处的瞬间，都是他全心投入与体验的，都是最好的，都是唯一的，都是不迎不拒，都无分别。

2017年10月27日，我在王老师的故乡绍兴上虞听了这一课。

课文呈现

《湖心亭看雪》

　　崇祯五年十二月，余住西湖。大雪三日，湖中人鸟声俱绝。是日更定矣，余挐一小舟，拥毳衣炉火，独往湖心亭看雪。雾凇沆砀，天与云与山与水，上下一白，湖上影子，惟长堤一痕、湖心亭一点、与余舟一芥、舟中人两三粒而已。（余挐，一作"余拏"）

　　到亭上，有两人铺毡对坐，一童子烧酒炉正沸。见余大喜曰："湖中焉得更有此人！"拉余同饮。余强饮三大白而别。问其姓氏，是金陵人，客此。及下船，舟子喃喃曰："莫说相公痴，更有痴似相公者。"①

---

① 注：本课选自人教版义务教育课程标准实验教科书《初中语文》八年级上册第29课。作者张岱。

西湖梦寻　一往而深

一、通读——看雪湖心亭

师：做一个小小的调查，知道杭州有个西湖的请举手。

（生纷纷举手）

师：谢谢。去过杭州西湖的请举手。

（生再次纷纷举手）

师：哇，真不少，谢谢！看来，对于杭州西湖大家还是比较熟悉的。通常，去过西湖的人都有一个相同的感受：杭州西湖只有一个，但是留在每个人心中的西湖却有千万个。比如，这是留在诗人白居易心中的西湖——

（课件呈现）

> 几处早莺争暖树，谁家新燕啄春泥。
>
> ——［唐］白居易《钱塘湖春行》

师：谁来读一读他写的诗？

生：（朗读）几处早莺争树暖，谁家新燕啄春泥。

师：嗯，孩子，看清楚，几处早莺争——

生：（读得比较急促）争暖树。

师：不急，不急，真的不急。来——

生：（读得比较舒缓）几处早莺争暖树，谁家新燕啄春泥。

师：这才是读古诗的味道。看得出，留在白居易心中的西湖，就像那个春天一样充满着生机。继续看，这是留在杨万里心中的西湖——

（课件呈现）

接天莲叶无穷碧，映日荷花别样红。

——［宋］杨万里《晓出净慈寺送林子方》

师：谁来读一读他写西湖的诗？

生：（朗读）接天莲叶无穷碧，映日荷花别样红。

师：真好！留在杨万里心中的西湖啊，莲叶是一望无际的绿，而荷花是一尘不染的红。继续看，这是留在苏轼心中的西湖——

（课件呈现）

水光潋滟晴方好，山色空蒙雨亦奇。

——［宋］苏轼《饮湖上初晴后雨》

生：（朗读）水光潋滟晴方好，山色空蒙雨亦奇。

师：好听！留在苏轼心中的西湖，水光是美的，山色是美的；潋滟是美的，空蒙是美的；晴天是美的，雨天一样也是——

生：（自由接答）美的。

师：所以，你发现没有，西湖只有一个，但是留在每个人心中的西湖却有无数个。那么，我们今天要读的张岱的西湖，又会是一个怎样的西湖呢？孩子们打开课文，自由朗读张岱的《湖心亭看雪》。

【温故启课，链接旧知。师生一起重温古诗中的西湖之美。白居易笔下的西湖属于"春"——热闹明媚；杨万里笔下的西湖属于"夏"——浓烈鲜亮；苏轼笔下的西湖有了"人情化"——缠绵迷离。"西湖只有一个，留在每个人心中的西湖却有千万个"，不过是景语与情语互文映衬。

有人说："西湖之胜，晴湖不如雨湖，雨湖不如月湖，月湖不如雪湖。能真正领山水之绝者，尘世几人哉！"有了链接与铺垫，张岱笔下那冬日空

阔清绝的西湖，正欲"淡妆"而出。】

师：朗读课文时请注意，读准字音，读通句子。读完之后请大家做一件事情——

（课件呈现）

用波浪线画出文中所有带"一"的句子。

（生自由朗读课文，然后画出相关的句子。）

师：（巡视）找到第一处，标上"1"；找到第二处，标上"2"。可能还有更多，依次标下去。

（生根据提示标出序号）

师：好！孩子们，把笔都放下。假如你足够仔细的话，我想你标出的文中带"一"的句子一共是4处。标出4处的同学请举手。

（绝大多数同学举手）

师：真好，把手放下。来，孩子们，我们一处一处地来看看文中"一"的句子——

（课件呈现）

是日更定矣，余拏一小舟，拥毳衣炉火，独往湖心亭看雪。

师：这是文中第一处带"一"的句子，谁来读一读？

（生朗读此句，把"更定"读成了"定更"。）

师：读得不错，有一点小小的瑕疵，谁听出来了？

生：应该是"是日更定矣"，他读的是"是日定更矣"。

师：会读是能力，会听是教养。她会听，这就是教养！（对刚才读错的学生）我想，你应该向她表示——

生：谢谢！

师：这也是一种教养！真好！你再来读一读——

（生朗读此句，读得正确流利。）

师：学习不怕犯错，进步本身就让人欣喜。其实，更让我欣喜的是，这句话中有一个非常生僻的字眼儿，他读得非常准确。这个字眼儿就是——

生：（齐读）拏（音 ráo）。

师：大声地读——

生：（齐读）拏。

师：准确地读——

生：（齐读）拏。

师：什么意思？

生："拏"是划船的意思。

师：没错，就是划船的意思。明白了划船的意思，这句话就算基本读通了。来——

（生齐读此句）

【第一个带"一"的句子中有一个生僻字——"拏"。】

师：继续看第二处带"一"的句子，谁来读一读？

（课件呈现）

雾凇沆砀，天与云与山与水，上下一白。

（生朗读此句）

师：读得真好！句中有一个词语，我想你们应该是第一次接触，这个词就是——

生：（齐读）雾凇沆砀。

师：再读——

生：（齐读）雾凇沆砀。

师：肯定地读——

生：（齐读）雾凇沆砀。

师："雾凇"指什么？

生：雾凇指的是水汽凝成的冰花。

师："沆砀"指什么？

生：沆砀指的是冰花一片弥漫。

师：简单地说，"雾凇"就是"冰花"，"沆砀"就是"弥漫"。那么，雾凇沆砀就是——

生：（齐答）冰花弥漫。

师：冰花弥漫就是——

生：（齐答）雾凇沆砀。

师：明白了吗？

生：（自由应答）明白了。

师：不一定。有谁亲眼看见过"雾凇沆砀"吗？

（无人举手）

师：不怪你们，怪老天。因为这样的景色、这样的画面在南方是很难看到的。不过，也不要遗憾，我把画面带来了！（指课件）孩子们，你们现在看到的画面如果用一个词来形容，那就是——

生：（齐答）雾凇沆砀。

师：看到冰花一片了吗？看到白气弥漫了吗？这样的景色用一个词来形容，就是——

生：（齐答）雾凇沆砀。

师：带着这样难得的画面感，我们来读一读这句话——

（生齐读此句）

【第二个带"一"的句子中有一个难解的词——"雾凇沆砀"。

关注"雾凇沆砀"的教学，此时有"意解"，有"画解"，此后又不断重现，进行"境解"与"复解"，堪称教科书式的文言实词教学方式。】

师：继续看，第三处，谁来读？

（课件呈现）

湖上影子，惟长堤一痕、湖心亭一点、与余舟一芥、舟中人两三粒而已。

（生朗读此句）

师：读得真利落！孩子们，不知你们发现没有，这句话出现了好几个量词。这些量词，读起来似乎都有点儿怪怪的。比如，他说"湖上影子，惟长堤"——

生：（齐读）一痕。

师：其实，在正常情况下，长堤不说"一痕"，说什么？

生：一条。

师：一条长堤。不错，一般情况下就这么说。长堤——

生：（齐答）一条。

师：怪怪的量词还有呢！他说"湖上影子，惟长堤一痕、湖心亭"——

生：（齐读）一点。

师：湖心亭怎么会说一点呢？一般情况下，湖心亭只能说——

生：一座。

师：一座。这才是正常的说法。继续看，他说"湖上影子，惟长堤一痕、湖心亭一点、与余舟"——

生：（齐读）一芥。

师：不对的，舟怎么会是一芥呢？"舟"应该说——

生：一只。

师：还可以说——

生：一艘。

师：一艘。这才是最标准的说法。更怪的还在后面，他说"湖上影子，惟长堤一痕、湖心亭一点、与余舟一芥、舟中人"——

生：（齐读）两三粒而已。

师：那就更不对了！人怎么会是一粒一粒的呢？一般来说，"人"应该是——

生：两三个。

师：是的。所以，你要引起警觉了，这短短的一句话，竟然出现了这么多怪怪的量词。来，我们一起读——

（生齐读此句）

【第三个带"一"的句子中有量词的独特使用。

教师在此提醒学生引起警觉，却并不立即对这一句进行鉴赏分析，因为还是初读阶段，时机未到。当止则止，是执教者火候的拿捏，也是情绪的克制。】

师：谁来读读最后一处带"一"的句子？

（课件呈现）

到亭上，有两人铺毡对坐，一童子烧酒炉正沸。

（生朗读此句，把"酒炉"读成一个词语。）

师：上当喽！掉陷阱里去喽！谁来读？

（生朗读此句，在"酒"跟"炉"之间停顿。）

师：听出什么不一样了吗？会读是能力，会听是教养。学语文，既要有能力，更要有教养。谁听出来了？

生：他们两人断句的地方不一样。

师：哪个地方断的不一样？

生：就是"一童子烧酒／炉正沸"，他们两个这个地方读得不一样。

师：你赞成怎么读？读吧——

生：（朗读）一童子烧酒／炉正沸。

师：赞成这样读的请举手——

（生纷纷举手）

师：孩子们，这是一处陷阱，很容易掉进去，因为"酒炉"我们已经习惯了。但是，这里恰恰不能读成"酒炉"。分开来，"一童子烧酒／炉正沸"，明白吗？一起读——

（生齐读此句，在"酒"跟"炉"之间作停顿。）

【第四个带"一"的句子中，有一个易错的停顿。】

师：好极了！我们已经读完了文中所有带"一"的句子。文中的生僻字、生僻词、带陷阱的句子，几乎都集中在这四句话当中。所以，读通读好了这四句话，读通、读好整篇文章，就是小菜一碟。

【点明找"一"的用意。】

（生在教师引导下再次齐读四个带"一"的句子）

师：四句话，六个"一"，其中五个"一"表示"数目一"，但是，有一个"一"不表示"数目一"，表示"整个，全部"。谁能把这个"一"找出来？

生：（朗读）"雾凇沆砀，天与云与山与水，上下一白。"我认为是"上下一白"的"一"。

师：同意的，请举手——

（生纷纷举手）

【转向对"一"本身的理解。教师出示了词语的两种解释，让学生选择判断。这样的设计降低了学习的难度，且指向运用。】

师：好，孩子们，四处带"一"的句子，会读了，而且读懂了。现在，请你把它们放回课文，再次朗读《湖心亭看雪》——

（生自由朗读全文）

师：读得非常投入，非常专注，要的就是这个状态！好，现在我想请一位同学来读一读张岱的《湖心亭看雪》——

（生朗读全文，读得很流利、很有韵味。）

【温故启新的导课之后，是字词梳理的板块。王老师要求同学们自读课文，画出所有带有"一"的句子。如此简单的学习指令，却是本段教学的"阿基米德点"——牵一发而动全身。因为文中的生僻字、生僻词、易读错的句子，都集中在这四句话当中。当学生读通读好了这四句话，也就为读通读好整篇课文做好了准备。

四个句子的学习是语文知识的学习，教师的节奏是慢的，并时时提醒孩子"不着急"。】

二、品读——独游天人境

师：孩子们，《湖心亭看雪》这篇课文我们已经反反复复地读了很多遍了，其实，这篇文章就写一件事，张岱去湖心亭干什么？

生：（自由应答）看雪。

师：看雪。（板书：看雪）是的，看雪。既然是看雪，熟悉西湖的人都知道，西湖有很多看雪的地方，比如这一处——（课件呈现"孤山"图片）

生：（自由应答）孤山。

师：孤山在西湖的边上，爬上孤山看雪，西湖雪景尽收眼底。再比如这一处——（课件呈现"苏堤"图片）

生：（自由应答）苏堤。

师：苏堤横贯整个西湖，沿着苏堤看雪，你就能看到西湖雪景的全貌。再比如这一处——（课件呈现"断桥"图片）

生：（自由应答）断桥。

师：有人说，西湖看雪最佳的去处就是断桥。所以，"西湖十景"有一景就叫——"断桥残雪"。但是，孩子们，你们发现没有，张岱看雪，去断桥了吗？

生：（自由应答）没有。

师：去苏堤了吗？

生：（自由应答）没有。

师：去孤山了吗？

生：（自由应答）没有。

师：他去哪儿看雪？

生：（齐读）湖心亭。

师：（板书：湖心亭）湖心亭是西湖中央的一个小岛。关于湖心亭，张岱在他的《西湖梦寻》中，曾经写过这样一段话——

（课件呈现）

夜月登此，阒寂凄凉……人稀地僻，不可久留。

——张岱《西湖梦寻》

（阒寂：形容寂静无声。）

师：湖心亭是个什么去处啊？张岱自己说，夜月登此——

生：（齐读）阒寂凄凉。

师：人稀地僻——

生：（齐读）不可久留。

师：你对张岱去这么个地方看雪，冒出了什么问题？

生：他在这篇文章里说"人稀地僻，不可久留"，那他为什么还要去湖心亭看雪呢？

师：这肯定是个问题——

生：既然"人稀地僻，不可久留"，那他为什么去看雪呢？

师：你的问题跟她一样。还有谁也想提这个问题？

（生纷纷举手）

师：看来，它的确是一个困扰大家的问题。孩子们，让我们一起带着这个问题，跟着张岱去哪儿看雪？

生：（齐答）湖心亭。

【还原比较，激发学生的生活体验，同时制造认知冲突。

值得注意的是，教师不仅引导学生发现张岱"做什么"，更引导学生比较体会张岱"不做什么"。不仅引导学生"见"字面之"有"，还引导学生对比字面之外的"无"。提问的方式与思考的角度往往决定理解的深度。】

师：那时，"我"住在西湖。崇祯五年十二月，正是西湖最冷最冷的时候，你们看——

（课件呈现）

大雪三日，湖中人鸟声俱绝。

（生齐读此句，声音不大。）

师：雪不够大，再读——

（生齐读此句，声音加大。）

师：雪还可以再大一些，读——

（生齐读此句，声音更大。）

师：你们以为嗓门越大，雪就越大？（笑声）

师：不一定。听老师读——（范读，语气低沉）"崇祯五年十二月，余住西湖。大雪三日，湖中人鸟声俱绝。"

师：不是用嗓门，用你的心。用心去感受，用心去朗读。准备——

（生齐读，模仿老师的气声朗读此句。）

【一处朗读指导，提醒孩子们用心悟情。】

师：我知道，你们很多人去过西湖。你们去西湖，会在西湖边上听到什么声音？

生：我会听到鸟鸣声。

师：鸟儿鸣叫的声音，叽叽喳喳，热闹非凡。你还会听到什么声音？

生：我还听到了人们划船的水声。

师：人们划船，船桨发出的"哗哗"的声音，那叫一个热闹。你还会听到——

生：还会听到人们赞美西湖的赞叹声。

师：真美啊！太美啦！美极了！是吗？赞叹声此起彼伏，那叫一个热闹。但是今天，现在，你去西湖，还能听到鸟儿叽叽喳喳的鸣叫声吗？

生：（自由应答）不能。

师：你还能听到人们对西湖赞美的声音吗？

生：（自由应答）不能。

师：你还能听到船儿"哗哗"的划桨声吗？

生：（自由应答）不能。

师：因为——

生：（齐读）大雪三日，湖中人鸟声俱绝。

师：文中哪个字告诉你，所有的声音都不复存在了？

生：那个"绝"字。

师：请把"绝"字圈出来。

（生圈"绝"字）

师：一切行踪都已断绝，一切声音都已灭绝。这就是崇祯五年十二月，那个晚上的那个西湖，读——

（生齐读此句）

【又是比较还原，调动的仍然是学生的生活经验。孩子们印象里熙熙攘攘的西湖，与张岱笔下冬日雪后夜晚的西湖是如此不同。】

师：就这样，一个万籁俱寂的西湖，无声地呼唤着我向她走去——

（课件呈现）

是日更定矣，余挐一小舟，拥毳衣炉火，独往湖心亭看雪。

（生朗读此句）

师：慢慢来，慢慢读——

（生朗读此句）

师：没有人催你，也没有人跟你争。你来读——

【慢慢来，因为那个冬日的黄昏，张岱是从从容容的。】

（生朗读此句）

师：孩子们，假如你们去游西湖，你们会跟谁一起去？

生：我会跟我的父母一起去。

师：为什么？

生：因为有人陪伴就不会感到孤独。

师：没错。你会跟谁一起去？

生：我会跟我的朋友、闺蜜一起去。

师：为什么愿意跟朋友、闺蜜一起去？

生：因为可以一起欣赏风景，还可以谈笑风生。

师：既有个照应，又可以分享，多好！可是，孩子们，你们看看这个叫张岱的人，带家人了吗？

生：（自由应答）没有。

师：带朋友了吗？

生：（自由应答）没有。

师：谁都没带。哪个字告诉你，他谁都没带？

生：独。

师：请把"独"字圈出来。

（生圈"独"字）

师：张岱是独游。（板书：独游）正因为是独自一人，所以不急不躁，不争不抢，就这么从从容容地出发了，读——

（生齐读此句）

【第三处比较还原，衬托出张岱的狂放与孤寂。】

师：就这样，我不去孤山，不去苏堤，不去断桥，我独自一人前往"阒寂凄凉"的湖心亭看雪；就这样，我不带家人，不带朋友，我独自一人前往"人稀地僻"的湖心亭看雪。船儿出发了，出现在我眼前的是这样的景象——

（课件呈现）

雾凇沆砀，天与云与山与水，上下一白。

（生朗读此句）

师：船儿继续向湖心亭划去，我的眼前依然还是这样的景象——

（生朗读此句）

师：船儿离湖心亭越来越近，仿佛整个天地全都笼罩在白茫茫的冰花之中——

（生齐读此句）

师：读着读着，你有没有发现，短短的一句话当中，有一个字出现的频率特别高，这个字就是——（课件圈出："与"）几个？

生：（齐答）三个。

师：几次？

生：（齐答）三次。

师：太多了！要知道，这是文言文啊！文言文，字字精炼，惜墨如金，怎么会反反复复地使用这么一个普普通通的字眼儿呢？对此，我很不满意！于是，我马上行动！看——

（课件呈现）

雾淞沆砀，天云山水，上下一白。

（生齐读此句）

师：是不是干净多了？是不是整齐多了？我对自己的修改非常满意！同意吗？

（没人举手）

师：没人举手？不会吧？难道你们不同意？不同意的请举手。

（全班举手）

师：天呐！竟然没有一个站在我这边。凭什么？为什么不同意？

生：因为我觉得"天与云与山与水"，说明天云山水是在一块的，而"我"却是一个人，更加突出了"我"凄凉的心情。

师：孩子们，他说"天与云与山与水"，三个"与"字一加，说明天云山水是一个怎样的状态？

生："天与云与山与水"，说明它们在一块儿。

师："在一块儿"，当然是大白话。说得有文化一点，那就是——

生：融为一体。

师：厉害了！肚子里没点儿墨水，绝对想不出这个词。这个词是——

生：（齐答）融为一体。

师：我们一起看，当"与"字第一次出现的时候，仿佛天和云——

生：融为一体。

师：当"与"字第二次出现的时候，仿佛天和云和山——

生：融为一体。

师：当"与"字第三次出现的时候，仿佛天和云和山和水——

生：融为一体。

师：我们一起读，把这种"融为一体"的感觉读出来——

生：（齐读）雾淞沆砀，天与云与山与水，上下一白。

师：没有了三个"与"字，天是天、云是云、山是山、水是水，分得清清楚楚，是吧？但是，有了三个"与"字，这种清清楚楚的界线就模糊了、

251

消失了，天和云和山和水全都融为一体了，这才有"上下一白"。所以，"与"字能少吗？

生：（齐）不能少。

师：一个都不能少！还有呢，当这个"与"字一次接着一次出现的时候，不光表现出天云山水融为了一体，仿佛还在暗示我们，还有谁也跟它们融为一体了？

生：我觉得仿佛作者也跟它们融为一体了。

师：作者，这个叫张岱的人，也跟它们融为一体了。那你想一想，人与天地融为一体，天地与人融为一体。这种境界，如果用一个词来形容，那是——

生：我觉得应该是"鸦雀无声"。

师：这不是一种境界。

生：万籁俱寂。

师：也不是一种境界。人与天地成为一体，这种境界就叫——

生：天人合一。

师："天人合一"就是——

生：天地与人融为一体。

师：你是怎么知道"天人合一"这个词的？

生：我是从别的书上看来的。

师：你喜欢看书？

生：喜欢。

师：腹有诗书气自华。谢谢你的分享。孩子们，把"天人合一"这个词记下来。（板书：天人境）

【张岱的写作理论主张"练熟还生"，贵在一种避免匠气的"朴拙"与"本真"。三个"与"字的运用就是这样的"练熟还生"。三个"与"连接着不同的空间方位：上、中、下。不怕重复累赘，要铺陈就铺陈，不刻意，不回避，水天一色，人景合一的妙处都在这"与"字。

教师教学此处用的是"比较试误"法。删去"与"后，是不是更好？不

诗意语文课堂实录与品悟

同意删，是意料中的反应，接下来"为什么不同意"的追问，开启的就是学生对"与"的认知赏析。

天水一色，上下一白。天人合一，情景合一。】

师：当张岱进入天人合一的境界后，他眼前的世界竟然发生了奇妙的变化——

（课件呈现）

湖上影子，惟长堤一痕、湖心亭一点、与余舟一芥、舟中人两三粒而已。

（生朗读此句）

师：大家发现没有，在天人合一的境界中，张岱眼前的世界是变大了还是变小了？

生：变小了。

师：你从哪儿看出它变小了？

生：我从"惟长堤一痕、湖心亭一点、与余舟一芥、舟中人两三粒而已"看出来的。

师：准确一点说，你是从哪几个词当中看出来的？第一个——

生：一痕。

师：本来长堤应该是"一条"，现在却成了"一痕"，说明——

生：世界变小了。

师：第二个——

生：一点。

师：说说你的理解。

生：本来湖心亭应该是"一座"，现在变成了"一点"，说明世界变小了。

师：第三个——

生：一芥。

师：道理是一样的。第四个——

生：两三粒。

师：好极了！你不仅理解了，而且我相信，你应该会用你的声音传递你的理解——

（生朗读此句）

师：真好！就是这种感觉！世界在张岱的眼前越来越小，仿佛所有的景物都是沧海一粟。我们一起把这种感觉读出来——

（生齐读此句）

师：在天人合一的境界中，眼前的世界变得越来越小。但是，张岱的内心世界是变大了还是变小了？

生：张岱的心变大了。

师：变得越来越大了，好像跟谁一样大了？

生：和天地一样大。

师：天地是我心，我心是天地。这就是境界！于是，张岱笔下才有了这样令人惊叹的文字。看！湖上影子，惟长堤——

生：（齐读）一痕。

师：湖心亭——

生：（齐读）一点。

师：与余舟——

生：（齐读）一芥。

师：舟中人——

生：（齐读）两三粒而已。

【这一句集中体现出张岱作品的"画眼"与"戏韵"。在天地一片苍茫之际转写湖上影子，张岱用尖新峭拔的量词给西湖雪景以传神写照，好一幅寂寥空绝的水墨图！这幅画绝少人间的烟火气，给人以悠远脱俗的情味，呈现出空灵的审美情趣。"长堤一痕、湖心亭一点"的视线是由舟中向外辐射，而"余舟一芥、舟中人两三粒"则是由外面向舟中聚焦，这一虚拟的视角正是作者情感重心所在。张岱以天才之笔描绘西湖雪景的苍凉和纯净，简洁的文字之中也渗透出遗世独立的孤傲和忧郁。

执教者引导学生体会了宇宙与心灵的"大"与"小"。在宇宙的洪流中，谁不是受邀而来，谁又不是轻若尘埃。所谓"寄蜉蝣与天地，渺沧海之一粟""哀吾生之须臾，羡长江之无穷"。在永恒的天地间，俗世的纷扰烦恼早已微不足道，当世界变小，心灵的空间就放大了。】

师：这就是张岱，在崇祯五年十二月的这个晚上，去湖心亭看雪的情景——

（课件播放背景音乐，随着音乐和教师的引读，课文中相关的文字逐行浮现。）

师：我离开西湖已经整整28年了，但是，西湖没有一日不来到我的梦里。在梦里，我仿佛又一次回到了那个晚上——

生：（齐读）崇祯五年十二月，余住西湖。大雪三日，湖中人鸟声俱绝。

师：我想去西湖看雪。我不想去苏堤，不想去孤山，不想去断桥，我知道热闹是他们的。就去那个阒寂、人稀地僻的湖心亭吧——

生：（齐读）是日更定矣，余拏一小舟，拥毳衣炉火，独往湖心亭看雪。

师：没有家人陪伴，没有朋友同行。一叶小舟，静静前往。眼前只见——

生：（齐读）雾凇沆砀，天与云与山与水，上下一白。

师：船儿向着湖心亭划去，我的眼前依然还是这样的景象——

生：（齐读）雾凇沆砀，天与云与山与水，上下一白。

师：船儿离湖心亭越来越近，我沉浸在这个白茫茫的世界中——

生：（齐读）雾凇沆砀，天与云与山与水，上下一白。

师：就这样，我忘记了时间，忘记了自己，我完完全全跟天地融在了一起。眼前的世界越来越渺小、越来越朦胧——

生：（齐读）湖上影子，惟长堤一痕、湖心亭一点、与余舟一芥、舟中人两三粒而已。

【此时的课境，不临现场，不知其妙。在这个意义上说，课堂才是课例的第一文本。在这个板块的教学中，王老师用深情的引读、入境的音乐带着孩子们回读课文，刚刚读熟的句子不只在课文中更是在故事里一一呈现。诗意语文审美化的艺术气质在此表现得淋漓尽致。

西湖梦寻，陶庵梦忆。张岱曾无数次回忆他在西湖的生活，他写道："西湖无日不入吾梦中，而梦中之西湖，实未尝一日别余也。"那个西湖，是他在雪夜独往的西湖，也是他在七月半与好友月下畅饮、荷香酣眠的西湖。经得起极致的繁华，也受得住极致冷寂的，不只是西湖。

值得注意的是，教师虽在引读中补充提示这是作者离开西湖 28 年后的回忆，带领学生进入故事的情境。但课中仅呈示当时是在何等情形下赏雪的，至于如今是在何等情形下追忆的，教师完全不提及。《湖心亭看雪》一课的教学，王老师似乎刻意避开作者的生平经历，只带领学生做不着色彩之素读。至于故国破落、归隐山际，孤灯苦影，前尘似梦的感喟都藏在清逸绝伦的文字背后，是喜是悲是叹，课者都不触碰。

回看这一板块的教学，执教者多次使用比较还原的方式，引导学生深入理解课文内容，反反复复的入情朗读仍是帮助理解的重要手段。从内容的处理看，教者重心不在文章后半段的"人事"，而在前半段的天地之境。】

三、悟读——都云作者痴

师：孩子们，人家去西湖看雪，有去孤山的，有去苏堤的，有去断桥的。但是，这个叫张岱的人，偏偏要去人稀地僻、不可久留的湖心亭去看雪；人家去西湖看雪，有跟父母一起的，有跟朋友一起的，但是，这个叫张岱的人，偏偏要独自一人去湖心亭看雪；人家去西湖看雪，有喝酒聊天的，有东张西望的，但是，这个叫张岱的人，偏偏看得如此投入，如此沉醉，甚至看得忘了时间，忘了自己，完全跟天地融为一体。孩子们，这样一个人，如果用文中的一个字来形容他，你们找到的是哪个字？

生：痴。

生：痴。

生：痴。

生：痴。

生：痴。

师：请把"痴"字圈出来。（板书：都云作者痴）

（生圈出"痴"字）

师：看来，谁也不会否认，张岱就是个痴人。但是，谁也没有想到，到了湖心亭上，张岱竟然又遇到了痴人。几个？

生：两个。

师：哪里人？

生：金陵人。

师：就是现在的南京人。哎呀！痴人见痴人，大喜欢呼；痴人见痴人，强饮三大白。这番景象，甚至感动了那个舟子。你听，舟子喃喃曰——

（课件呈现）

莫说相公痴，更有痴似相公者！

（生齐读此句）

师：别说相公您痴，没想到还有跟您一样痴的人啊！想想也是，张岱看雪，选了个人稀地僻、不可久留的湖心亭，痴不痴？

生：（自由应答）痴。

师：两个金陵人呢，选的也是湖心亭，痴不痴？

生：（自由应答）痴。

师：这是从看雪的地点上来说。那么，看雪的时间呢？张岱什么时候去看雪？

生：晚上。

师：痴不痴？

生：痴。

师：两个金陵人呢，什么时候去看雪？

生：晚上。

师：痴不痴？

生：痴。

257

师：无论是看雪的时间还是看雪的地点，他们的确都是痴人。但是，孩子们，张岱的"痴"和金陵人的"痴"真的完全一样吗？

【"莫道君行早，更有早行人。"张岱在冬夜"独往湖心亭看雪"，不料有人先他而至。这意外之笔写出了作者的惊喜，使得前文的"独"字有了依傍，但作者并不说自己惊喜，却反客为主，"湖中焉得更有此人！"这一惊叹虽发之于二客，实为他们共同的心声。

同样是"痴"，不难发现，执教者心思的细密在于仍要区别张岱之"痴"与"金陵人"之痴的不同。散文的教学重心一定不在语言文字运用，而在透过文字感受作者丰富充盈、细腻独特的精神世界。以下练习设计，意当在此。】

（生思考并完成课堂练习第一题）

联系课文内容和张岱生平，你觉得张岱的"痴"与金陵人的"痴"有什么不同？请从下列词语中选择合适的词语填在（　　　）。

一心一意　　超凡脱俗　　一往情深　　孤傲不群　　全神贯注

1. 张岱没带家人、没带朋友，独自一人去湖心亭看雪；而金陵人却是有朋友相伴、有童子伺候。由此可见，张岱的痴是（　　　）的。

2. 张岱看雪没有带酒，他完全跟雪景融为一体；而金陵人看雪却带了酒，他们一边喝酒聊天，一边随意看雪。由此可见，张岱的痴是（　　　）的。

3. 张岱一生有20多年住在西湖，西湖就是他的第二故乡；金陵人来西湖只是做客，游玩后就回南京。由此可见，张岱的痴是（　　　）的。

师：好！把笔都放下。我想，经过思考和练习，你们应该能发现，张岱的"痴"和金陵人的"痴"有不同之处。比如，第一点——

生：（朗读课堂练习第一题第一点）张岱没带家人、没带朋友，独自一人去湖心亭看雪；而金陵人却是有朋友相伴、有童子伺候。由此可见，张岱的痴是孤傲不群的。

师：孤傲不群。说得好！再比如，第二点——

生：（朗读课堂练习第一题第二点）张岱看雪没有带酒，他完全跟雪景融为一体；而金陵人看雪却带了酒，他们一边喝酒聊天，一边随意看雪。由此可见，张岱的痴是一心一意的。

师：一心一意。的确如此。还比如，第三点——

生：张岱一生有 20 多年住在西湖，西湖就是他的第二故乡；金陵人来西湖只是做客，游玩后就回南京。由此可见，张岱的痴是一往情深的。

师：好一个"一往情深"！看来，张岱的"痴"和金陵的"痴"确有许多不同之处。

【显然，执教者以设计练习的方式为学生理解文意做出了"把手"与"扶梯"。

"一往情深"是张岱在诗文中经常使用的词汇。有人说，从情感方式来看，张岱非常接近魏晋名士，对美有一种敏锐的感受和深刻的体验。他的文字是一颗饱经忧患而不失童真的赤子之心的性灵独白，那深刻的欢乐和悲哀通过白描式的文字震撼了后世读者的心灵，使他们荡气回肠，歌哭无端。

从教学设计看，干老师巧妙地处理了作者与金陵人会面的情形，比起前面教学的铺陈渲染，这里就是一笔带过。结尾短促，不纠缠，简短干净。】

四、练读——谁解其中情

师：孩子们，当你明白了这些，你想一想，当那个舟子喃喃曰："莫说相公痴，更有痴似相公者！"这个叫张岱的人又会怎么回答舟子呢？

（生思考并完成课堂练习第二题）

当舟子说"更有痴似相公者"时，张岱可能会怎么回答舟子呢？请展开想象，写几句话。如果有兴趣，可以模仿文言文的语气来写。

舟子啊舟子！＿＿＿＿＿＿＿＿＿＿＿＿＿＿＿＿＿＿＿＿＿＿＿

师：（巡视，选择 6 位学生的练习，打上"★"）孩子们，把笔都放下！不管你有没有写完，也不管你写多写少，这些都不重要。最重要的是，在你提笔的那个瞬间，你能马上意识到，你不再是你，你是谁？

生：（齐答）张岱。

师：张岱。请所有打了星号的"张岱"起立！我们一起来听一听张岱的心里话。这位张岱，先请说——

生：（朗读写话）舟子啊舟子，汝乃无知，竟不知西湖为吾第二故乡。吾来此地，一为探访回忆故乡，二为对这茫茫白雪诉说沧桑、孤独、凄凉。吾不携酒，来此只为看雪，别无他意。而金陵人只为闲谈与游玩，不为真正观雪者也。（掌声）

师：明白了，你哪是看雪，你是看自己的精神家园啊！有请下一位张岱——

生：（朗读写话）舟子啊舟子，莫说余痴，不同于金陵人。余爱西湖，爱得孤傲不群，全神贯注，一往情深！余非等闲之辈，早已出世，独喜茫茫白雪。

师：雪后的世界，冰清玉洁，上下一白，不正是你向往的心灵境界吗？张岱，请继续——

生：（朗读写话）舟子啊舟子，雾凇沆砀，天与云与山与水，上下一白。如此美景，乃天下奇观也，汝能不痴吗？（掌声）

师：天地有大美而不言，可惜啊，真正能欣赏的又有几人？下一位——

生：（朗读写话）舟子啊舟子，莫说余痴，余只是钟情这山水；舟子啊舟子，余只是对这西湖一往情深；舟子啊舟子，余只是怀念这故国啊；舟子啊舟子，余只是可怜这大好河山落入奸臣之手；舟子啊舟子，余只是不想与那些奸臣同流合污；舟子啊舟子，余只是对这山水重情重义！（掌声）

师：这是一位性情中人的真诚表白！无论你懂或不懂，无论你爱或不爱，你必须为他的深情再次鼓掌！（掌声）

师：这位张岱，轮到你深情表白了——

生：（朗读写话）舟子啊舟子，汝不知吾也。古人云：海内存知己，天涯若比邻。吾往湖心亭看雪，金陵人亦往；吾痴，金陵人亦痴。此乃知己也！（掌声）

师：是呀，人生得一知己足矣，又岂在朝朝暮暮？有请最后一位张岱——

生：（朗读写话）舟子啊舟子，别人不知我心中想法，西湖乃是我第二故乡。我在西湖已住20多年，与你们大为不同，我的痴是一往情深的。

【入境读写。写多写少，甚至写好写坏都不重要，重要的是当孩子们提起笔，他们已然化身张岱，进入了那个空绝孤寂的审美世界。】

师：所不同者，西湖于他们只是一道风景，西湖于我则是一片永难忘怀的故园啊！孩子们，看来你们是真懂张岱啊！如果张岱在天有灵，一定会为遇见三百多年以后的你们而感到深深的欣慰。但是，我还有最后一个问题要问问大家。既然你们这么懂张岱，可以说个个都是张岱跨越百年的知己，那么，刚才所写所说的这么多的心里话，他真的会对那个划船的舟子说吗？

生：（自由应答）不会说。

师：为什么？

生：因为那个时候太黑暗了，没有人能懂他。

生：因为张岱本来就是个孤傲不群的人。

师：他有心里话，但是无处讲。也许，他只想把自己的心里话说给这样的西湖听——

（课件呈现）

大雪三日，湖中人鸟声俱绝。

（生齐读此句）

师：也许，他会把自己的心里话说给这样的山水听——

（课件呈现）

雾凇沆砀，天与云与山与水，上下一白。

（生齐读此句）

师：也许，他会把自己的心里话说给这样的天地听——

（课件呈现）

261

湖上影子，惟长堤一痕、湖心亭一点、与余舟一芥、舟中人两三粒而已。

（生齐读此句）

【结尾从人事又回到天地。回到上课之初就遇到的这带"一"的句子，句中那个西湖，上下一白，绝世而独立。】

师：那个社会，那个世道，又有谁能真正懂得张岱的情呢？（板书：谁解其中情）

师：就这样，三百多年前，这个叫张岱的痴人，把那天晚上那个西湖的那份大美，化作了这样一篇绝世美文！

（生齐读全文）

师：（指着板书）这正是，看雪——

生：（齐读）湖心亭。

师：独游——

生：（齐读）天人境。

师：都云——

生：（齐读）作者痴。

师：谁解——

生：（齐读）其中情。

师：（课件播放背景音乐，呈现手书课文，深情范读全文）下课！

（掌声）

（最后形成如下板书）

> 看雪湖心亭
>
> 独游天人境
>
> 都云作者痴
>
> 谁解其中情

【课堂在教师的全文朗读中结束。余音袅袅，掌声不息。

回看全课，执教者致力开启学生的审美想象，文言知识处理巧妙，情感拿捏有度。陈寅恪在《论再生缘》中写道："故无自由之思想，则无优美之文学。"张岱的作品是如此，王崧舟老师的教学亦如此。

张岱的创作讲求"冰雪之气"，这"冰雪之气"与徐渭的"本色"、李贽的"童心"一脉相承，指向同一个精神实体，即一段纯任自然活泼自由的生机。而王老师的教学在本课中也呈现出一种紧贴文本、放逐功用的审美自由，与《慈母情深》一课"语文意识"的提出相对应，诗意语文的探索经历了"否定之否定"的确证，走向更开阔的澄明。

有人说，张岱是小品文集大成者。他的散文结束了一个时代，又开启了一个时代。我也认为此课集中展示的审美追求，是诗意语文的一种总结，又是一种开启。】

打开文言背后的精神世界

学文言的价值定位，应该落在文化渗透、文化启蒙上。要唤醒学生的文化自觉，就不能囿于文言本身，需要透过文言，引导学生看见背后的精神世界。触摸文言，就是触摸文化之魂。

一、在诵读中启动精神之旅

文言文教学的基本策略就是诵读。瞿蜕园、周紫宜在其合著的《文言浅说》中也将诵读作为学文言的第一重要步骤，他们认为："诵读起来，如果符合文章的气脉和情调，那就是能体会到文章的深处。如果诵读起来，应该停顿的没有停顿，应该奔放的没有奔放，应该分高低声调的没有分，那将说明文章自文章，读者自读者，根本还不能理解，又怎么能从中吸收其优点供自己运用呢？"

但是，文言诵读，不只是一个声音节奏的问题，同时更是一个涵泳体察的过程。比如，"湖上影子，惟长堤一痕、湖心亭一点、与余舟一芥、舟中人两三粒而已"这一处的教学，我先请学生通读，然后追问：读着这些量词是否觉得奇怪，究竟怪在哪儿？接着，采取对话形式引导学生感受量词的陌生化：

一般来说，长堤不说"一痕"，说成——"一条"；湖心亭不说"一点"，说成——"一座"；余舟不说"一芥"，说成——"一艘"；舟中人不说"两三粒"，说成——"两三个"。

这不是简单的读通，而是读出量词不寻常的用法，在新旧经验的冲突中，引发学生对陌生化文言所蕴含的精神产生阅读期待和情感冲动。在后续学习中，学生因了之前的铺垫，就能较好地品味出苍茫天地、融为一体的境界，并进一步体认到天人合一境界中，万物皆不过是沧海一粟。

二、在咀嚼中打开精神之窗

读文言，"言"的教学不容忽视，但日常教学中，我们仅仅从"言"的知识进行串讲。这样的串讲，虽能起到疏通文义的目的，但往往导致学生在浅层意思上走马观花，对文言所承载的精神意蕴不甚了了。

孙绍振先生在《名作细读》中指出："语文老师一定要讲出学生感觉到又说不出来，或者以为是一望而知，其实是一无所知的东西来。"譬如，"绝"字的咀嚼，我先让学生联系已有的生活经验，想象平时的西湖之上会有什么声音；再回到文本，可此时的情景却是——湖中人鸟声俱绝。一经对比，就更能体会此时"千山鸟飞绝"之境。而咀嚼了"绝"的空灵之境，就为学生体悟"独"的精神内涵提供了背景。我引导学生通过还原比较，认识到"独"不仅指人数上的独一无二，更折射出精神上的特立独行。

再如，连用三个"与"字的咀嚼。经过一删一比之后，学生很快发现，"天与云与山与水"因连用三个"与"字，呈现出一种天地苍茫、融为一体的空灵之境。而在这样的空灵之境中，作者的心境也迅速被学生触摸到了。天地如此渺茫，万物如此渺小；世界如此空灵，万物如此空幻。如此，学生对作者精心选用的陌生化量词，产生一种敞亮的体认，而不仅仅是一种空泛的词义对比。

如果，"言"是意义之浪，那么，"文"就是意义之海。"言浪"起于"文海"，又终将融于"文海"。这就要求我们，对"言"的教学，必须基于"文"的背景，并融入"文"的语境之中。也只有如此，学生才能根据文境对"言"做出准确妥帖的解读。

三、在想象中融入精神之境

理解文言的秘诀，乃是理解"人与文言"的关系。也只有在"人与文言"的关系中，才能更好地理解文言本身。正如孟子所言："颂其诗，读其书，不知其人，可乎？是以论其世也。"

文章结尾，舟子喃喃曰："莫说相公痴，更有痴似相公者！"貌似舟子自言自语，但是，立足文本整体语境，尤其是站在张岱这个人物性格上审视，我们就不难发现，作者正是借他人之酒杯，浇自家之块垒。

这就需要引导学生深入人物的精神世界，去发现金陵人之痴与张岱之痴的异同点。一方面，两者选择相同时间、相同地点看雪，足见他们同为清高雅致、卓尔不群之人；另一方面，两者在"痴"的深度、高度与专注度上，毕竟还有差异。而这样的差异，实质就是精神境界的差异。

对此，我引导学生结合张岱生平，从理性和诗性两个层面上展开解读。首先，为学生提供"选词填空"的认知支架，启发学生从独游与众游、长游与短游、专游与散游的角度，解读两者在"痴"上的差异。然后，创设一个与舟子对话的情境，引导学生置身其中，想象自己作为张岱，会如何回应舟子的感慨。从学生想象写话的质量和内涵看，他们显然已经较好地抵达了作者的精神世界，与之同声相应、同气相求。最后，通过追问"这些话张岱真的会对舟子说吗"，引导学生进一步体悟张岱孤高清绝的精神气质，从而将张岱的精神世界又一次融入天地之境。以此，由"言文合一"进入"天人合一"的审美境界。

总之，唯有打开文言背后的精神世界，引导学生看见文言背后那个高贵的灵魂，才能将文化渗透、文化启蒙真正落到实处。

第八编

『月』之境

——《记承天寺夜游》课堂实录与品悟

当有一课　朗朗如月

中国人那根极轻妙、极高雅而又极为敏感的心弦，每每被温润晶莹、流光迷离的月色轻轻拨响。一切的烦恼郁闷，一切的欢欣愉快，一切的人世忧患，一切的生死别离，仿佛往往是被月亮无端地招惹出来的，而人们种种飘渺幽约的心境，不但能够假月相证，而且能够在温婉宜人的月世界中有响斯应。

——潘知常《众妙之门》

《记承天寺夜游》一课，是王崧舟老师文言四课之"月"。没有一个物象能像月这般独得中国文人的喜爱，也没有一个意象能像月这般折射出中国文化的温润与光彩。

《记承天寺夜游》是写月的妙品。全文仅80余字，但意境超然，韵味隽永。北宋的古文运动虽由欧阳修发起，却完成于苏轼。他反对的"浮巧轻媚，丛错彩绣"的骈体文和当时"怪僻而不可读"的时文，提出了"自出新意，不践古人"的主张。他的散文上承唐代古文余绪，下启明清小品先河。其最可爱者往往为小品，而《记承天寺夜游》当属其冠。文章写于1083年，其时，苏轼被贬黄州。

苏轼在黄州一度陷入了人生的低谷，他写道："得罪以来，深自闭塞，扁舟草履，放浪山水间，与樵渔杂处，往往为醉人所推骂，辄自喜渐不为人识。平生亲友，无一字见及，有书与之亦不答，自幸庶几免矣。"就是在这惊魂不定、潦倒失意之时，他在无言的山水前，在佛道的智慧中审视自己的内心，完成了精神的突围。苏东坡的可爱或者伟大不仅仅在于他"是个秉性难改的乐天派"，在巨大的变故面前仍能豁达开朗，而是在"以佛治心""以道治身"之后仍能以天下为己任，继续以儒治世。他是真的看清了这个世界，仍然爱它。林语堂称东坡是"世间不可无一，难得有二"之人。他投入地生活在每个瞬间，每个当下，时时适明月清风，便不羡长江之无穷。

余秋雨在《苏东坡突围》一文中认为苏轼在黄州走向成熟。这种成熟"是一种明亮而不刺眼的光辉，一种圆润而不腻耳的音响，一种不再需要对别人察言观色的从容，一种终于停止向周围申诉求告的大气，一种不理会哄闹的微笑，一种洗刷了偏激的淡漠，一种无须声张的厚实，一种并不陡峭的高度"。诚如斯言。

可惜，北宋积贫积弱的局势逐渐形成，统治阶级内部政局反复多变，党争此起彼伏，再度回到朝堂的苏轼因其正直求实、"一肚子不合时宜"的态度再度被贬，一生道路坎坷。好在苏轼在精神的家园里早已归去，也无风雨也无晴。苏轼宁愿做一个"闲人"。他在一首词中唱道："几时归去，作个闲人。对一张琴，一壶酒，一溪云。"显然，这种"闲"有艺术的精神。苏轼能"闲世人之所忙"于是能"忙世人之所闲"，他要做一位忙着与天地、自然、自己对话的"闲人"。苏轼的"闲"，蕴含着诗情般的审美经验，也有孩子般调皮的天真；蕴含着面对挫折释然开怀的豁达，也有冷峻而深刻的哲思，甚至自我揶揄调侃的幽默。王老师在教学此课时，正是在"闲人"上用力，对"闲人"的理解既是教学目标，又是教学线索，让学生借由这则文言短篇触摸一种人生的境界。"何夜无月？何处无竹柏？但少闲人如吾两人者耳。"当清风绕指，明月入怀，这一声穿越时空的慨叹含多少意味呢？

王老师懂苏轼，懂苏轼之月，甚至我相信苏轼就是王老师心中的朗朗明月。忽然想到将王老师与苏轼做些比较，应该有趣。江弱水以"博弈"论诗文，认为苏轼是靠"博"取胜，而不善"弈"，即他是掷骰子似的天才，诗文书画无不出手就是好。他的诗文自然如流水，并不精心布局，也不善于精心布局，《记承天寺夜游》虽小小篇什，婉曲有致，却属于日记式写作，如

269

行云流水，随物赋形，行于所当行，止于所当止而已。王崧舟老师同样天赋过人，诗文书画俱佳，当然，他最好的艺术品是他的课。王老师的作品不胜在"博"的豪气，他的课大多精心布局，精巧如弈，在他的教学设计中我们常常看到类似文章中修辞的使用，比如"排比""互文""突转""悬念"。但这一课的好绝不在设计或者艺术，而是课心、文心的和谐呼应。是同样儒释道兼具的王老师在千年之后对苏轼的一种默契致意，一种颔首微笑。

与 2011 年《望月》一课相比，我们似乎可以舒一口气。面对《记承天寺夜游》这样的经典，教者不必纠结语文的某种工具性、实用性，只需在审美及文化上用力就够了。从历史的进程看，现代语文教育进程也同样是一步步走向实用化，然后再由实用化向文化回归的。当然，这一过程绝不是直线往返的过程，而是无时无刻不充满着曲折的迂回、矛盾与斗争。

放下纠结，打开此课，我们仿佛看到苏轼与怀民信步庭中，闲游漫语。合上它，元丰六年十月十二日黄州承天寺上空那轮澄澈明净的月仿佛仍照在我们身上似的。

该有一课，朗朗如月。

‖ 课文呈现 ‖

《记承天寺夜游》

　　元丰六年十月十二日夜，解衣欲睡，月色入户，欣然起行。念无与为乐者，遂至承天寺寻张怀民。怀民亦未寝，相与步于中庭。庭下如积水空明，水中藻、荇（xìng）交横（héng），盖竹柏影也。何夜无月？何处无竹柏？但少闲人如吾两人者耳。①

——————————

① 注：本课选自人教版义务教育课程标准实验教科书《初中语文》八年级下册第27课。作者苏轼。

月色空明　闲人如是

一、序曲："月"与心境相关

（课件呈现苏轼图片）

师：请看大屏幕，谁——

生：（自由应答）苏轼。

师：知道这个人的请举手。

（生纷纷举手）

（课件呈现）

3000 多首诗词

写到月的就有 570 多首

心境

师：北宋大文豪，一生写了 3000 多首诗词。这当中，写到月的就有 570 多首。而且你会发现，苏轼写"月"往往跟什么连在一起？

生：（自由应答）心境。

师：请把"心境"这个词，写到课文题目的边上。

（生按要求写字，师板书：心境。）

师：记住这个词儿——心境。我们一起来看看苏轼写"月"的一些词，怎么跟心境连在一起。

（课件呈现）

人有悲欢离合，月有阴晴圆缺，此事古难全。

——［宋］苏轼《水调歌头·明月几时有》

师：《水调歌头》，谁来读一读？

生：（朗读）人有悲欢离合，月有阴晴圆缺，此事古难全。

师：有味道，我们一起来读。

生：（齐读）人有悲欢离合，月有阴晴圆缺，此事古难全。

师：真好！大家发现没有，在苏轼的词中，他认为人和月之间有一点是相似的，哪一点呢？

生：人和月都是有缺点的，人的缺点是悲欢离合，各种情绪都有；月的缺点是阴晴圆缺，各种形态都有。

师：他有自己的发现。但不能说缺点，可以说——

生：特点。

师：没错，真好。在苏轼看来，人的悲欢离合就像是——

生：月的阴晴圆缺。

师：他懂了，你们懂了吧？

生：（纷纷点头）懂了。

师：因为月的阴晴圆缺是自然而然的事。所以，苏轼真正想说的是，人啊，对待自己的悲欢离合，应该像对待月的阴晴圆缺一样，顺其——

生：（自由接答）自然。

师：正是通过月，苏轼在这里表达了一种非常豁达的心境。

【公元 1076 年，苏轼在中秋之夜思念弟弟苏辙，把酒问月，写下了《水调歌头·明月几时有》。明月给了诗人想象和思考，诗人将人生的悲欢纳入对宇宙哲理的追寻中——月之阴晴圆缺如人之悲欢离合。此句像苏轼一生际遇的暗示，又是苏轼豁达心境的写照。

带学生朗读这句耳熟能详的词，不仅能帮助学生理解月之于苏轼的意

义，更为理解苏轼逆旅中的人生态度做了铺垫。】

我们继续看——

（课件呈现）

料得年年肠断处，明月夜，短松冈。

——［宋］苏轼《江城子·乙卯正月二十日夜记梦》

师：《江城子》，谁来读？

生：（声情并茂地）料得年年肠断处，明月夜，短松冈。

师：小戏骨啊，读得太好了！哪个词读得特别棒？

生：肠断。

师：啥叫肠断？极度悲伤。孩子们，你们有过悲伤的时候吧？

生：（纷纷点头）有过。

师：人有悲欢离合嘛，来，把这种悲伤的感受带进去。我们再来读一读《江城子》——

生：（有感情地）料得年年肠断处，明月夜，短松冈。

师：其实，这首词是苏轼悼念自己妻子的。妻子去世已经整整十年了，他努力地不去想她，但是他做不到啊，特别是在什么时候？

生：特别是在月亮最圆的时候。

师：没错。月亮最圆的时候，正是苏轼最肠断的时候。在这里，你会发现月亮成了他对妻子哀思的一种寄托。

【公元 1075 年正月二十日夜，苏轼梦见自己故去十年的妻子正在梳妆，梦中相顾无言，泪两行。梦醒之后，怅然慨叹，将自己无限的哀思寄寓笔端，写下这首《江城子·乙卯正月二十日夜记梦》。十年生死两茫茫，不思量、自难忘，此时明月如霜，鬓亦如霜。】

继续看——

（课件呈现）

夜阑风静欲归时，惟有一江明月碧琉璃。

——［宋］苏轼《虞美人·有美堂赠述古》

师：《虞美人》，谁来读一读？

生：（朗读）夜阑风静欲归时，惟有一江明月碧琉璃（生误读成"琉梳"）。

师：最后一个词——碧琉璃。来，再读一读。

生：（朗读）夜阑风静欲归时，惟有一江明月碧琉璃（生误读成"蓝璃"）。

（部分学生笑了起来）

师：不紧张，是"碧琉璃"。他已经很努力了，因为他没见过琉璃，读错很正常。碧琉璃，来，一起读。

生：（齐读）碧琉璃。

师：你也跟着读。

生：（正音读）碧琉璃。

师：你带着大家一起读。

生：（正确地）夜阑风静欲归时，惟有一江明月碧琉璃。

师：这就是学习！学习不怕犯错，不断地挑战错误，改正错误，这叫进步。真好！我们一起再读——

生：（齐读）夜阑风静欲归时，惟有一江明月碧琉璃。

【学生读错生字，教师正音。学生再错，已明显紧张，教师先予以安慰："因为他没见过琉璃。"学生两次读错后已不敢再读，教师让全班一起读，再让该生跟着大家一起读，最后让他带着大家读。当他终于自信地读对了，教师表扬并总结："这就是学习！学习不怕犯错，不断地挑战错误，改正错误，这叫进步。真好！"

"教科书"般的纠错片段，课者循循善诱的背后是对学生深深的尊重、宽容、理解。】

师：真好！这首词是苏轼送给他的好友陈述古的。在苏轼看来，他跟好友之间的感情就像是倒映在江中的那一轮——

生：（齐答）明月。

师：这是一轮怎样的明月？

275

生：纯洁。

生：明亮。

生：晶莹剔透。

师：就像碧琉璃一样。苏轼正是借这样一轮倒映在江中的明月，来表达自己跟朋友之间的情谊，纯洁，干净。来，我们一起读——

生：（齐读）夜阑风静欲归时，惟有一江明月碧琉璃。

【公元 1074 年秋，苏轼的朋友陈述古将调往河南任职，行前设宴于杭州吴山有美堂。席间，苏轼创作《虞美人·有美堂赠述古》。这首离别之词虽有"使君能得几回来"的感怀，但词境并不沉重。当夜阑风静，一切都消散而去，唯有秋月如镜，秋水如碧，给人以空灵澄澈之韵。】

师：（课件出示：570 多首，五分之一）孩子们，像这样写明月的诗和词，可不仅仅是这三首。苏轼一共写了多少首？

生：（齐答）570 多首。

师：占了他全部诗词作品的几分之几？

生：（齐答）五分之一。

师：说明什么？

生：说明苏轼非常喜欢写月亮，而且非常擅长写月亮。

师：没错。第一，非常喜欢；第二，非常擅长。概括得非常好！既然他非常喜欢月亮，又非常擅长写月亮，那么，孩子们，当苏轼因为莫须有的罪名被贬到黄州的时候，他会不会继续借月亮来抒写自己的心境呢？打开课文，自由朗读《记承天寺夜游》，注意读准字音，读通句子，难读的地方多读几遍。

（生自由朗读课文，但大部分读得节奏雷同。）

【开课之初，王老师引入苏轼的三句词帮助学生发现苏轼笔下明月与心境的关系，是拓展，也是铺垫。三首词分别是写给弟弟、妻子、朋友的。与手足不能团圆之时，月是陪伴；与妻子天人永隔之时，月是慰藉；与朋友江头送别之际，月是见证。苏轼将自己的心绪寄予明月，明月也启示着苏轼的哲思与了悟。苏轼一生漂泊辗转，而明月如故人相随相伴。

这个板块的教学显然不是常规的课堂导入，而是学习的内容之一，像是引子，或者序曲。】

二、整体感知："文理自然，姿态横生"的小品之妙

师：文章很短，一个自然段，80多个字。但是，越是短小的文章，越不能小看它。比如，这篇文章里的四字词语，就值得我们细细读一读——

（课件呈现：何夜无月　但少闲人）

师：谁来读——

生：何夜无月　但少闲人。

师：带着大家一起读。

生：（齐读）何夜无月　但少闲人。

（课件中"但"字加着重号）

师：这里有个"但"，问问大家，是不是"但是"的意思？

生：我觉得不是，应该是"只是"的意思。

师：你看过注释？

生：没有。因为我联系的是文章内容。

师：你联系了内容，竟然判断出它是"只是"的意思。好厉害！其实，我们查注释也能发现，这里的"但"不是"但是"，是"只是"。继续看——

（课件呈现：月色入户　欣然起行）

师：谁来读一读——

生：（有韵味地读）月色入户　欣然起行。

师：读得有味道，这叫老到。来，带着大家一起读。

生：（齐读）月色入户　欣然起行。

师：真好。这里边有一个字，很普通的一个字。想问问各位，你怎么理解？

（课件呈现："月色入户"的"入"字加着重号）

生：我觉得这个"入"应该是"照入"的意思。

师：有道理。这是他的说法，一家之言，有没有第二家？

生：我觉得应该是"洒入"。

师：月光"洒入"，也有道理。有没有第三家？

生：我觉得"入"应该是"透入"。

师："透入"这个词一般人想不到，很好。"照入、洒入、透入"三种了，三家之说。但是这三家只能归为一类，月色就是纯粹的月色，月光就是自然的月光。有没有第二类说法？

（生陆陆续续举手）

师：女生举手了，女士优先。

生：我觉得这个"入"有"进入"的意思。

师："进入"，这是另一类说法。前三种说法是一类，月亮只是月亮，照入、透入、洒入。在她看来，月亮不仅仅是月亮，所以是"进入"。哪个读起来会更有味道呢？我们不忙着下结论，等会儿继续琢磨。

【记住这"入"字，"等会儿继续琢磨"。】

（课件呈现：无与为乐　步于中庭）

师：谁来读？

生：（朗读）无与为乐　步于中庭。

师：带着大家一起读。

生：（齐读）无与为乐　步于中庭。

（课件呈现："欣然起行"的"行"与"步于中庭"的"步"加着重号）

师：这两个字都有"走路"的意思。但是，有差别。给"行"组个词语——

生：行走。

师：给"步"组个词语——

生：散步。

师：这样看来，"行"和"步"，哪个显得更从容、更随意？

生："步"更从容、更随意。

（课件呈现：积水空明　藻荇交横）

师：看最后一组四字词语。比较难，生字特别多，谁敢读？

生：（朗读）积水空明　藻荇交横。

师：读得字正腔圆。大家一起读。

生：（齐读）积水空明　藻荇交横。

师：重要的词语读三遍，再来。

生：（齐读）积水空明　藻荇交横。

师：真好！这里有一个词语，你们应该是第一次接触。

（课件呈现："积水空明"的"空明"加着重号）

师：读。

生：（齐读）空明。

师：再读。

生：（齐读）空明。

师：第一次接触吧？什么意思？

生：就是水很清澈。

师：水很清澈。你一定看了注释，对吧？

（生点头）

师：谁能为"空明"找一个近义词？

生：澄澈。

师：非常好，第二个——

生：灵明。

师：这个词儿很少见的，你是怎么知道这个词儿的？

生：我觉得因为它跟"空明"有一字相近，我就觉得它们俩的关系很像，意思也很相近，所以我就觉得是这个词。

师：读过一些书，肚里有点儿墨水了。好！第三个——

生：我觉得也可以用"明澈"。

师：很好！第四个——

生：晶莹。

师："晶莹剔透"的那个"晶莹"，是吧？可以啊！有第五个吗？

生：空灵。

师：空灵，空明。好极了！不找了，这些近义词，可以帮助我们更好地理解"空明"这个词的味道。好！咱们把它们连起来读一读。注意！读准字音，读出节奏。

（课件呈现）

何夜无月　但少闲人

月色入户　欣然起行

无与为乐　步于中庭

积水空明　藻荇交横

（生按节奏齐读上述四字词语）

【"空明"一词有道家意味，难讲解，也不容易理解。此处，王老师设计让学生找近义词，学生通过词语表面的意思去拓展寻找相近的词语，寻找的过程就是理解的过程。】

师：但是，孩子们，你们有没有发现，课文是不是按照这些词语的排列顺序一步一步写下来的？

生：（直摇头）不是。

师：打开作业纸，思考并完成课堂练习的第一大题。按照这篇课文的写作顺序，你觉得这几组词语应该如何重新排序？用横线把它们一一对应起来。

（课件呈现下列内容，生默读并完成练习。）

起（起因）　　何夜无月　但少闲人

承（过程）　　月色入户　欣然起行

转（转折）　　无与为乐　步于中庭

合（议论）　　积水空明　藻荇交横

（生自由完成练习）

师：（巡视）我请一位同学来分享一下他的思考，好吗？如果我没看错

280

的话，你是第一个完成的，把这个机会给你。我问你答，不着急。

师：按照这篇课文的顺序，你觉得排在第一的应该是哪一组词语？

生：我觉得应该是"月色入户 欣然起行"。

师：同意的举手。

（全班举手）

师：好的，都同意，继续。第二呢？

生：第二是"无与为乐 步于中庭"。

师：好，继续。

生：第三个是"积水空明 藻荇交横"。

师：同意的举手。

（全班举手）

师：但是，这里我有个问题，为什么写到"积水空明，水中藻、荇交横"的时候就成了文章的转折呢？

生：后面是他的结论，前面是他描写的景物，所以此处是文章的转折。

师：你从后面倒回来看，后面写的是议论，前面写的是景色，所以你认为是转折，是吗？（生点头）她的思维是逆向的，有没有顺向的，往前面也可以看出来？

生：我觉得他前面写的是他自己，后面又开始写积水，我觉得这是一个转折。

师：为什么呢？

生：写的东西不一样。

师：前面写的是谁？

生：前面写的是作者和张怀民。

师：在干吗？

生：在散步。

师：散步是一件事情还是一种景色啊？

生：是一件事情。

师：那么到这里呢？

生：到这里又开始写景色了。

师：前面写事情后面写景色，这就叫——

生：转折。

师：真好！明白了吧？前面写景物，后面写议论，这也是转折。所以，无论往前看还是往后看，这个地方都是一种转折。

师：好极了！（把话筒递给原来一生）他任务还没完成好，继续。

生：第四个就是"何夜无月　但少闲人"。

师：这个已经毫无悬念了，都一样吧？

（生点头）

（课件呈现）

师：全对的举手。有错的，马上改过来。

（部分学生纠正修改）

师：孩子们，一起看大屏幕。出现在你们眼前的，是这篇文章的一个大秘密。

（生仔细看着大屏幕上的内容）

师：我刚才说，这篇文章很短，一个自然段，80多个字。但是，正应了这样一句俗话：麻雀虽小——

生：（自由接答）五脏俱全。

师：这么短的文章，有起因，有过程，有转折，有议论，可谓环环相扣，波澜起伏。文章这样写，读起来才有节奏和味道。请一位同学来读一读这篇文章，我们一起来感受感受文章的起承转合。

生：（朗读）《记承天寺夜游》。苏轼。元丰六年十月十二日夜，解衣欲睡，月色入户，欣然起行。

师：看，因为月色入户，所以——

生：（自由接答）欣然起行。

师：这就是文章的——

生：（自由接答）起。

师：继续——

生：（朗读）念无与为乐者，遂至承天寺寻张怀民。怀民亦未寝，相与步于中庭。

师：（插话）看，一开始是念，接着是寻，最后是步。从念到寻，从寻到步，环环相扣，步步相连。这就是文章的——

生：（自由接答）承。

师：继续——

生：（朗读）庭下如积水空明，水中藻、荇交横，盖竹柏影也。

师：刚才我们已经讨论过，前面一直写事情，到这儿不再写事，因为继续写事就没有变化、没有节奏了。这儿开始写景，于是，这就成了文章的——

生：（自由接答）转。

师：继续——

生：（朗读）何夜无月？何处无竹柏？但少闲人如吾两人者耳。

师：文章到此戛然而止。既是议论，也是抒情，这就是文章的——

生：（自由接答）合。

师：起承转合，环环相扣；风生水起，富有节奏。这样的文章，读起来才有味道。我们一起再来好好地读一读，感受感受节奏的变化。

（师生合作朗读全文）

【利用四字词语，既进行字词教学，又完成文脉梳理，一举两得。

苏轼的散文代表了北宋古文运动的最高成就，有"苏文如海"之称。苏轼在《答谢民师书》中谈到自己的创作："大略如行云流水，初无定质，但常行于所当行，常止于不可不止，文理自然，姿态横生。"这篇记游小品《记承天寺夜游》正是如此，短短80多个字刻画出一个清冷皎洁的艺术世

界。全文记事、写景、抒情、议论一气呵成，自然如行云流水，又曲折有致、富有意趣。】

三、品读赏析：走进一片月色如水

师：在这篇不足百字的文章里，苏轼称自己是什么人？

生：（齐答）闲人。

师：把"闲人"这个词圈出来。（生圈：闲人，师板书：闲人）

师：什么样的人叫"闲人"？默读课文，静静地思考：文章的什么地方、什么细节，让你感受到闲人特有的一种心境。你可以在这些地方圈一圈、画一画。如果你觉得有必要，还可以在旁边写上批注。一个词、一句话，都在提醒自己，我的思考落地了。

（生自由圈画、批注。）

师：（巡视）围绕"闲人"，你们都有自己的发现了，是吧？

生：（纷纷停下）是。

师：有人说，什么事都不用做的人，无所事事，叫闲人；有人说，什么事都不想做的人，碌碌无为，叫闲人。那么，苏轼心中的闲人，是这样的吗？我们从头开始，细细地读，慢慢地嚼——

【整体感知之后，课堂进入细读赏析的环节。此时需要一个统领的问题。王老师抓的问题是苏轼自称"闲人"，那么什么是"闲人"？如何理解"闲人"？

月色空明，闲人如是。理解闲人的含义，才能真正读懂这篇文章。"闲人"正是文章的文眼。】

（课件呈现）

元丰六年十月十二日夜，解衣欲睡，月色入户，欣然起行。

师：谁来读一读文章的起？

生：（朗读）元丰六年十月十二日夜，解衣欲睡，月色入户，欣然起行。

师：读得清清楚楚，干干净净。孩子们记住了吗？闭上眼睛告诉大家，这件事发生的时间是？

生：（齐答）元丰六年十月十二日夜。

师：（话筒给一生）你记住了吗？这件事发生在——

生：元丰六年十月十二日夜。

师：（话筒给一生）你记住了吗？这件事发生在——

生：元丰六年十月十二日夜。

师：（话筒给一生）你记住了吗？这件事发生在——

生：元丰六年十月十二日夜。

师：好！睁开眼睛，看来，大家都记住了。但是，你们知道吗，元丰六年十月十二日夜，啥事儿都没有发生。不就是月亮出来了吗？月亮出来，算什么事儿呀？而且，我还有理由相信，元丰六年十月十二日夜，月色不仅到了苏轼的家，也一定到过千家万户，同意吗？

生：（齐答）同意。

师：我来问问。（指名一生）元丰六年十月十二日夜，月色到过你家。但是，你是做官的，三品，官做得很大呀，要处理大大小小的官司，又要应付各种各样的应酬，把你忙得焦头烂额。请问，你还记得月色到过你家吗？

（生茫然的神态）

师：你一脸茫然，说明什么？

生：不记得了。

师：那你记得什么？

生：我只记得那几场官司。

师：他真不记得了。再问一位。（随机指名一生）元丰六年十月十二日夜，月色到过你家。而你呢，是做生意的。但是现在生意不好做啊，这不，前段时间你亏了1000多两银子。哎呀！把你急得跟热锅上的蚂蚁似的。请问，你还记得月色到过你家吗？

生：（坚定地说）不记得。

师：你记得什么？

285

生：只记得那几天做的生意全亏了。

师：满脑子就是一个字——

生：亏。

师：两个字——

生：赚钱。

师：看来，他也不记得了，尽想着赚钱了。再请一位。（随机指名一生）元丰六年十月十二日夜，月色也到过你家。但是，你是一个读书人，寒窗苦读，整整十年，连个秀才也没考上。这不，马上又要开考了。你在背什么书呀？

生：四书五经。

师：背一段我听听。比如，《论语》第一章，学而时习之——

生：不亦说乎？

师：有朋自远方来——

生：不亦乐乎？

师：人不知而不愠——

（生一时语塞）

师：看看，看看！连《论语》第一章都还没有背熟，这可如何是好啊？请问，你还记得月色到过你家吗？

生：（笑答）不记得。

师：你只记得什么？

生：我只记得过几天就要考试了，要好好复习！

师：大实话！月色要紧，还是考试要紧？这还用问吗？孩子们，你们看，元丰六年十月十二日夜，当官的不记得月色，做生意的不记得月色，苦读书的不记得月色。但是，有一个人记得，记得清清楚楚，谁？

生：（齐答）苏轼。

师：有他的文字为证！读——

生：（朗读）元丰六年十月十二日夜，解衣欲睡，月色入户，欣然起行。

师："欣然"是一种什么样子？

生：高兴的样子。

生：快乐的样子。

生：兴奋的样子。

师：那就把这种高兴的样子读出来——

生：元丰六年十月十二日夜，解衣欲睡，月色入户，欣然起行。

师：那就把这种快乐的样子读出来——

生：元丰六年十月十二日夜，解衣欲睡，月色入户，欣然起行。

师：那就把这种兴奋的样子读出来——

生：元丰六年十月十二日夜，解衣欲睡，月色入户，欣然起行。

师：但是，我很纳闷啊！不就是个月亮嘛，各位苏轼，你们干吗这么高兴？

生：因为有句俗话说："世界上并不缺少美，只是缺少发现美的眼睛。"大家看到月亮，都只是觉得月亮很晒人，挡住自己睡觉了，而苏轼却觉得……

师：现在你就是苏轼了。

生：我就觉得这月亮很有意思，激发了我对生活的热爱与向往。

师：看，这位苏轼读过美学。他说："世界上并不缺少美，只是缺少发现美的眼睛。"好有文采！美被你发现了，能不欣然吗？

生：因为我一时兴起，突然发现这个月色比较美丽，突然就觉得很有意境，就想出去走一走，散散步。

师：这位苏轼是突然感觉很有意境，就出去散步，多潇洒的一种人生。

生：我觉得月亮就是我的老朋友，他是专门来看我的。

师：难怪啊！原来在你眼中，月亮已经不再是月亮了，月亮成了人，成了你的老朋友。朋友相逢，当然开心啊！我们一起读——

生：（齐读）元丰六年十月十二日夜，解衣欲睡，月色入户，欣然起行。

师：其实，这句话中有一个字儿就在含蓄地向我们透露这样的意思——月亮不只是月亮，月亮就是苏轼的——

生：月亮就是他的好友。

师：没错，好友。还不是一般的好友，月亮就是苏轼的——

生：就像是苏轼的知己。

师：太好了，知己！孩子，你是从哪个字中读出这层意思的？

生：我是从那个"入"字中体会到的。

师：说说你的体会。

生：这个"入"字，我觉得这个月色就仿佛进入了苏轼的心中一样，每天陪伴着他，就仿佛是他的知己。

师：如果是"照"，没有感情；如果是"洒"，没有灵魂；如果是"透"，没有神采。"入"却不一样，月亮活了，主动来到苏轼的家里。因为他们早就是知己了。

【对"入"字的深入理解放在这里。】

师：你们一定不会忘记——

（课件再次呈现）

> 人有悲欢离合，月有阴晴圆缺，此事古难全。
>
> ——［宋］苏轼《水调歌头·明月几时有》

生：（指名朗读）人有悲欢离合，月有阴晴圆缺，此事古难全。

师：是明月这位知己，让你的心境一下子变得豁达起来。你们再看——

（课件再次呈现）

> 料得年年肠断处，明月夜，短松冈。
>
> ——［宋］苏轼《江城子·乙卯正月二十日夜记梦》

生：（指名朗读）料得年年肠断处，明月夜，短松冈。

师：是明月这位知己，为你寄托了无限的哀思。你们再看——

（课件再次呈现）

> 夜阑风静欲归时，惟有一江明月碧琉璃。
>
> ——［宋］苏轼《虞美人·有美堂赠述古》

生：（指名朗读）夜阑风静欲归时，惟有一江明月碧琉璃。

师：是明月这位知己，见证了你跟好友之间的纯洁友谊。发现没有，苏轼跟明月太熟了，明月对苏轼太了解了，因为他俩就是——

生：（齐答）知己。

师：所以，知己不远万里从天上来到他的家里，他能不高兴吗？他能不开心吗？他能不欣然吗？来，一起读——

生：（齐读）元丰六年十月十二日夜，解衣欲睡，月色入户，欣然起行。

【学习文章的"起"。教师首先用的是角色扮演、想象比较法，通过创设情境的代入式问答，引导学生理解：元丰六年十月十二日夜，那轮将圆的秋月也曾照进千家万户，但案牍劳形的官员、苦心经营的商人、累于功名的书生因心有羁绊，皆难以拥有享受月色的闲情。但苏轼不同，本已解衣上床的他，一见月色便兴冲冲地穿衣、复从床上爬起，那是怎样的童稚之态、赤子之情！

比较品读之后，开课时的三句词再次出现，就教学设计，此处像是文章中的呼应，月如苏轼的知己，月曾陪伴他走过杭州、黄州、惠州。对学生学习感受而言，再见到三句词，也会亲切如故。】

师：如果说明月是苏轼远在天上的知己，那么在接下来的叙述中，你将会发现，原来人间也有一位苏轼的知己。

（课件呈现）

念无与为乐者，遂至承天寺寻张怀民。怀民亦未寝，相与步于中庭。

生：（指名朗读）念无与为乐者，遂至承天寺寻张怀民。怀民亦未寝，相与步于中庭。

师：这位人间知己是——

生：（齐答）张怀民。

师：张怀民！凭什么？能在文章里找到依据吗？一个字，一个词。

生：我是从"遂"字中体会到的，因为"遂"就是"于是"的意思，他在月色入户要睡觉的时候，还想着要去寻张怀民，一起去散步。

师：好厉害的眼睛！虽然你戴着眼镜。遂！遂是什么意思？

生：于是。

师：于是，就。还有什么意味？

生：立马。

生：马上。

生：立刻。

生：瞬间。

生：立即。

师：你看，"遂"就是马上，就是立刻，就是瞬间，就是不假思索、毫不犹豫，找谁——

生：（齐答）张怀民。

【"遂"字随性，"寻"字急切。】

师：知己啊！继续寻找蛛丝马迹——

生：我觉得应该是"亦"字。苏轼没有睡，怀民也没有睡，他们两个都发现了月色入户，只是怀民没有去找，而苏轼一想"遂至"，那就是张怀民肯定也没有睡，所以我一定要去找他，跟他一起去散步。

师：这个"亦"字藏得很深。藏得再深，也架不住你这双火眼金睛啊！去之前，苏轼想怀民应该也没睡。到了承天寺，发现——

生：怀民也没有睡。

师：去之前，苏轼想怀民应该也喜欢看月色。到了承天寺，发现——

生：怀民也喜欢看月色。

师：这就叫心心——

生：（接答）相印。

师：这就叫志同——

生：（接答）道合。

师：这就叫心有灵犀——

生：（接答）一点通。

师：知己啊！还有不一样的发现吗？

【"亦"字写出意料之中。】

生：我觉得还有"相与"。因为"相与"是一起、共同的意思，就证明他们俩是一起，同时去散步的，所以就证明苏轼和张怀民是人间知己。

师：相与就是一起，相与就是共同。

【"相与"跟"无与"遥相呼应，有对比变化之美。】

师：不是知己，这么晚了还会在一起散步赏月吗？

生：不会。

师：不是知己，会有这样共同的爱好和情趣吗？

生：不会。

师：知己啊！天上有明月做知己，人间有怀民做知己，那是一种怎样的欣然啊？我们一起读。

生：（齐读）念无与为乐者，遂至承天寺寻张怀民。怀民亦未寝，相与步于中庭。

【学习文章之"承"。苏轼被明月唤起，念无与为乐者，遂至承天寺寻张怀民。张怀民何许人也？他字梦得，是清河（今河北清河县）人。元丰六年贬谪黄州结识苏轼，他当时也处于人生的低谷，和苏轼可谓"同是天涯沦落人"。两人认识时间不长，却志同道合。

在品读"承"这个环节时，执教者没有补充材料介绍张怀民，而是设问：为什么说怀民是苏轼人间的知己？到原文中寻找证据。此时的品词释义就不是被动地接受，而是学生主动发现的过程。】

师：就这样，我跟怀民在中庭漫步。只见——

（课件呈现）

庭下如积水空明，水中藻、荇交横，盖竹柏影也。

生：（齐读）庭下如积水空明，水中藻、荇交横，盖竹柏影也。

师：我们就像鱼儿在水中随意地走，随意地看。走到东边，我们看见——

生：（朗读）庭下如积水空明，水中藻、荇交横，盖竹柏影也。

师：走到西边，我们看见——

生：（朗读）庭下如积水空明，水中藻、荇交横，盖竹柏影也。

师：我们慢慢地走，慢慢地看。走到南边，我们看见——

生：（朗读）庭下如积水空明，水中藻、荇交横，盖竹柏影也。

师：走到北边，我们看见——

生：（朗读）庭下如积水空明，水中藻、荇交横，盖竹柏影也。

师：无论走到哪里，我们都能看见——

生：（齐读）庭下如积水空明，水中藻、荇交横，盖竹柏影也。

【复沓引读，王老师常用的手法。有趣的是这"东南西北"的设计，月色如水，人如水中之鱼自由游荡，课堂有了古乐府《江南》的趣味。教学何尝不是文本之上的再一次艺术创作呢！】

师：各位苏轼，你们看到了什么？

生：我看到庭院的地上像积了水一样非常清澈，再仔细一看，水中好像有藻和荇交横在一起。

师：用两个词来概括，你看到的是——

生：一个是积水空明，一个是藻荇交横。

师：圈出来！

（生动笔圈出这两个词语）

师：各位苏轼，把你们看到的读出来——

生：（齐读）庭下如积水空明，水中藻、荇交横，盖竹柏影也。

师：不对呀！苏轼，你是来看月色的呀！月色呢？月色在哪里？

生：只是当晚月色非常明亮，月光照入中庭，中庭的地面上就像有积水一样，所以说是积水空明。

师：哦！原来"积水空明"写的不是积水，而是——

生：月光非常明亮。

师：月色空明。那么，藻、荇交横呢？真的是在写水草纵横交错吗？

生：不是的。月色照着竹柏，它的影子就投到了地上，所以写的还是月色。

师：空明的月色是无色的，因为月光太干净、太皎洁了。而竹柏的影子像交横的藻荇，反衬出原本无色的月色。原来，你们看到的积水空明是什么——

生：（齐答）月色。

师：原来，你们看到的藻、荇交横也是什么——

生：（齐答）月色。

师：空明月色，月色空明啊！（板书：月色空明）

师：既然写的都是月色，那么，干脆，把"月色"二字直接加上去吧——

（课件呈现）

庭下月色如积水空明，水中藻、荇交横，盖竹柏影也。

生：（齐读）庭下月色如积水空明，水中藻、荇交横，盖竹柏影也。

师：是吧，明明写的就是"月色"。现在，我把"月色"二字加上去，清清楚楚，明明白白。好吗？

生：（自由应答，纷纷表示）不好！不好！

师：不好？怎么就不好了？为什么不好？下个结论，容易；为结论找出理由，不容易！这样，四人小组，先悄悄地讨论讨论。

（生四人小组自由讨论）

师：请问，把"月色"二字加上去，好还是不好？

生：我觉得不好。因为如果写了月色的话，后面的藻、荇交横就没有意义了。

师：为什么？

生：如果还是写月色的话，这句诗就没有意境了。

师：你的思维跳得好快呀！刚说藻、荇交横没有意义了，马上又说这句诗没有意境了。你到底想说什么？

生：写了月色，这句话就没有意境了。因为早就知道是月色，那就不会觉得有藻、荇交横了，因为知道那是竹柏的影子。

师：哦，明白了。这样说，思路就理顺了。一句话，开头写了"月色"二字，后面那种梦幻一般的意境就没有了。有意思！

生：我觉得加上去是不好的。因为如果不加的话，积水空明是反衬出月光的透明。如果不写的话，会给人一种悬念，加上去不好。

师：一种悬念。加上"月色"二字，这种悬念还有没有？

生：没有了。因为一加上去就变得是已经摆明了。

师：那就太直白了，是吧？

生：是的。

师：太直白，当然就没有悬念了。那么，能为"直白"找一个反义词吗？

生：委婉。

师：不写"月色"，就显得委婉。再找一个反义词。

生：我觉得还有"含糊"。（全班笑）

师：我想，你要找的应该不是"含糊"，而是——

生：含蓄。

师：孺子可教也！对啦，孩子们，跟"直白"相反的是"委婉"，是"含蓄"。"月色"二字一加，委婉没有了，含蓄没有了，悬念没有了，意境没有了。

（课件呈现）

庭下如积水空明，水中藻、荇交横，盖竹柏影也。

师：这样写，多么含蓄，多么有意境啊！读——

生：（齐读）庭下如积水空明，水中藻、荇交横，盖竹柏影也。

师：因为那一刻，你——苏轼，已经完全融入月色之中，你甚至忘了月色，忘了自己，你进入了一种空明境界。读——

生：（齐读）庭下如积水空明，水中藻、荇交横，盖竹柏影也。

【学习文章之"转"。庭中赏景，月色空明。作者用如金之墨点染营造出一个空明澄澈、疏影摇曳、幽静迷离的夜景。"积水空明"突出月光的皎洁、空灵，"藻、荇交横"有"云破月来花弄影"之趣，但描绘的是竹柏，其意高洁，更显清雅。

品读此句，王老师用复沓引读引导学生入情入境，然后用"试误"，引导学生揣摩暗喻之妙。】

师：当你恍然大悟，原来这就是月色，这就是竹柏的影子，你被这样的大美感动了。于是，你情不自禁地发出这样的感慨——

（课件呈现）

何夜无月？何处无竹柏？但少闲人如吾两人者耳。

生：（齐读）何夜无月？何处无竹柏？但少闲人如吾两人者耳。

师：哪儿没有月亮？哪儿没有竹柏？唯一缺少的是谁——

生：（齐答）闲人。

师：（指向一生）我记得你是做官的，那一夜，你为什么没有看见如此美妙的月色？

生：因为我只想着那些官司的事情。

师：你觉得自己是闲人吗？

生：不是。

师：看！少了一个闲人。（指向另一生）如果我没记错的话，你是做生意的。那一夜，你为什么没有看见如此美妙的月色？

生：因为我一心想着要挣钱。

师：你觉得自己是闲人吗？

生：肯定不是。

师：看！又少了一个闲人。（又指向另一生）你就是那个《论语》还没有背熟的读书人。那一夜，你为什么没有看见如此美妙的月色？

生：因为我在复习，我想着如何考个好成绩。

师：你觉得自己是闲人吗？

生：不是闲人。

师：看！又少了一个闲人。怎么到处找，都找不到一个闲人呢？请问，

295

在你们的生活中，闲人多不多？

生：（齐答）不多。

师：太少了！闲人太少了！没有闲人，哪来的月色？没有闲人，哪来的竹柏？没有闲人，哪来的风景？哪来的天地大美啊！

于是，苏轼跟自己说，我得把它们记下来——

（课件播放背景音乐《江上清风》，课件逐句出现全文，师诵读全文。）

（生听完诵读，自发鼓掌。）

【学习文章之"合"。苏轼与好友月下漫步，以"闲人"自谓自得。在他看来，"江山风月，本无常主，闲者便是主人"，"闲"字中既有闲情雅趣，又有心无挂碍的怡然自得。此处的教学，教师将重心放在对"闲人"的理解上，正是对板块之处主问题的回应；使用的教学方法仍是角色扮演，教者匠心恰如文章构思，有铺垫必有呼应。

回看整个板块的教学，教师依照文章的顺序带领学生逐句品析。虽是文言教学，但绝见不到生硬的释义讲解，执教者处处巧妙设问，引导学生逐步走入文境。其中的文言学习难点如"但""遂""亦"等都是学生在上下文语境中自然完成。

教学中，王老师课堂艺术化的特质继续带给我们审美的体验。课件中画面、朗读时的配乐以及教学设计中的排比、呼应等令人沉醉其间。随着学习的深入，我们也似乎来到元丰六年的那个夜晚。十月——已是深秋，十二日——月是将满未满。这一晚苏轼与好友漫步承天寺，月色如水水如天。】

四、补充拓展：触摸一种人生态度如苏轼

师：美不美？

生：（接答）美。

师：妙不妙？

生：（频频点头）妙。

师：那是因为你不知道——

（课件呈现）

注释

①【记承天寺夜游】此文写于作者贬官黄州期间。

④【张怀民】作者的朋友，当时也贬官在黄州。

师：来，看看注释一。我想，你的目光会自然地逗留在那个词语上，那个词语是——

生：（齐答）贬官。

师：来，看看注释四。我想，你会惊讶地发现，你的目光又一次逗留在那个词语上——

生：（齐答）贬官。

师：啥叫贬官？

生：贬官，就是我做了一个非常大的官——宰相，我跟皇帝提意见。皇帝却说："你提的意见不好，你不是我的忠臣，我不要你了。"然后我的官职就变低了，这样一来，我自然就不在皇帝身边辅佐，就被贬到别的地方去了。

（众生笑）

师：意思是这个意思。可你说得好轻松啊，你们听得也好轻松啊。为什么？因为你们都没有被贬过官，没感觉啊！不说了，说了也没感觉。咱们一起看看，苏轼身上到底发生了什么？

（课件播放：纪录片《苏东坡》中"乌台诗案"片段，时长约3分钟。）

【补充《记承天寺夜游》写作的背景，课境开始"突转"。如果说，前面的学习过程中，师生共同走入的是一份闲情雅趣，接下来则是这闲情背后人生的变故沉浮、惆怅悲凉。】

师：孩子们，这就是著名的"乌台诗案"。看了这段历史，我想问问你们，此时此刻你们的心里是什么感受？

生：我非常同情苏轼。

生：我为他打抱不平。

师：愤愤不平。这是你的感受。好，继续说感受。

生：我觉得心寒。

生：我认为苏轼很不幸。

师：你为苏轼的不幸感到——

生：很难受。

生：我觉得很压抑。

生：我很气愤！

生：我觉得很惋惜。

师：孩子们，是个正常人大概都会有你们这样的感受——难受、心寒、不平、压抑、气愤、惋惜。但是，一起看——

（课件呈现《记承天寺夜游》全文）

师：这就是苏轼贬官黄州时写下的文章，它的题目是——

生：（齐读）记承天寺夜游。

师：在这篇文章中，你们看出他的难受了吗？

生：（自由应答）没有。

师：你们看出他的愤愤不平了吗？

生：（自由应答）没有。

师：你们看出他的压抑了吗？

生：（自由应答）没有。

师：你们看出他的痛苦了吗？

生：（自由应答）没有。

师：为什么？为什么？

（生高高举手，跃跃欲试。）

师：把手放下，打开作业纸，用心感受，用心思考。我想，元丰六年十月十二日夜，你，苏轼，有话要说。

（课件播放背景音乐《江上清风》，生思考并写心里话，师巡视，发现优秀写话并打上星号。）

师：各位苏轼，把笔放下！不管你有没有写完，也不管你写多写少，这些都不重要。重要的是，在你提笔的那个瞬间，你已不再是你，你完完全全地化作了谁？

生：（齐答）苏轼。

师：请打了星号的各位苏轼起立！我们一起来听一听，元丰六年十月十二日夜，苏轼有话要说——

生：（朗读写话）元丰六年十月十二日夜，我和好友张怀民在承天寺赏月。只见庭下如积水空明，水中藻、荇交横，盖竹柏影也。

我的心中一片平和。我从以前的朝廷大员被贬到黄州任团练副使，但是我却不得签署公事，这样的处置也就是给我一个面子，让我做一个有职无权的闲官。我虽然没有像王勃一样豪情壮志，写出千古名句"落霞与孤wù（鹜）齐飞，秋水共长天一色"；也没有像欧阳修一样写出"环滁皆山也，其西南诸峰，林 hè（壑）尤美"。但是，我什么大风大浪没有见过，我早已看透了世间的本真。我被关押了130天，被嘲笑，被凌辱，我的内心已经破碎不堪。只有经历了破碎不堪之后，我才平和下来。明月呀！明月！你多么像是天上的另一个我呀！你就像是我的心，纯粹，透明，不再抱怨。（热烈鼓掌）

师：我怀疑你是苏轼转世。（笑声）你对明月一如既往地情有独钟，你借明月一如既往地表达心境。在经历了乌台诗案的生死考验之后，你的心变得更加纯粹、更加透明。只能说，这样的人才是你心目中的——

生：（齐声应答）闲人。

师：有请下一位苏轼——

生：（朗读写话）元丰六年十月十二日夜，我和好友张怀民在承天寺赏月。只见庭下如积水空明，水中藻、荇交横，盖竹柏影也。

我的心中一片自在。我只是好奇，如此美景，竟只有我与怀民二人赏识。他人怎不相知？世间如我与怀民二人相似的闲人甚是稀少。我愿以诚示天，让这嘈杂的世间少几分敌意，多一分祥和。我并不会因为被贬官到黄州而感到愤愤不平，我会以随遇而安、乐观旷达的胸襟来面对生活，用眼睛发

299

现美，感受生活中的美好！（鼓掌）

师：什么样的人是闲人？以诚示天、向美而生，这是闲人；随遇而安、乐观旷达，这是闲人。好，（话筒递给另一生）苏轼，把你的心里话说出来，明月替你作证。

生：（朗读写话）元丰六年十月十二日夜，我和好友张怀民在承天寺赏月。只见庭下如积水空明，水中藻、荇交横，盖竹柏影也。

我的心中一片从容。我只是写了一封《湖州谢上表》，怎么就落入了这般难堪的境地。唉，但是天上有知己——月亮，地上也有知己——张怀民。我和张怀民已经看穿了人生，我们淡泊名利，内心怡然自得，我的人生要像李白写的那样："人生得意须尽欢，莫使金樽空对月。"不能浪费光阴，诉说命运的不公，要活在当下，珍惜生活。（热烈鼓掌）

师：人生就是选择。你可以选择怨恨，也可以选择放下；你可以选择记仇，也可以选择宽容。苏轼，你选择了放下，选择了宽容。我知道，在你的心目中，只有这样的人才称得上——

生：（齐声应答）闲人。

师：苏轼，把你的心里话说出来，怀民替你作证。

生：（朗读写话）元丰六年十月十二日夜，我和好友张怀民在承天寺赏月。只见庭下如积水空明，水中藻、荇交横，盖竹柏影也。

我的心中一片光明。我欣赏这里的美景，我庆幸自己摆脱了官场，我庆幸自己不会在官场的耳（尔）yú我诈中沉沦。现在在我眼前的，是澄澈的月光，是我信任的知己，是光明的未来。从今以后，我不会再为贬官而伤心，不会再为排挤而失意，我找回了真正的自我！（热烈鼓掌）

师：真正的自我，就是"真我"。多少人，在官场中失去了真我；多少人，在商场中失去了真我；多少人，在考场中失去了真我。像你苏轼一样，一个找回真我的人，才叫——

生：（齐声应答）闲人。

师：有请最后一位苏轼。（话筒递给最后一生）苏轼，把你的心里话说出来，所有在场的人替你作证。

生：（朗读写话）元丰六年十月十二日夜，我和好友张怀民在承天寺赏月。只见庭下如积水空明，水中藻、荇交横，盖竹柏影也。

我的心中一片自在。我遭遇坎坷又如何，不就是失去了地位、权力而已嘛，它们都乃身外之物，皆可抛！人有悲欢离合，月有阴晴圆缺，此事古难全。只有顺其自然，才能活得自在，才是人生至理！（鼓掌）

师：多么豁达的胸襟，多么自在的心境啊！这样的人，我们才可以称他是——

生：（齐声应答）闲人。

【苏轼因"乌台诗案"差点儿丢了性命，被关押100多天，经历通宵诟骂之辱，其实是惊魂不定、踉踉跄跄来到黄州的。在黄州，他以戴罪之身任团练副使，既不能签署公文，也没有朝廷供奉，且不能擅自离开此地。为了养家糊口，他不得不在东坡耕种，与山野农夫为伍。此时，京城中的友朋无一人来信问候，苏轼写出的信也无一人回复，正是"有恨无人省""寂寞沙洲冷"。同样在黄州，因为命运的巨大变故使苏轼对生命有了通透的思考。在自然天地间，在儒释道文化中，苏轼深刻自省，悟得生命的大自在、大智慧。也是在黄州，苏轼写下了他一生中最伟大的篇章，如《念奴娇·赤壁怀古》、前后《赤壁赋》《定风波》，以及这则《记承天寺夜游》。写作这篇文章时，乌台诗案过去刚刚四年，四年的时间不长，那些不堪回首的日子一定还会偶然入梦。知道这些，再看"闲人"的慨叹，其间除了自得的"闲情"，还有被"闲置"的幽默自嘲，甚至无奈。当然，优美的诗文是对凄苦的挣扎与超越，这何尝不是命运的另一种补偿。

围绕文章的写作背景，教师本来有太多内容可讲、太多感慨可叹，然而没有。王老师没有做任何更多的展开，而是让学生自己谈感受，然后用替苏轼写话的方式，让他们走近这伟大的灵魂。语文需要深刻的文本解读使境界开阔，更需要理智的克制，使教学尊重孩子的认知心理及接受程度，深入浅出、由博返约。】

301

五、尾声：空明月色恰如闲人心境

师：孩子们，在经历了贬官、被人诬陷、失去人身自由和权利、生死考验之后，我们依然看到，苏轼的心境是那样从容，那样自在，那样平和，那样光明。这样的心境，像什么？

生：像明月。

师：像空明的月色。（板书：如）正所谓——（指着板书）

生：（齐读）闲人心境如月色空明。

师：元丰六年十月十二日夜，苏轼又一次写到了"月色"（在"月色"二字下加上三角符号）。其实，他真正要写的是自己的"心境"（在"心境"二字下加上三角符号）。

师：苏轼笔下的月色是如此"空明"（在"空明"二字下画上双横线）。这空明的月色映衬的正是"闲人"的心境（在"闲人"二字下画上双横线）。

师：孩子们，一个心境空明的闲人，才会遇到这样的夜晚——（配乐引读）

生：（齐读）元丰六年十月十二日夜，解衣欲睡，月色入户，欣然起行。

师：一个心境空明的闲人，才会找到这样的知己——

生：（齐读）念无与为乐者，遂至承天寺寻张怀民。怀民亦未寝，相与步于中庭。

师：一个心境空明的闲人，才会看到这样的月色——

生：（齐读）庭下如积水空明，水中藻、荇交横，盖竹柏影也。

师：一个心境空明的闲人，才会悟到这样的人生真谛——

生：（齐读）何夜无月？何处无竹柏？但少闲人如吾两人者耳。

师：这样的人，才是真正的——

生：（齐读）闲人。

师：孩子们，你们愿意成为这样的闲人吗？

生：（纷纷回答）愿意。

师：做闲人，可没这么容易啊！下课！（掌声）

（最后形成板书）

记承天寺夜游

闲人心境　如　月色空明

【课至尾声，点明"月色"与"心境"的关系——闲人心境如月色空明，月色空明乃闲人心境。其实，"空"与"闲"意义相通。庄子云："大智闲闲，小智间间。"伟大的心灵不是没有悲欢，而是不会为悲欢所掌控、所占据。当心无挂碍，自然光明如月。

课以读收尾，是文章整体复现，也是再次的逐句品读回味。在一遍一遍的朗读中，学生已然成诵。课末，王老师问：你们愿意成为这样的闲人吗？孩子们的回答不假思索"愿意"！其实不急着回答，因为他们尚未经人事；其实不急着回答，因为世间的事远非"愿意""不愿意"可以定性。

此课此文的意义，一定不止在语文，甚至不止在文化，它一定是为课堂上的生命种下了某种精神的种子。多年之后，若他们在生命的某种际遇之下忽有所悟，忽然想起苏轼，就一定会想起这一课，想起元丰六年十月十二日夜黄州承天寺上空那轮明镜似的秋月。愿他们能会心微笑。愿这微笑，与苏轼漫步庭前时的微笑重叠，也与王崧舟老师执教此课时的微笑重叠。——执教这一课前，王老师不慎摔了腿脚，伤痛半年多，在教学视频中仍能见他行走不便，但他的笑自始至终那般从容安定，温和自得。】

‖ 课程反思 ‖

在"炼字炼意"处品人生境界

文言的创作传统，既着力"炼字"（广义的炼字，意指锤炼字法、句法和章法），也着眼"炼意"，是"炼字"与"炼意"的统一。

苏轼的人生境界，就集中蕴含在文言的炼字炼意处。

一、拈"四字词语"，管窥"闲人"心迹

以《记承天寺夜游》的整体语境为背景，我通过预学回馈，从中拈出四组四字词语，引导学生从不同角度理解词义。

何夜无月　但少闲人

月色入户　欣然起行

无与为乐　步于中庭

积水空明　藻荇交横

"但"是转折的意思吗？"入"是"照入"还是"进入"？"行"与"步"都是走路，但是细微差别在哪里？"空明"的近义词有哪些？

这些词义的聚焦，实则都跟解读"闲人"的心迹息息相关。"但"是"只"的意思，这层意思又蕴含着苏轼对闲人心境的无限感慨；"入"在随后的品读中，闪现出亲近的人情味，融入苏轼和月文化的互动中；"行"的欣喜与"步"的悠闲，背后折射的都是苏轼的闲人心迹；而"空明"一词，则

诗意语文课堂实录与品悟

是解读苏轼心境的关键字眼儿，通过寻找"空灵""空明""灵明""明澈""澄澈"等近义词，为学生最终抵达苏轼的闲人心境提供了丰富的语义铺垫。文言文本的解读，不需要逐字逐句的串讲，一般字眼儿通过注释和经验是可以放过的。但是，对于关涉文本题旨的语词，则需要在教学中加以突出。

二、理"起承转合"，体察"闲人"心路

元代的范德玑在《诗格》中指出："作诗有四法：起要平直，承要春容，转要变化，合要渊水。"苏轼的《记承天寺夜游》，实则是一篇诗化的小品文，其章法构思跟作诗的精神完全一致。

其实，起承转合的章法，暗示的是作者某种特定的心路历程，是作者情感变化轨迹的一种外显。因此，引导学生从章法切入，尤其是在章法的转折处多加眷注，就能为学生体悟作者当时的写作心态提供一个极佳的通道。

为什么写到"积水空明，藻荇交横"处就是全文的转折处呢？由此引发学生深入思考，之前的叙事与之后的写景以及最后的议论，内在的情感逻辑究竟是什么。

众所周知，转者，变化也。文似看山不喜平，要跌宕起伏又能万变不离其宗。而所谓的跌宕起伏，其深层结构乃是作者的情感变化、思想跃升。《记承天寺夜游》行文至"积水空明，藻荇交横"处，作者的心路历程究竟发生了怎样的变化？其思想轨迹究竟有了怎样的跃升？这正是我引导学生梳理章法、启迪静思的意图所在。

三、融"历史背景"，感悟"闲人"心境

苏轼一生命运多舛，但不管多么险恶的境况，他都能"宠辱不惊，去留无意"。《记承天寺夜游》中所谓的"闲人"，既是苏轼直面困境的一种自嘲，亦是他从困境中活出从容与安宁的一种写照。

故此，"闲人"一词成了全文的文眼所在，集中体现了文言创作炼字与

305

炼意的高度统一。对于这样的文眼，不但不能轻易放过，相反，需要调动多种资源、运用多种策略，引导学生重锤敲击、深稽博考。

要真正触及苏轼的人生境界，明了"闲人"背后独特而高远的心境，知人论世、以意逆志是必须的，还原矛盾、揭示冲突是必须的，虚心涵泳、切己体察是必须的，只要铺设的台阶足够学生攀登，境界的体悟也未尝不可能。现场的反应足以让人欣喜。

生：（朗读写话）元丰六年十月十二日夜，我和好友张怀民在承天寺赏月。只见庭下如积水空明，水中藻、荇交横，盖竹柏影也。

我的心中一片平和。我从以前的朝廷大员被贬到黄州任团练副使，但是我却不得签署公事，这样的处置也就是给我一个面子，让我做一个有职无权的闲官。我虽然没有像王勃一样豪情壮志，写出千古名句"落霞与孤wù（鹜）齐飞，秋水共长天一色"；也没有像欧阳修一样写出"环滁皆山也，其西南诸峰，林hè（壑）尤美"。但是，我什么大风大浪没有见过，我早已看透了世间的本真。我被关押了130天，被嘲笑，被凌辱，我的内心已经破碎不堪。只有经历了破碎不堪之后，我才平和下来。明月呀！明月！你多么像是天上的另一个我呀！你就像是我的心，纯粹，透明，不再抱怨。（热烈鼓掌）

……

这是一次以情悟情、以心契心的精神相遇。我们当然不能指望学生的心境完全抵达苏轼的心境，这既无可能，也无必要。但是，这种相遇，未尝不是对"闲人"心境的某种照亮。而我们更为看重的，恰恰不在"我注六经"式的文本阐释，而是借由文本之光，照亮自身的某种可能心境，迈向"六经注我"式的存在之思。故此，学生最终通过炼字炼意处所品出的，乃是自身的某种人生境界。从这个意义上讲，苏轼的文章于学生而言，实在是另一个意义上的"明月"。

第九编

「花」之品

——《爱莲说》课堂实录与品悟

文化本位的课程自觉

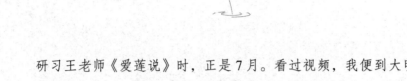

　　研习王老师《爱莲说》时，正是 7 月。看过视频，我便到大明湖边看荷。溪亭日暮，在水边坐下，顿觉暑热消去。大明湖的水气本身便有一股清冽的香，托着田田的叶子、盈盈的荷花。每年我都会来这里赏荷，今年不同，因为心里装了课。

　　《爱莲说》一课，仍然鲜明地体现着王老师文言启蒙的基本理念。对小学阶段的学生而言，文言学习的目标不在于掌握一定的文言知识，培养学生阅读文言文的能力，而是让学生初步感知文言形式，在教师的引导下能理解部分简短文言文的主要意思，初步感悟其文化意蕴便可以了。文言知识不是教学重点，在这样的教学里，没有句句串讲，字字落实，文言语感的涵养全落在"读其言""通其意""背其文"上。

　　课中的一个细节值得注意，在拓展的众多诗句中，只要是稍有难度的，王老师都在课前导学案以及授课时的 PPT 上附了白话注解。所以，在整堂课的学习中，文字本身不会成为学生认知的障碍。妙的是，这些注解始终未被教师刻意点醒，王老师在课堂中从未有诸如"请看注释"这样的用语，教师与学生似乎保持着一种心照不宣的默契：那些注释可以帮助你理解诗句，如果需要，你可以去看，现在我们继续讨论我们的话题。这种不言说的好处在于，不会破坏课境中"场"的建立。王老师的课，确实常常着力于建构一个"心理场"，他用描述性的语言、辅助音乐、美术，以及教学修辞中的反复、排比等手段，营造出一个浓浓的审美场域。场论心理学借用了物理学中"场"的概念来解释心理活动，它把环境或个人看作一个整体的存在，任何心理与行为都在这个整体的制约下发展、变化。科勒使用场论提出了"顿悟说"，他认为，学习是忽然顿悟的结果，这种顿悟不是个别刺激物所产生的反应，而是对整个情境理解的结果。在这样的课上，我们往往忘记了认知的动机，课文不是外在于我们的学习对象，而是师生共同经历的一段精神之旅。这个过程当然有认知发生，但它更是艺术的、审美的。

当然，"心理场"的营造是过程，是手段，也可视为目的之一，但绝不是课堂教学的终点。在《爱莲说》一课的教学中，传承"莲"之文化，才是王老师想要带领孩子们到达的地方。这体现了王老师文言启蒙课一贯的文化本位自觉。"莲"是中国文化典型的意象，以莲喻人，最早出现在屈原的笔下——"制芰荷以为衣兮，集芙蓉以为裳。不吾知其亦已兮，苟余情其信芳"。但将"莲"与"君子"品性联系起来，写得丰盈充实的，是周敦颐。一篇《爱莲说》古朴自然、简洁明快，又骈散结合、错落有致。周敦颐用百余字结撰成文，却用一生为文作注。黄庭坚曾盛赞他"人品甚高，胸怀洒落，如光风霁月"。

在课中，王老师特意强调了周敦颐上承孔孟、下启程朱的文化地位。周敦颐也曾接触佛学，甚至有学者认为《爱莲说》中"莲"之意象与佛教相关，但是，周敦颐最终坚守践行的仍是儒家的道路。相较于隐居的陶渊明，周敦颐的人生态度更为积极进取，有"出淤泥而不染"的高洁，也有"士不可不弘毅"的责任与担当。在他的精神世界里，我猜测，他比采菊东篱、日日饮酒的陶潜可能获得了更多的心灵安顿。课中，王老师拓展了周敦颐生平的三个典型事例，又补充周恩来、鲁迅的事例，在我看来，这也是本课重要的教学内容。我们试图让孩子们认同并传承的文化，从来不是一个僵化的符号，而是与社会人生有着密切关系的一种生命格局。

想到这些，我在心中默念着王老师在课中带着孩子们反复诵记的句子："予独爱莲之出淤泥而不染，濯清涟而不妖，中通外直，不蔓不枝，香远益清，亭亭净植"；也默念着鲁迅先生青年时期所作的七律："扫却腻粉呈风骨，退却红衣学淡妆。好向濂溪称净植，莫随残叶堕寒塘"。(《莲蓬人》)

大明湖边，荷塘风起。这些零碎的关于课的思绪飘开去，眼前，一一风荷举。

‖ 课文呈现 ‖

《爱莲说》

　　水陆草木之花，可爱者甚蕃。晋陶渊明独爱菊。自李唐来，世人盛爱牡丹。予独爱莲之出淤泥而不染，濯清涟而不妖，中通外直，不蔓不枝，香远益清，亭亭净植，可远观而不可亵玩焉。

　　予谓菊，花之隐逸者也；牡丹，花之富贵者也；莲，花之君子者也。噫！菊之爱，陶后鲜有闻；莲之爱，同予者何人？牡丹之爱，宜乎众矣。[①]

---

① 注：本课选自义务教育课程标准教科书《初中语文》八年级上册第22课。作者周敦颐。

‖ 课堂品评 ‖

赞莲花之性　传君子之道

一、铺垫"先行知识"，理解花之隐喻

师：同学们请看，这是什么花？

（课件呈现：菊花图）

生：（齐答）菊花。

师：喜欢菊花的孩子请举一下手！

（生自由举手表态）

师：说到菊花，必须得说到一个人，谁？

（课件呈现：陶渊明画像）

生：（齐答）陶渊明。

师：东晋大诗人陶渊明，爱菊爱到了骨子里。不信，有诗为证。请看，在《九日闲居其二》中，他这样写道——

（课件呈现）

酒能祛百虑，菊为制颓龄。

——［晋］陶渊明《九日闲居其二》

饮酒，能驱除各种烦恼；食菊，能延缓生命衰老。

生：（指名朗读）酒能祛百虑，菊为制颓龄。

师：在陶渊明看来，饮酒，能驱除各种烦恼；食菊，能延缓生命衰老。饮酒，是不是真的就能驱除各种烦恼，很难说。李白不是写过这样的诗吗？抽刀断水——

生：（接答）水更流。

师：举杯消愁——

生：（接答）愁更愁。

【"酒"在陶诗中出现的非常多，世人想起陶渊明，只道"落花无言，人淡如菊"，却忽略了他曾日日饮酒消愁。事实上，在归园田居的日子里，他也有"日月掷人去，有志不获骋"的无奈与不甘。】

师：但是，食菊能延缓生命衰老，倒是有一定的科学道理。当然，陶渊明爱菊，还有更深层的原因。我们继续看，在《和郭主簿诗其二》中，他这样写道——

（课件呈现）

芳菊开林耀，青松冠岩列。

——〔晋〕陶渊明《和郭主簿诗其二》

凛冽的秋霜，令百花凋零，但是——山林中，盛开的菊花傲然夺目。

肃杀的秋风，使万木摇落，但是——山岩上，苍翠的青松巍然挺立。

生：（指名朗读）芳菊开林耀，青松冠岩列。

师：是啊！你们看，凛冽的秋霜，令百花凋零，但是——

生：（齐读）山林中，盛开的菊花傲然夺目。

师：肃杀的秋风，使万木摇落，但是——

生：（齐读）山岩上，苍翠的青松巍然挺立。

师：看得出，陶渊明爱菊，更爱的是菊不怕风霜、不惧严寒的品性。我们一起来读一读——

（生齐读诗句）

【菊有"傲霜"之意。】

师：其实，陶渊明爱菊，还有更独特的原因。我们继续看，在《饮酒其

《五》中，他这样写道——

（课件呈现）

采菊东篱下，悠然见南山。

——［晋］陶渊明《饮酒其五》

东篱下，采撷我的菊花；悠然间，南山在我眼前。

生：（指名朗读）采菊东篱下，悠然见南山。

师：有点儿悠然的味道了，谁再来读一读？

生：（指名朗读）采菊东篱下，悠然见南山。

师：他把自己放进去了，悠然之意，溢于言表。一起来——

生：（齐读）采菊东篱下，悠然见南山。

师：陶渊明在干吗呢？你们看，东篱下——

生：（齐读）采撷我的菊花。

师：悠然间——

生：（齐读）南山在我眼前。

师：这是多么自在、多么逍遥的生活啊！但是你们要知道，这是在他不为五斗米折腰放弃官职后的生活。当那么多人为了功名利禄争得头破血流的时候，陶渊明呢，却过着这样的生活——

生：（指名朗读）采菊东篱下，悠然见南山。

师：当那么多人为了荣华富贵拼得你死我活的时候，陶渊明呢，却依然过着这样的生活——

生：（指名朗读）采菊东篱下，悠然见南山。

【这首诗的题目是《饮酒》，微醺的诗人在东篱下采撷菊花，偶然间抬起头来，目光恰与南山相会。人悠然闲逸，山静穆高远。这种人与自然相望相契的感觉正是"以物观物""物我两忘"的"无我之境"。诗人在这样的情境里获得静穆淡远的暂时安顿，此中真意，欲辨忘言。】

师：是啊，离开官场，离开名利场，离开尔虞我诈，离开勾心斗角，回归自然，回归田园，这才是陶渊明想要的生活。于是，从陶渊明之后，菊花就不仅仅只是菊花，菊花有了一种象征——

（课件呈现：菊花——隐逸）

生：（齐读）隐逸。

师：把"隐逸"这个词记下来。

（生做笔记）

师：隐居田园，自由安逸，就像东篱下的菊花一样。

【学习陶渊明写菊的三句诗。诗中"菊花"的意义由浅入深，从现实食用之物到坚韧品性的代表，再到物我合一的隐逸文化特指。】

（课件呈现：牡丹图）

师：这是什么花？

生：（齐答）牡丹。

师：喜欢牡丹的请举手。

（约三分之一的学生举手）

师：要是生活在唐朝，你们对牡丹就不是这个态度了。不信，我们一起看——

（课件呈现）

> 惟有牡丹真国色，花开时节动京城。
>
> ——［唐］刘禹锡《赏牡丹》

师：这是大诗人刘禹锡为牡丹写的诗，谁来读一读？

生：（指名朗读）惟有牡丹真国色，花开时节动京城。

师：这个"动"是什么"动"？

生：惊动。

生：轰动。

生：震动。

师：惊动，轰动，震动。来，把这份感情读出来——

【为关键的字组词不失为帮助学生理解的好办法。毕竟文言词汇以单音节居多，联系前后语义组词后，可以帮助学生理解诗句。】

生：（齐读）惟有牡丹真国色，花开时节动京城。

师：难怪，诗人白居易在《牡丹芳》一诗中这样写道——

（课件呈现）

花开花落二十日，一城之人皆若狂。

——［唐］白居易《牡丹芳》

生：（指名朗读）花开花落二十日，一城之人皆若狂。

师：我想，你们都会聚焦到一个字眼儿上，哪个字？

生：狂。

师：男女老少，为谁而狂？

生：（齐答）牡丹。

师：大街小巷，为谁而狂？

生：（齐答）牡丹。

师：花开花落，为谁而狂？

生：（齐答）牡丹。

师：来！我们一起读。

（生齐读该诗句）

师：所以，诗人徐凝在《牡丹》一诗中情不自禁地发出这样的感叹——

（课件呈现）

何人不爱牡丹花，占断城中好物华。

——［唐］徐凝《牡丹》

生：（指名朗读）何人不爱牡丹花，占断城中好物华。

师：谁不爱牡丹？谁不爱牡丹？谁不爱牡丹？好像不爱牡丹，你就是个
另类，你就会跟全唐朝人格格不入。正因为有那么多人为牡丹痴，为牡丹
疯，为牡丹狂，于是，就有人——

（课件呈现）

种以求利，一本有直数万者。

——［唐］李肇《唐国史补》

种牡丹，挣大钱。一株牡丹，价格竟然高达数万钱。

生：（指名朗读）种以求利，一本有直数万者。

师：请你告诉大家，一株牡丹，价格多少？

生：价格数万钱。

师：你们看，牡丹不光是国色天香，还成了摇钱树，成了聚宝盆啊！

（课件呈现：牡丹——富贵）

师：所以，从唐朝开始，牡丹也有了某种象征，象征什么？

生：（齐答）富贵。

师：请把"富贵"这个词记下来。

（生做笔记）

【牡丹属于盛唐。那种繁花锦簇、雍容华贵的气质是那个时代的精神写照。在这个环节中，执教者用四句诗带领孩子们理解了牡丹之于富贵的隐喻。】

（课件呈现：莲花图）

师：这是什么花？

生：（齐答）莲花。

师：莲花就是荷花。喜欢莲花的请举手！

（生自由举手表态）

师：陶渊明独爱菊，世人盛爱牡丹。但是，也有人却独爱莲花，谁——

（课件呈现：周敦颐像）

生：（齐答）周敦颐。

师：我们一起来看一看周敦颐的简介。

（课件呈现）

周敦颐（1017—1073），字茂叔，号濂溪，道州（今湖南省道县）人。北宋哲学家，宋明理学的开山鼻祖。著有《太极图说》《通书》等。为官清正廉洁，爱民如子。

师：大家都看清楚了吗？

生：（自由应答）看清楚了。

师：这里有几个非常重要的信息。第一，周敦颐是哪里人？

生：湖南人。

师：第二，周敦颐开创了什么学派？

生：宋明理学。

师：你们可能没听说过"宋明理学"吧？不要紧。你们应该听说过这两个人。孔子，知道吧？

生：（齐答）知道。

师：孟子，知道吧？

生：（齐答）知道。

师：2000多年前，孔子和孟子开创了中华民族历史上最伟大的思想学派——儒家学派。儒家学派，看重仁义道德，看重君子美德，影响了一代又一代的中国人。但是，儒家学派后来慢慢衰落了，看重仁义道德、看重君子美德的人越来越少了。到了北宋的时候，出了一个人，谁——

生：（齐答）周敦颐。

师：是的，周敦颐。周敦颐开创了宋明理学，复兴了儒家文化。慢慢的，仁义道德、君子美德，又一次成为我们这个民族最核心、最持久的价值观。你们说，周敦颐厉不厉害？

生：厉害。

师：好，我们来看第三个重要信息。周敦颐做过官，老百姓是怎么评价的？

生：清正廉洁，爱民如子。

师：千万不要小看这短短的八个字，可以说，字字千金啊！我们一起说——

生：（齐答）清正廉洁，爱民如子。

师：这样一位伟大的哲学家，这样一位深受百姓爱戴的好官，为什么要写《爱莲说》呢？请大家打开课文，自由朗读《爱莲说》，注意：读准字音，读通句子。

（课件呈现：《爱莲说》原文）

（生自由朗读）

【课至此时，方出现作者介绍，引出《爱莲说》。

回顾开课之初的教学内容，执教者用大力气带孩子们拓展学习了关于菊花和牡丹的诗句并了解花之隐喻，这自然不是"闲话"或者"随笔"，而是为后文精心准备的"先行知识"或"背景知识"，了解这些之后，再进入课文学习就水到渠成了。

加涅在谈到教学设计时认为，"教学包含一套外在于学生的、设计用于支持学习内部过程的事件"。在王老师的这一课里，此处的铺垫拓展当然属于精心设计的"教学事件"，它的目的是促进学生的认知。若从教学艺术上看，它类似写作中的"伏笔"。】

二、找出主要信息：领悟"烘云托月"之妙

师：读完课文的孩子，请你用单横线画出所有写菊花的句子，用双横线画出所有写牡丹的句子，用波浪线画出所有写莲花的句子。

（生默读，画出相关句子。）

师：好！通读全文，我们知道，《爱莲说》其实写了三种花。第一种花是——

（课件呈现：菊花图）

生：菊花。

师：请把所有写菊花的句子找出来——

（生朗读写菊花的句子。）

（课件呈现）

晋陶渊明独爱菊。

菊，花之隐逸者也。

菊之爱，陶后鲜有闻。

师：我们一起读！

（生齐读上述句子）

师：第一句，我们能理解。第二句，读了陶渊明写的那些诗，应该也没有问题，是吧？第三句，讲什么？

生：对菊花的喜爱，陶渊明之后很少听说了。

师：哪个字的意思是"很少"的意思？

生："鲜"字。

师："鲜"的读音是第三声。陶渊明之后，爱菊的人越来越少，几乎没有怎么听说了。是不是？

生：是。

【"鲜"是学习难点，这里的读音与意义学生都不常见，需要特别强调。】

师：好像不是。不信，我们现场做一个调查，台下听课的老师们，喜爱菊花的请举一下手！

（有很多老师举手）

师：你们看，菊之爱，陶后大有人在啊！所以，这话写得好像不符合事实啊！你们怎么看？

【借用"鲜有闻"与现场仍有许多老师爱菊引发认知冲突，引导学生思考作者笔下菊之所指。】

生：像陶渊明这么喜爱菊花的人，在陶渊明之后就很少听说了。

师：你强调了喜爱的程度，有点儿道理。

生：陶渊明爱菊，爱的是菊花的品格。

师：你的意思，一般人爱菊，爱的是菊的外形。

生：像陶渊明那样爱菊爱到骨子里的人，很少很少。

师：那么，怎么才算是爱到骨子里呢？还记得菊的象征吗？

生：隐逸。

师：隐居田园，自由安逸，就像东篱下的菊花一样。这才算是爱到了骨子里。所以，这里的"菊之爱"，其实就是什么之爱？

生：隐逸之爱。

（课件呈现：隐逸之爱，陶后鲜有闻。）

（生齐读此句）

师：是的，陶渊明淡泊名利，隐逸田园，他是真正的隐士。但是，陶渊明之后，真正的隐士就很少听说了。作者真正感叹的，不是菊之爱，而是"隐逸之爱"。我们一起读——

（生齐读上述三句话）

【简短的三句话凝练了"何人爱菊""菊象征什么""世人对菊的态度"三层意思。因为上一板块已经对陶渊明与菊花做了足够的铺垫，此时的学习变得水到渠成。】

师：好！文章还写了第二种花，什么花？

生：牡丹。

师：谁来读一读写牡丹的句子？

（生朗读写牡丹的所有句子）

（课件呈现）

自李唐来，世人盛爱牡丹。

牡丹，花之富贵者也。

牡丹之爱，宜乎众矣。

（生齐读）

师：理解了"菊之爱"，我想，理解"牡丹之爱"也应该没有问题了。"牡丹之爱"，其实就是什么之爱？

生：富贵之爱。

（课件呈现：富贵之爱，宜乎众矣。）

（生齐读此句）

师：是啊！天下熙熙，皆为利来；天下攘攘，皆为利往。熙熙攘攘，都是为了——

生：富贵。

师：当然，爱富贵没有什么错，君子爱财，取之有道，关键是要爱得有道。我们一起读——

（生齐读上述三句话）

【与"菊花"的学习模式完全相同。】

师：好！我们来看文章写的第三种花，什么花？

生：莲花。

师：请把所有写莲花的句子找出来——

（生朗读所有写莲花的句子）

师：写莲花的句子特别多，是吧？这么多句子，我们筛选一下，也就是三句话——

（课件呈现）

予独爱莲。

莲，花之君子者也。

莲之爱，同予者何人？

师：我们一起读！

（生齐读上述句子）

师：理解了"菊之爱"，理解了"牡丹之爱"，我想，"莲之爱"的理解也应该没有问题了。"莲之爱"就是什么之爱？

生：君子之爱。

师：我们一起读——

（课件呈现：君子之爱，同予者何人？）

（生齐读）

【对莲花的描写千呼万唤始出来，但执教者并没有迅速把教学重心放在细节上，而是同样筛选出关键信息，引导学生把握课文的主要内容。

从整体设计看，此处三种花的教学形成一组排比，这种教学修辞的使用不是出自教学艺术化的纯粹追求，而是促进学生认知的需要。当学生默会了一种学习模式，在遇到相似的情景时他们就会很快领会分析问题的关键，并运用之前的认知储备去处理它。】

师：我们知道，《爱莲说》真正要写的只有一种花——

生：莲花。

师：所以，莲花写得最详细，也最传神。既然真正要写的只是莲花，那为什么还要写菊花？还要写牡丹呢？

生：这是在对比。

生：为了衬托莲花。

生：我觉得这是反衬，反衬周敦颐爱莲花。

师：是的，这是对比，这是衬托，这是反衬，也可以叫"烘云托月"（板书：烘云托月）请把这个词记下来。

（生做笔记）

【《爱莲说》全文仅有100多字，但章法分明，笔意超拔。文章通篇使用的衬托手法向来为人称道。有学者认为，文中的菊花是正衬，牡丹是反衬。把菊花之隐逸、牡丹之富贵与莲花之高洁相对比，更能突出"爱莲"之主题。

在这一板块，王老师带领学生分别找出描写三种花的句子，然后将它们分析比较，使学生对全文结构形成整体把握，理解"烘云托月"写法之妙。】

三、理解莲与君子的联系，体会"借物喻人"之意

师：写菊花，写牡丹，费了这么大的劲儿，只是为了烘托谁？

生：莲花。

师：那么，周敦颐笔下的莲花，究竟有着怎样的特点？怎样的品性呢？请大家默读课文，想一想，周敦颐从哪几个方面描写莲花，他笔下的莲花又有哪些品性。想清楚了，就请完成课堂练习的第一大题。（板书：莲花品性）

（生默读课文，完成课堂练习一。）

师：通过思考和练习，我想，你们一定已经明白，周敦颐是从七个方面来写莲花品性的。我请一位同学来分享自己的思考。

（课件呈现：课堂练习一）

莲的颜色	不蔓不枝
莲的姿态	出淤泥而不染
莲的花茎	濯清涟而不妖
莲的叶柄	中通外直
莲的香气	可远观而不可亵玩
莲的外形	香远益清
莲的位置	亭亭净植

师：在周敦颐的笔下，莲的颜色有什么特点？

生：出淤泥而不染。

师：什么叫不染？

生：就是从淤泥里长出来，没有被污染。

师：比如，本来是洁白的莲花，从淤泥里长出来，依然是——

生：洁白的。

师：本来是粉红的莲花，从淤泥里长出来，依然是——

生：粉红的。

师：这就叫出淤泥——

生：（齐读）而不染。

师：继续看！在周敦颐的笔下，莲的姿态有什么特点？

生：濯清涟而不妖。

师：什么叫不妖？

生：没有因为被清水洗过而显得妖媚。

师：你们应该都见过莲花，是吧？无论是洁白的莲花还是粉红的莲花，都给你们一种什么感觉？

323

生：我觉得是清新。

生：很纯洁的一种感觉。

师：跟妖媚、妖艳肯定沾不上边，是吧？这就叫濯清涟——

生：（齐读）而不妖。

师：继续看！在周敦颐的笔下，莲的花茎有什么特点？

生：中通外直。

师：莲的叶柄有什么特点？

生：不蔓不枝。

师：莲的香气有什么特点？

生：香远益清。

师：莲的外形有什么特点呢？

生：亭亭净植。

师：我们来看最后一个方面。在周敦颐的笔下，莲的位置又有什么特点呢？

生：可远观而不可亵玩。

师："什么叫"亵玩"？

生：就是玩弄的意思。

师：为什么莲花可以远观却不可以亵玩呢？

生：因为莲花是长在水里的。

师：好！莲花的七大特点，全部连对的请举手——

（绝大多数学生举手）

师：细细地读，慢慢地品，我们发现，周敦颐笔下的莲花是那样独特、那样传神。我们看（对照课件呈现的"课堂练习一"），莲的颜色——

生：（齐读）出淤泥而不染。

师：莲的姿态——

生：（齐读）濯清涟而不妖。

师：莲的花茎——

生：（齐读）中通外直。

师：莲的叶柄——

生：（齐读）不蔓不枝。

师：莲的香气——

生：（齐读）香远益清。

师：莲的外形——

生：（齐读）亭亭净植。

师：莲的位置——

生：（齐读）可远观而不可亵玩。

【聚焦《爱莲说》中描写莲花的语段，这些句子中不乏生字难词，也存在不好理解的句式。但王老师并没有字字解释，句句串讲，而是以连线练习的方式让学生在比较与选择中完成理解。连线题的好处在于：化难为易，为学生的理解提供支架。】

师：既然周敦颐对莲的观察如此仔细，对莲的描写如此传神，我想，他应该不会忘记，莲除了颜色、姿态、花茎、香气，还有这些吧——

（课件呈现）

莲叶：可以入药，有清热解暑的功效。

师：这是什么？

生：（齐答）莲叶。

师：可以入药，清热解暑。

（课件呈现）

莲蓬：可以入药，有化瘀止血的功效。

师：这是什么？

生：（齐答）莲蓬。

师：可以入药，化瘀止血。

（课件呈现）

莲藕：可以食用，有健脾开胃的功效。

师：这是什么？

生：（齐答）莲藕。

师：吃过莲藕吧？喜欢吃莲藕的请举个手！

（生纷纷举手）

师：你瞧！莲叶、莲蓬、莲藕，多有特点，多有价值啊！为什么不写写这些呢？

【文中之莲是审美对象而非实用对象。】

生：因为他要写的是莲正直的品性。

生：在莲花众多的特点、优点中，他最欣赏的是莲花的君子之性。

师：原来，周敦颐真正要写的不是莲，而是谁？

生：（齐答）君子。

师：（板书：君子美德）那么，问题来了，你们怎么看出他写莲就是在写君子美德呢？请大家再细细地默读课文，想一想，周敦颐写莲的这些特点跟君子之间有着怎样的联系。想明白了，就请完成课堂练习的第二大题。

（课件呈现：课堂练习二）

莲花，出淤泥而不染	君子，刚正不阿
莲花，濯清涟而不妖	君子，洁身自好
莲花，中通外直	君子，泰而不骄
莲花，不蔓不枝	君子，通达正直
莲花，香远益清	君子，自尊自重
莲花，亭亭净植	君子，德布四方
莲花，可远观而不可亵玩	君子，高洁独立

（生默读课文，完成课堂练习二。）

【连线练习的第二次运用，提供理解支架。】

师：我们知道，在周敦颐看来，莲，花之君子者也。他写莲的特点，其实就是在写君子的美德。我请一位同学来分享自己的思考。

师：周敦颐写莲花出淤泥而不染，其实是在比喻——

生：君子，洁身自好。

师：周敦颐写莲花濯清涟而不妖，其实是在比喻——

生：君子，泰而不骄。

师：周敦颐写莲花中通外直，其实是在比喻——

生：君子，通达正直。

师：周敦颐写莲花不蔓不枝，其实是在比喻——

生：君子，刚正不阿。

师：周敦颐写莲花香远益清，其实是在比喻——

生：君子，德布四方。

师：周敦颐写莲花亭亭净植，其实是在比喻——

生：君子，高洁独立。

师：周敦颐写莲花可远观而不可亵玩，其实是在比喻——

生：君子，自尊自重。

师：这种写法叫什么？

生：借物喻人。

师：（板书：借物喻人）请把这个词记下来。

（生做笔记）

师：借莲花之物，喻君子之德。在周敦颐的笔下，莲花就是君子，莲花的品性就是君子的美德。

（课件呈现：课堂练习二）

师：所以，周敦颐说，予独爱莲之出淤泥而不染，其实，他真正爱的是——

生：（齐读）君子，洁身自好。

师：周敦颐说，予独爱莲之濯清涟而不妖，其实，他真正爱的是——

生：（齐读）君子，泰而不骄。

师：周敦颐说，予独爱莲之中通外直，其实，他真正爱的是——

生：（齐读）君子，通达正直。

师：周敦颐说，予独爱莲之不蔓不枝，其实，他真正爱的是——

生：（齐读）君子，刚正不阿。

师：周敦颐说，予独爱莲之香远益清，其实，他真正爱的是——

生：（齐读）君子，德布四方。

师：周敦颐说，予独爱莲之亭亭净植，其实，他真正爱的是——

生：（齐读）君子，高洁独立。

师：周敦颐说，予独爱莲之可远观而不可亵玩，其实，他真正爱的是——

生：（齐读）君子，自尊自重。

师：孩子们，看到这样的莲花，想到这样的君子，你们的心里会涌起一种怎样的感情？

生：我心中涌起了敬爱之情。

生：对莲花的喜爱之情。

生：我对莲花充满了崇敬的感情。

师：这样的莲花让人喜爱，这样的莲花让人敬爱，你们体会到的感情，正是当时周敦颐体会到的感情。所以，周敦颐说，予独爱莲。这里的"爱"，是喜爱，更是崇敬。

（板书：独敬爱）

（生做笔记）

师：让我们一起，怀着喜爱之情，怀着崇敬之心，来好好地读一读周敦颐的《爱莲说》。

（课件呈现课文并配乐，师生合作轮流读。）

【《爱莲说》通过描写莲的外形和特点，表达了作者对清通俊雅的君子人格的赞美与向往。据史料记载，本文创作于公元 1068 年，周敦颐彼时任南康（现在江西省庐山市）郡守。他曾于府治东侧开辟一块 40 余丈长宽的莲池，池中建赏莲亭，南北曲桥连岸，夏秋之交，莲花盛开，亭亭玉立。周敦颐凭栏赏莲，爱莲花之高洁，感宦海之混沌，写下了这篇千秋美文。文章借

328

物喻人，也是作者以我观物时产生的"物我交流的回响"。

　　莲在文中喻君子，这是学生容易看懂的，但莲的品性与君子为何相关？这是教师不教，学生很难自悟的。在这一板块的教学中，王老师两次使用连线题，以练促读，帮助学生理解与思考。至于对君子品行的深入描述，王老师没有涉及，甚至对相关词语也未作任何解释——这些词语只怕解释了孩子们也未必能真正理解，接下来教师用故事与之互证。】

四、走进作者故事，感悟"知行合一"的高洁人生

　　师：这就是周敦颐笔下的《爱莲说》。我们知道，一个真正的君子，不光要说到，更要——

　　生：（齐答）做到。

　　师：我们来看看，周敦颐做到了没有呢？这是周敦颐的故事——

　　（课件呈现）

　　周敦颐担任江西南安的司理，负责案件审判。他的顶头上司要判一个犯人死刑。周敦颐审理后，认为此人罪不当死。上司非常生气，坚持己见。

　　周敦颐愤然说："为讨好上司而乱杀人，我坚决不干！"说罢，他交出官印，准备辞官。上司从没见过这样刚正不阿的下级，就重新审案，最终免了犯人的死罪。

　　　　　　　　　　　　　　　　　　　　——据《宋史·周敦颐传》

　　（指名一生朗读）

　　师：这一年，周敦颐才29岁。这一年，《爱莲说》还没有开始写。但是，你在哪里看到了他的莲之爱？

　　生：我从"刚正不阿"中看出了莲之爱。

　　师：你又是从哪里看出"刚正不阿"的呢？

　　生：周敦颐愤然说："为讨好上司而乱杀人，我坚决不干！"说罢，他交出官印，准备辞官。

师：你知道，周敦颐这样说，这样做，对他自己可能意味着什么？

生：没有官做了。

生：养家糊口的钱也没有了。

生：可能会被上司报复，有性命之忧。

师：这些都有可能，周敦颐也知道这些可能。但是，他为什么还要这样做呢？

生：为了那个犯人。

生：为了公正。

师：人命大如天啊！上司刚愎自用、草菅人命，而周敦颐呢，却像莲花一样不蔓不枝、刚正不阿。我想，当周敦颐挂印辞官的画面在你眼前出现的时候，你的耳边一定会响起他的《爱莲说》——

（课件呈现）

予独爱莲之出淤泥而不染，濯清涟而不妖，中通外直，不蔓不枝，香远益清，亭亭净植，可远观而不可亵玩焉。

（指一生读）

师：我们一起来！

（生齐读）

【君子之刚正不阿。】

师：我们继续看——

（课件呈现）

广东端州出产端砚，非常名贵。端州知府贪得无厌，垄断采石以牟取暴利，百姓怨声载道。

周敦颐担任提刑官，去端州巡视。知府送端砚作为厚礼。周敦颐说："我确实喜欢端砚，但人格比端砚更值钱。"他不仅拒收礼物，还下令任何人都不得私自采石。禁令一出，贪风顿止。

——据《濂溪先生周元公年表》

（指一生朗读）

师：这一年，周敦颐 55 岁。这一年，距周敦颐写出《爱莲说》已经过去 8 年了。他可曾忘了自己的《爱莲说》？你是从哪儿看出来的？

生：我确实喜欢端砚，但人格比端砚更值钱。

师：由周敦颐这样说，你看出了莲花怎样的品性呢？

生：洁身自好。

师：我想，当周敦颐拒收端砚的画面在你眼前出现的时候，你的耳边一定会又一次响起他的《爱莲说》——

（课件呈现）

予独爱莲之出淤泥而不染，（　　），中通外直，（　　），香远益清，（　　），可远观而不可亵玩焉。

（指一生朗读，完成填空。）

师：我们一起来！

（生齐读）

【君子之清正廉洁。】

师：我们继续看——

（课件呈现）

周敦颐从四川合州卸职回京，正好遇上回京述职的王安石。他们相聚王府，谈政治，谈哲学，雄辩滔滔，心心相印。

王安石主持变法时，遇到各种阻力，他如履薄冰、独木难支。这时，周敦颐挺身而出，他说："新政谋天下太平，是数百年来都不容易做到的事。"

——据《周敦颐集》

（指名一生朗读）

师：这一年，周敦颐已经 57 岁。半年之后，他就驾鹤西去。在生命的最后时刻，他心里装的是谁？

生：老百姓。

生：国家。

生：天下太平。

生：我觉得也装着莲花。

师：莲之爱，他可曾忘记？君子之爱，他可曾失去？我想，当周敦颐挺身而出的画面在你眼前出现的时候，你的耳边一定会又一次响起他的《爱莲说》——

（课件呈现）

予独爱莲之（　　　），（　　　），（　　　），（　　　），（　　　），（　　　），（　　　）焉。

【君子之心怀天下。】

（指名一生朗读，完成填空。）

师：我们一起来！

（生齐读）

师：是啊，真正的君子，说到做到，这叫知行合一！这就是周敦颐！

【孟子云："颂其诗，读其书，不知其人，可乎？是以论其世也。"读《爱莲说》，不能不去了解周敦颐。面对官场浑浊，他没有消极避世，更没有随波逐流，而是旗帜鲜明地做一个正直、高尚的君子，做一个廉洁、进取、受人敬重的好官。"石韫玉而生辉，水怀珠而川媚"，《爱莲说》正是因为暗含着人品与文品的深刻统一，才为历代人们所喜爱、所传诵。

王老师引导孩子们走进周敦颐的人生故事，就为前文的君子品性做了最好的注解，也将《爱莲说》的教学目标落地。值得注意的是，王老师在作者故事与文本内容之间建立连接的方式——一次次引导回读，正是通过回环复沓式的读，孩子们加深了对文意的理解，也完成了积累与背诵。】

五、点染余韵：感悟莲之文化传承

（课件呈现周敦颐像并配乐）

师：1000多年前，周敦颐写下了《爱莲说》。他用自己的文字，更用自己的实际行动，化身为一朵圣洁的莲花。

（课件呈现）

出淤泥而不染

濯清涟而不妖

中通外直

不蔓不枝

香远益清

亭亭净植

可远观而不可亵玩焉

师：他出淤泥而不染——

生：（齐读）濯清涟而不妖。

师：他中通外直——

生：（齐读）不蔓不枝。

师：他香远益清——

生：（齐读）亭亭净植。

师：他可远观而不可——

生：（齐读）亵玩焉。

师：当然，周敦颐所处的那个年代，爱莲的人不多，爱君子的人不多，所以，他感慨地说，莲之爱，同予者何人？他是多么希望有更多的人像他那样爱莲、爱君子啊！可以告慰这位圣贤的是，自《爱莲说》以后，自他高洁的人格被人传扬之后，爱莲的人多起来了，爱君子的人多起来了。"莲"成了中华民族又一个高贵精神的象征。

（课件呈现：鲁迅像）

师：他是谁？

生：（齐答）周树人。

师：家喻户晓的鲁迅先生，中国现代文学的奠基人。我们一定记得他写过的诗，横眉冷对——

生：（齐答）千夫指。

师：俯首甘为——

生：（齐答）孺子牛。

师：先生是这样说的，更是这样做的。你们知道吗，鲁迅先生，也就是周树人，他就是周敦颐的第31代孙。他以自己的精神，化身为一朵圣洁的莲花。

（课件呈现）

出淤泥而不染

濯清涟而不妖

中通外直

不蔓不枝

香远益清

亭亭净植

可远观而不可亵玩焉

师：他出淤泥而不染——

生：（齐读）濯清涟而不妖。

师：他中通外直——

生：（齐读）不蔓不枝。

师：他香远益清——

生：（齐读）亭亭净植。

师：他可远观而不可——

生：（齐读）亵玩焉。

（课件呈现：周恩来像）

师：他是谁?

生：（齐答）周恩来。

师：中华人民共和国第一任总理，中国人民最最敬爱的周总理。为了国家为了人民，鞠躬尽瘁——

生：（齐答）死而后已。

师：你们知道吗，总理就是周敦颐的第 32 代孙。他以自己的高风亮节，化身为一朵圣洁的莲花。

（课件呈现）

出淤泥而不染

濯清涟而不妖

中通外直

不蔓不枝

香远益清

亭亭净植

可远观而不可亵玩焉

师：他出淤泥而不染——

生：（齐读）濯清涟而不妖。

师：他中通外直——

生：（齐读）不蔓不枝。

师：他香远益清——

生：（齐读）亭亭净植。

师：他可远观而不可——

生：（齐读）亵玩焉。

师：孩子们，这就是"文化"，这就是"传承"。

（板书：永传承）

师：（指着板书）今天，我们一起学习了周敦颐的——

生（齐读）爱莲说

师：我们知道，从表面上看，周敦颐写的是——

生：（齐读）烘云托月，莲花品性独敬爱。

师：实际上，周敦颐真正要写的是——

生：（齐读）借物喻人，君子美德永传承。

师：（指着板书）1000多年前，周敦颐想告诉世人——

生：（齐读）莲花品性独敬爱。

师：1000多年后，我们以实际行动告诉周敦颐——

生：（齐读）君子美德永传承。

（下课）

（板书设计）

爱莲说

烘云托月，莲花品性独敬爱

借物喻人，君子美德永传承

【课至尾声，王老师补充了鲁迅与周恩来的事例，原来鲁迅与周恩来是濂溪先生后人，这种生命的关联令人慨叹。王老师引导孩子们走近这两位现代的君子，用1000多年前《爱莲说》中的文字与他们的品行互文互解，也就完成了一种文化基因的相认。是的，莲之品性是周氏家族的文化基因，也早已成为中华民族的文化基因。在语文课上，让我们带领孩子们一一辨认。】

探寻文言教学的文化渗透之道

程红兵老师指出：文化赋予一切活动以生命和意义，文化的缺失就意味着生命的贬值与枯萎。我认为，真正意义上的教育实际上就是一个文化过程，学语文的本质就是学文化。文言教学，一旦失去文化自觉，就沦为知识的灌输、技能的训练和应试的准备。因此，我们必须用文化之光照亮文言教学的整个过程，让文言教学过程真正成为文化渗透过程。

一、在诵读上着力，渗透文言语感

文言教学的文化渗透，首先体现在文言本身的学习上。文言，既是中国传统文化的重要载体，也是这种文化的集中体现。民族的语言就是民族的精神，民族的精神就是民族的语言，二者的同一程度超过人们的任何想象。而文言学习的着力点，即在反复诵读的过程中逐渐积淀文言语感、内化文言图式。

《爱莲说》一课，文言诵读贯穿全程，从开始的分类提取文本的相关信息，读通、读顺描写三种花的文言语句，到借助两次匹配练习读好读精描写莲花的文言语词，再到整体把握借物喻人的写作手法，读熟读美《爱莲说》整个文言文本，最后在了解周敦颐生平事迹中三次穿插《爱莲说》的关键文言语段，并读背读化这一文言语段。整个过程，遵循着感受文言语感、理解文言语感、积累文言语感、运用文言语感的言语习得过程，不断强化和内化着学生的文言图式。

事实上，诵读的要义在得其滋味，而非声音的简单还原。诵读文言，重在"味"，重在"玩"，"须是沉潜讽咏，玩味义理，咀嚼滋味，方有所益"。因此，在《爱莲说》的教学中，我总是不失时机地将诵读与知识背景、提取信息、把握结构、知人论世、切己体察等相结合，实现诵读文言与理解内涵的统一。

二、在构思上着心，渗透思维方式

文言教学的文化渗透，更进一步在揭示并体会文言背后所隐藏的传统思维方式。《爱莲说》的创作，集中体现了中国传统文化"借物喻人、托物言志"的象征性思维。《爱莲说》的"说"是一种文言文体，"说者，释也，解释义理而以己意述之也"（《文章辨体·说》）。但这种论述，不是基于严谨的逻辑思维的分析推理，而是通过立象取譬、以事显理的象征思维来完成的。

渗透这种象征思维方式，必须紧紧抓住思维本体和思维喻体这两个方面。在《爱莲说》中，思维喻体指的是"莲花品性"，而思维本体指的则是"君子人格"。在教学过程中，我首先引导学生在具体的文言语境中，借助匹配支架，让学生明了写莲花与写君子之间的逻辑关联；然后通过诵读玩味，对这一文言经验加以提炼，使学生明了这样的写法就叫"借物喻人"。但教学并未就此结束，思维方式的渗透，不是某种概念性的把握，而应该是一种体验性的领悟。我于是在思维本体——君子人格中继续深稽博考、连类引譬。通过周敦颐生平的三个典型故事，突出并显化君子人格的具体表现，实现思维发展与人格陶冶的统一。

三、在人格上着眼，渗透价值取向

文言教学的文化渗透，最直接的体现在于其所言之志、所载之道上。"盖文章，经国之大业，不朽之盛事"（曹丕《典论·论文》）。之所以这么说，就是因为中国历代文言文本记载、传承、护持着我们这个民族的"道统"。立言，就是传道；学文，就是悟道。《爱莲说》一文，同样集中体现了中国文化的传道精神。

面对官场浑浊，周敦颐没有消极避世，更没有随波逐流，而是旗帜鲜明地做一个正直、高尚的君子，做一个廉洁、进取、受人敬重的好官。"石韫玉而生辉，水怀珠而川媚"，《爱莲说》正是因为其人品与文品的完美统一，才为历代人们所喜爱、所传诵。

在文言教学过程中，君子人格所彰显的中国传统文化的价值取向，一直是我所要追寻的文化目标。但是，这种追寻，不能简单化，更不能伪圣化。这种追寻，必须通过语文的方式加以实现。所谓"语文的方式"，就是在具体感性的文言习得过程中受到情感陶冶、心灵洗礼、人格净化。

我的做法，一是在诵读体验中，引导学生感受莲花的高洁品性，对莲花生出喜爱与向往之情；二是在匹配练习中，引导学生确认莲花与君子之间精当而微妙的逻辑关联，使之对借物喻人的写法生出顿悟与惊讶之叹；三是在知人论世中，引导学生感受周敦颐清正廉洁、爱民如子的君子人格，对周敦颐本人生出崇敬与赞美之心。以情感为动力，在不知不觉中引领学生内化君子人格这一价值取向，实现文言习得与立德树人的统一。

四、在传承上着志，渗透民族精神

文化的要义不在知道，而在践行。从这个意义上讲，文化不是一个名词，而是一个动词，所谓"文化"，即"以文化之"。这里的"文"，乃是文言以及文言所承载的道，是文与道的统一；这里的"化"，则是用"文"与"道"改变人的外在行为与内在心性，迈向知行合一、止于至善的境界。

事实上，周敦颐本人就是这种文化的典范。他不仅格物、致知、诚意、正心，完成了自身人格的升华与净化，而且修身、齐家、治国、平天下，实现了德布四方、仁及万物的教化境界。由他创立的理学，深刻影响了中国文化的走向，滋养和改变着一代又一代中国人的集体人格。

要让学生体认到这一点，具有极大的挑战性，但也不是不可能。我结合中国传统的家谱文化，寻找并梳理周氏家族的文化基因及传承脉络，通过周树人（鲁迅，周敦颐第31代孙）与周恩来（周敦颐第32代孙）的事迹呈现，揭示其家族渊源，彰显其文化传承，让学生在一种具体、直观的拓展学习中，受到心灵的震撼，并生起见贤思齐、舍我其谁的情感内驱力。

这才是文言教学渗透文化的根本之道。

第十编

「风」之声
——《秋声赋》课堂实录与品悟

‖ 课品综述 ‖

文言教学的突围与文化目标先行的困境

　　文言文的教学实践中一直存在着"文"（文章内容）与"言"（文言形式）的冲突，因为文言形式不同于日常学生使用的现代汉语，对学生而言存在一定的学习难度，有的教师就将文言文上成文言知识课，把文言与白话的对译当作教学的主要内容。学生在这样的课堂中学得枯燥艰涩，背"译文"、背"注释"是主要的学习手段。在这样的过程中，他们很难领略文言表达的佳妙，遑论通过文言这一"有意味的形式"走进文章丰富的内容，触摸文章背后的文化意蕴。如何在文言教学中实现"文"与"言"的融合，使文言文的教与学能够突破"语言"，进入"思维""审美"与"文化"的层面呢？王崧舟老师的"文言四课"系列课品给了我们很好的示范。文言四课中，难度最大的是《秋声赋（节选）》。执教文本虽然篇幅不长，但文言字面涉及很多生僻字，诵读理解都存在困难，并且"赋"这一文体是学生之前没有接触过的，其"铺采摛文，体物写志"的特点，也会给学生带来认知难点。王老师在这一课的教学中，巧妙运用小切口提问、多功能练习以及多样式的诵读帮助学生梳通字面、理解文意，突破了文言教学的难点，并带领学生从文章走向文章背后的情感与文化。

　　小切口提问，是指教师提出的问题是针对某一具体句段的内容提出的，提问的目的不在寻找答案本身，而在通过问题本身启发学生关注句段理解的难点，帮助学生理解文义。这样的设计在《秋声赋（节选）》一课中，处处可见。例如，在指导学生理解"衔枚疾走"这一短语的意思时，教师提问：

诗意语文课堂实录与品悟

"孩子们，在这样的行军声里，有战士说话的声音吗？"学生要回答这个问题，就必须思考"衔枚疾走"的意思，并且立即意识到士兵"衔枚"就是为了达到在行军过程中不出声的目的。好的问题设计就是学生理解文义的支点与跳板。

多功能练习是指教师设计的课堂练习不仅是对某一知识点的检测训练，还能通过题面直接为学生提供学习材料，实现辅助学生学习的多种功能。例如在本课第二板块中，王老师通过一个练习梳理了"想秋声"这部分内容的写作顺序。题面本身是一个巧妙的支架，它把难读难解的几个句子都释译出来，学生在连线中自然默会了句意。教师无须再去逐字对译，文言层面的难点在练习中轻松化解。

多样式的诵读是本课教学的亮点。事实上，小学层面的文言教学目标定位在诵读、感悟、积累上，不求一一对译，字字落实，而是求"神"忘"形"，形成"混沌的感悟"即可。设计丰富多样的诵读教学，让学生在读中掌握结构、理解文句、体悟情感、获得审美体验是王老师本课教学的重点。王老师曾言，在备课时他将三分之二的时间都用在诵读教学的设计上。在课堂中，也大约有三分之二的时间都在带着学生反复诵读课文的重点语段。尤其值得关注的是，王老师在本课设计中多次重组文本，通过解构原文顺序、建构出新的朗读材料，以此帮助学生理解课文结构、体会内容意蕴并为学生带来陌生化的朗读体验。例如，教师让学生把带有"声"的句子挑出来，在挑选与朗读的过程中，教师通过引导语巧妙地完成了对课文大意的梳理，使"初读课文"与"整体感知"完全融为一体，学生朗读的材料既熟悉又陌生，读得新颖有趣，且在读的过程中完成了对文义的初步理解与思考。此外，课堂中师生的轮读，生成一应一答的心理场。恰似一应一答，一鼓一和，与赋这一文体常见的问答回应之写作手法又是一种暗合与呼应，其妙处值得细细品味。

"风花雪月"文言四课的创作历时四年，王老师将《秋声赋（节选）》一课放在了最后。他说，因为感觉这一课备课的难度最大。这一课设计教学之"难"，不仅来自文言字面，还来自节选文本带来的意义断裂与文化困境。

欧阳修的《秋声赋》是宋代文赋的代表作，在众多"悲秋"题材的古诗文中，具有特殊的地位。作品沿用了南朝骈赋、唐代律赋的笔法，讲求文采、韵律；此外，文章摒弃了赋体文学容易流向的华而不实的弊病，骈散结合，叙事、抒情、悟理自然真挚，表现出作者倡导的古文运动精神。从思想内容看，《秋声赋》对于"悲秋"的文化传统，既有承接又有突破。文章从自然之秋联想到文化之秋，并回归到自己对生命之秋的感悟。作者认为，由于人事忧劳，精气损耗，人生也会步入"秋"季。人为什么要拿金石之器的质体，跟有生命的草木来争荣？又何必去怨恨那令人惊悚感慨的秋声呢？作者如此感悟，虽然仍有面对自然萧瑟及人生苦难的无奈之感，但悲秋的情绪得到了自然的释放。

但王老师执教的《秋声赋》是节选的文本，它是《秋声赋》的开头一段，这一段仅仅占了全文四分之一左右的篇幅。就文本原来的意义而言，它是不完整的。当然，如果把这一段当作一个独立的单位来学习和审视的话，它的描写由静到动、曲折有致，也可形成自己独立的意义与审美空间。这样，关于这一段文本的教学事实上是有两条思路的。一条思路是通过这四分之一的开头的片段，去引导学生体会完整的《秋声赋》的意义表达。但在这条思路上确定教学内容、设定教学目标因为文本自身的局限，腾挪的空间非常小，设计的难度很大。另一条思路是把这个开头作为一个全新的、独立的有别于原来的《秋声赋》的第二个文本，带领学生去学习和发现。但这条思路无疑会形成文本原生文化价值的断裂，损失掉《秋声赋》深厚的意蕴。两难之中，王老师选择的是第一条思路，这是由文言四课文化教学目标决定的。毕竟，如果讲《秋声赋》不引入文化之"悲秋"，课的价值似乎难以彰显。然而，就学生课堂学习的文本（第一段）来看，第一段仅仅写了作者对秋天的风声所引起的"异"和"悚"的心理感受，尚没有真正进入悲秋这个话题。欧阳修本人对生命之秋的思考以及由此奠定的《秋声赋》这个文本在悲秋这一类文本中的独特之处都还没有呈现出来。课上，王老师做了大量拓展对比，打通了节选文段与"悲秋"文化的关联，并通过读写结合的对话唤醒学生自身的体验，表达自己对"悲秋"的理解，但因为这一过程中跨越了原文作者生命的体验，直接对接文化，情感内在关联难免不充分，学生对悲秋这一话题所获得的理解暂时也有表面的、概念化的痕迹。

这一课是王老师在 2020 年 9 月设计执教的，笔者研读的课堂教学视频是在杭州钱塘小学新课首发时录制的。因为新冠肺炎疫情的影响，截止笔者研读此课之时，这一课王老师仍只上过一次。也许再次执教时，王老师还会像以前的课例那样，不断地对它进行打磨修改，找到解决问题的第三条路径，再次带给我们惊喜。或者王老师不再修改了，那就把问题留在这里，向我们呈现语文教学实践以及语文教育的文化追寻中存在的种种艰难，从而提醒我们对教学的可能与限度永远保持审慎与清醒，对课堂永远充满敬畏。

课文呈现

《秋声赋（节选）》

　　欧阳子方夜读书，闻有声自西南来者，悚然而听之，曰："异哉！"初淅沥以萧飒，忽奔腾而砰湃，如波涛夜惊，风雨骤至。其触于物也，鏦鏦铮铮，金铁皆鸣；又如赴敌之兵，衔枚疾走，不闻号令，但闻人马之行声。予谓童子："此何声也？汝出视之。"童子曰："星月皎洁，明河在天，四无人声，声在树间。"①

---

① 注：本课选自浙江古籍出版社《文言启蒙课》第六册第5课。作者欧阳修。

何恨乎秋声

一、感：自然之"秋声"

师：看老师写一个字，注意看清楚。（板书：聲）认识这个字的请举手。

生：我觉得这个字读"lóng"。

师：读什么？

生：lóng。

师：有不同意见的举个手——

生：这个字是"声"字的繁体字。

师：大声地再说一遍。

生：这个字是"声音"的"声"这个字的繁体字。

师：非常好！你是怎么知道的？

生：就是平时对繁体字比较感兴趣，我查过一些繁体字。

师：哦，还查过一些繁体字，特别好。孩子们，这个字就是"声音"的"声"，是"声音"的"声"的繁体字。这个繁体字由两个部分组成，上半部分其实也是一个字，读"qìng"，是一种用石头做成的打击乐器，声音很好听，很清脆。下面是什么？

生：（齐答）耳。

师：是的！耳，那当然就是用耳朵去听。听什么声音？

生：（自由应答）殸声。

师：这就是繁体字"聲"，也是"声音"的"声"最原始的意思。其实我们都知道，不光殸声要用耳朵听，天地万物的声音，都需要用什么听？

生：（齐答）耳朵。

师：我们现在就来听一种声音，你们可以闭上眼睛听。（课件播放风声）

（生听"风声"）

师：说说你听到的声音。

生：我觉得我听到了，像是没有几个人在路上行走，然后路上有几片落下的叶子，呼呼的风吹过，树木才会发出这样的声音。

师：你听到的是风吹过树木发出的声音。哪个孩子继续说？

生：我觉得我听到了狂风刮过一片树林，然后树叶之间摩擦发出"沙沙沙沙"的声音。

师：听得很仔细，不光有风声，还有树叶摩擦的声音。来，继续——

生：我听到的是在深秋时节，风吹过森林的时候，树叶啊、小草啊发出的声音。

师：简单地说，你们听到的是风声。但是，孩子们，这不是春天的风声，也不是夏天的风声，这是深秋时节的风声，秋天的风声就叫——

生：（齐答）秋声。

【欧阳修夜读书，听到风声有感而发，写下了《秋声赋》。王老师在带领学生学习文本之前，播放秋风的音频，让学生听秋声，说秋声，这是对作者经验的一次模拟，也为学生进入文本打开了感知觉的通道。第一次听秋声，说说直接的感受，学生只是描摹声音。】

师：（板书：秋）其实，秋声不光能用耳朵去听，还能用眼睛去看。当然，这个眼睛不是肉眼，是什么眼？

生：心眼。

师：是的，心眼。闭上你的肉眼，打开你的心眼，我们再听一遍秋声。当这样的声音传进你的耳朵，你的脑海中仿佛出现了怎样的画面？带给你怎样的感受？（课件播放风声）

（生第二次听"风声"）

师：睁开眼睛。孩子们，当这样的秋声进入你们的耳朵，你们的眼前仿佛出现了怎样的画面？你们的心里产生了怎样的感受？

生：就是当风声刮过树林的时候，一开始，它比较轻，地上的叶子浮动比较小。

师：他看到叶子在浮动，请继续。

生：当风大的时候，林子里的万物，包括大树啊，上面的叶子，然后落叶、小草，它们都会因为摩擦产生很大的声音。

师：他看到叶子在摩擦，树枝在摩擦，小草在摩擦，继续。

生：它从轻微的声音到非常响的声音，过一会儿又转为轻微的声音。

师：好，这是他看到的画面——秋风中的一片树林。我们继续交流——

生：我看到的也是一片树林，然后看到的是一片红枫。

师：好，她看到了红枫，特别鲜艳。

生：风吹过之后，就吹下来很多红色的叶子。

师：红叶在——

生：在空中飞舞。

师：红叶飞舞。画面出来了。

生：风最大的时候，叶子在风中像在跳舞一样，打着旋儿。等风停下的时候，叶子就慢慢飘到地上。

师：这个画面非常形象，非常清晰。声音在她耳边传来的时候，她眼前浮现的是这样的画面。还有没有不一样的画面？

生：我仿佛看到，我身处一个可能之前经历过战争的、荒芜的地方。

师：你没有经历过战争，但是，你怎么会有这种感觉呢？

生：因为我觉得这个秋风刮起的是尘土。

师：她看到了尘土。继续——

生：一片荒芜，荒无人烟。

师：她看见的是秋风吹过，尘土飞扬，荒无人烟。那么，这样的画面让你想到了可能经历过——

生：战争。

师：明白了。由秋声想到尘土，由尘土想到荒芜，由荒芜想到战争。大家看，她的联想、她的感觉就完全不一样，是不是？

生：（自由应答）是。

【第二次听秋声，王老师在听之前做了引导："秋声不光能用耳朵去听，还能用眼睛去看""当这样的声音传进你的耳朵，你的脑海中仿佛出现了怎样的画面？带给你怎样的感受？"因此，学生的听是带着有意的想象，并着力建构画面的。这种将声音化"无形"为"有形"的通感体验，暗合的正是《秋声赋》本身的写作密码。】

师：孩子们，虽然你们听到的是相同的声音，但是你们由此产生的联想，由此看到的画面，由此在心里留下的感受，可能都会不一样。那是因为每个人的生活经历不一样，每个人的读书体验也不一样。那么，当这样的声音传到欧阳修的耳中，他又会产生怎样的联想？又有怎样的感触呢？打开课文，自由朗读《秋声赋（节选）》，注意读准字音，读通句子，难读的地方可以多读几遍。

（生自由朗读课文）

师：秋声赋，秋声赋，自然写的是——

生：（齐答）秋声。

师：如果你足够仔细的话，就会发现，《秋声赋（节选）》这段文字一共出现了五个"声音"的"声"字。来，第一个"声"字在哪句话？

【梳理课文纲要，围绕的仍是"声"。】

生：（朗读）欧阳子方夜读书，闻有声自西南来者，悚然而听之，曰："异哉！"

师：没错，文章一开始，就写到了秋声。

（课件呈现）

欧阳子方夜读书，闻有声自西南来者，悚然而听之，曰："异哉！"

师：看大屏幕。咱们一起读一读第一个带"声"的句子——

（生齐读此句）

师：这声音，在什么时候传过来？

生：从"欧阳子方夜读书"，我看到了一个"夜"字，就说明那是在晚上传来的。

师：继续听，这声音，从什么地方传过来？

生："闻有声自西南来者"有"西南"二字，可以看出这声音应该是从西南方向传来的。

师：继续听，这声音，让欧阳修感到了什么？

生：那风声让欧阳修感到很惊恐、很惊惧。

师：哪个词告诉你，欧阳修感到惊恐、惊惧？

生：悚然。

【根据意义找出课文中对应的词语，这是一种逆向"解词"。】

师：除了惊悚，这声音，还让欧阳修感到——

生：很奇怪。

师：你从哪儿体会到的？

生：他说"异哉"，就是奇怪啊！

师：是的！这声音，在夜晚传过来；这声音，从西南传过来；这声音，让欧阳修感到紧张、惊悚、奇怪！谁能把这种感觉读出来？

（生朗读此句）

师：异哉！异哉！奇怪啊！奇怪啊！谁再来读一读？

（生朗读此句）

师：真有身临其境之感啊！我们一起读——

（生齐读此句）

【释义理解后再次朗读，是通过声音把感觉表达出来。】

师：那么，是什么样的声音让欧阳修感到紧张，感到惊悚，感到奇怪呢？谁来读读第二个"声"字所在的句子？

生：（朗读）其触于物也，鏦鏦铮铮，金铁皆鸣；又如赴敌之兵，衔枚疾走，不闻号令，但闻人马之行声。

351

师：没错！让欧阳修感到惊悚、感到奇怪的就是这样的声音——

（课件呈现）

又如赴敌之兵，衔枚疾走，不闻号令，但闻人马之行声。

师：我们一起读——

（生齐读此句）

师：孩子们，在欧阳修听来，这好像什么声音？

生：我觉得在欧阳修听来，这声音就好像是有一群士兵要在夜晚奇袭其他士兵。

师：像袭击敌人的军队发出的行军声。孩子们，你们在电影、电视剧中有没有听到过类似的声音？

（生纷纷点头）

师：那样的夜晚，那样的军队，那样的声音，让你感到什么？

生：很害怕。

生：很紧张。

生：很恐怖。

师：就是这样的感受，我们一起读——

（生齐读此句）

师：孩子们，在这样的行军声里，有战士说话的声音吗？

【教师问"在这样的行军声里，有战士说话的声音吗？"，而不是问"'衔枚疾走'是什么意思？"好的问题设计用意不在问本身，而在启发思考，促进理解。】

生：我认为是没有的。

师：你怎么知道？

生：因为"衔枚疾走"，实际上就是指士兵在行军的时候，为了防止发出声音惊动别人，所以有一个像石块的东西绑在脖子上的。

师：不是绑在脖子上，而是咬在嘴巴里。没错，每个战士的嘴巴里都咬着一根筷子，为了防止他们说话，防止他们发声。所以，这样的行军声里，有没有战士说话的声音？

生：（齐答）没有。

师：继续听，在这样的行军声里，有军队发出号令的声音吗？

生：没有。

师：怎么看出来的？

生：我觉得文中说"不闻号令"，就是没有号令的声音。

师：孩子们，晚上行军，没有战士说话的声音，没有军队号令的声音，只有战士行军"踏踏踏踏"的声音，只有战马行走"哒哒哒哒"的声音。当这样的声音传来的时候，欧阳修怎能不紧张、不惊悚呢？咱们一起再来读一读——

（生齐读此句）

师：怎么会有这样的声音呢？这声音到底是怎么来的呢？谁来读一读文中第三个带"声"的句子？

生：（朗读）予谓童子："此何声也？汝出视之。"

（课件呈现）

予谓童子："此何声也？汝出视之。"

师：因为奇怪，欧阳修对童子说——

生：（朗读）此何声也？汝出视之。

师：因为惊悚，欧阳修对童子说——

生：（朗读）此何声也？汝出视之。

师：于是，童子出去看了看，回来对欧阳修这样说——

生：（朗读）童子曰："星月皎洁，明河在天，四无人声，声在树间。"

（课件呈现）

童子曰："星月皎洁，明河在天，四无人声，声在树间。"

师：咱们一起读——

（生齐读此句）

师：欧阳修问，此何声也？童子回答，四无——

生：（齐答）人声。

师：没有人声，不是人声，这一点毫无疑问是可以肯定的。但究竟是什么声音呢？童子回答了吗？

生：（齐答）没有。

师：是啊！童子哪里知道欧阳修内心真正的问题啊！好！这段话，五个"声"字，四句跟"声"有关的话，让我们对秋声有了一个大概的印象和感受。

（课件呈现）

①欧阳子方夜读书，闻有声自西南来者，悚然而听之，曰："异哉！"
②又如赴敌之兵，衔枚疾走，不闻号令，但闻人马之行声。
③予谓童子："此何声也？汝出视之。"
④童子曰："星月皎洁，明河在天，四无人声，声在树间。"

师：第一句，我们一起读——

（生齐读）

师：（板书：听）这一句，写的是听秋声。第二句，我们一起读——

（生齐读）

师：（板书：想）这一句，写的是听到秋声后的联想。从哪个字可以看出来？

生："如"字可以看出来，从这个"如"字我可以看出他在联想。

师：是的，"如"就是好像的意思，这就告诉我们，这些画面并不是作者亲眼所见。比如，那个夜晚，西南方向，真的有赴敌之兵吗？

生：（齐答）没有。

师：真的有战士在衔枚疾走吗？

生：（齐答）没有。

师：真的有人马在行军吗？

生：（齐答）没有。

师：所有这一切，都是欧阳修听到秋声之后脑海中的联想。好，来看第三句，我们一起读——

（生齐读）

师：（板书：问）这一句，写的是问秋声。有问自然就有答，第四句，一起读——

（生齐读）

（师板书：答）

（形成如下板书）

师：（指着板书）大家看，短短的一段文字，经过我们这么一读，顺序就非常清楚了。文章一开始写的是——

生：（齐读）听秋声。

师：接着写——

生：（齐读）想秋声。

师：然后写——

生：（齐读）问秋声。

师：最后写——

生：（齐读）答秋声。

师：但是，孩子们请注意！听，想，问，答，四个部分，作者是平均用力来写的吗？

生：（自由应答）不是。

师：那你们来找一找，这四个部分中哪个部分写得最详细、最生动。请问，是"听秋声"吗？

生：（齐答）不是。

师：（擦去板书"听"和"箭头"）是"问秋声"吗？

生：（齐答）不是。

师：（擦去板书"问"和"箭头"）是"答秋声"吗？

生：（齐答）不是。

师：（擦去板书"答"和"箭头"）毫无疑问，写得最详细、最生动的是——

生：（齐答）想秋声。

【导课板块，王老师出示繁体字"聲"，给学生一定的陌生感、惊异感。他通过"聲"字音形意的解释，渗透了有趣的汉字文化。这个"声"是开课，也是点题。在历史上众多描写秋兴秋景秋思的诗文中，欧阳修的《秋声赋》取材独特，其着力之角度是无形的秋天之"声"，这是前人没有尝试过的。接下来的两次听"秋声"、描述"秋声"，则像是对欧阳修《秋声赋》写作体验的微模拟，也是《秋声赋》写作密码的暗示。

围绕五个"声"字，牵出四个句子。教师引导学生对这四个句子进行朗读释义，就对课文内容进行了提要重组。这种课堂中建构的叙事，巧妙帮助学生完成了对课文的整体感知。

此时的板书围绕"秋声"建构梳理出文章内容脉络、提要出"听，想，问，答"四部分。小小一段文字，看似自然随意，实则曲折有致。然后王老师带领学生分析比较，将学生的注意力引向课文的写作重点——作者听到秋声引发的想象。】

二、品：联想之"秋声"

师：打开课文纸，请大家默读"想秋声"这个部分。边读边思考，秋声让作者欧阳修联想到了怎样的画面。然后，完成课堂练习的第一大题。

（课件呈现）

一开始，秋声好像　　　　　人马行军声

紧接着，秋声好像　　　　　风雨波涛声

到最后，秋声好像　　　　　金属撞击声

（生默读，完成课堂练习第一大题。）

师：好，我请一个孩子来分享自己的答案。在欧阳修的笔下，一开始，秋声好像——

生：（朗读）风雨波涛声。

师：紧接着，秋声好像——

生：（朗读）金属撞击声。

师：到最后，秋声好像——

生：（朗读）人马行军声。

师：完全同意的请举手。

（生全体举手）

【题面本身是一个巧妙的支架，它帮助学生把难读难解的几个句子释译出来，学生连线完成练习的难度不大。教师没有逐字对译，文言层面的难点已在练习中轻松化解了。】

师：孩子们，你们发现了没有，在欧阳修的笔下，秋声是看得见的；秋声在变化，看得见的画面也在变化。我们看，一开始听到的秋声——

（课件呈现）

初淅沥以萧飒，忽奔腾而砰湃，如波涛夜惊，风雨骤至。

（生齐读）

师：这就是一开始由听到的秋声产生的联想。谁再来读一读？

（生朗读此句）

师：我仿佛看到了波涛汹涌的画面。谁再来读一读？

（生朗读此句）

师：我好像看到了疾风骤雨的画面。真好，我们一起来——

357

（生齐读）

师：本来，秋声是无形的，看不见、摸不着。然而现在，秋声却变成——

生：（齐答）有形的。

【点出"化无形为有形"。】

师：继续听，紧接着，秋声变了，变得好像金属撞击声——

（课件呈现）

其触于物也，鏦鏦铮铮，金铁皆鸣；

师：谁来读一读？

（生朗读此句）

师：谁再来读一读？

（生朗读此句）

师：真好，我们一起读——

（生齐读此句）

师：其实，这句话有个地方可以加上一个"如"字，谁知道？

【又是一处意在辅助学生理解句意的问题设计。】

生：我认为这个"如"字应该加在"金铁皆鸣"的前面。

师：好，把这个"如"字加上去，你来读。

生：（朗读）其触于物也，鏦鏦铮铮，如金铁皆鸣。

师：秋风吹过树林，发出鏦鏦铮铮的声音，这样的声音让欧阳修联想到什么？

生：（朗读）如金铁皆鸣。

师：整句话，我们一起读——

（生齐读此句）

师：我们继续听，到最后，秋声又变了，变得好像人马行军声——

（课件呈现）

又如赴敌之兵，衔枚疾走，不闻号令，但闻人马之行声。

师：谁来读一读？

（生朗读此句）

师：我们一起读——

（生齐读此句）

师：这里，没有战士的说话声；这里，没有军队的号令声。这里只有战士行军的"踏踏"声。我们一起用脚来模拟一下这个声音。看我的手势，听我的指令！

（生边念"踏踏"边跺脚）

师：声音大起来——

（生边念"踏踏"边用力跺脚）

师：声音快起来——

（生边念"踏踏"边加速跺脚）

师：声音小下去——

（生边念"踏踏"边小心跺脚）

师：声音慢下去——

（生边念"踏踏"边放慢跺脚）

师：这就是赴敌之兵，衔枚疾走，不闻号令，但闻——

生：（齐读）人马之行声。

师：听到这样的声音，欧阳修怎能不惊奇？怎能不惊悚？找到这种感觉，我们一起再来读一读——

（生齐读此句）

师：我们知道，秋声本来是无形的。淅淅沥沥，鏦鏦铮铮，踏踏嗒嗒，这些秋声都是无形的。但是，通过欧阳修的联想，无形的秋声变成了——

生：（齐答）有形的。

（形成如下板书）

359

想

形 —→ 秋聲

【《秋声赋》骈散结合，铺陈渲染，词采讲究，是宋代文赋的典范。开篇第一段写作者夜读时听到秋声，从而展开了对秋声的描绘。作者按秋声的始起至盛大至持续绵延的自然顺序写来，在直接描摹中融以精巧的暗喻，既层次分明，又极富形象感。然而对小学生而言，这些描摹声音的句子几乎满篇都是生字生词，又兼文言句式，诵读理解难度很大。在第一板块中，王老师已经通过设问指导朗读，初步解决、疏通了部分句子。在这一板块，为了化解难点，带领学生体悟"赋"之体物敷陈之妙，王老师又进行了精心的设计。第一，通过连线练习，化解释义上的难点，为学生提供支架；第二，通过添加"如"字设问，辅助学生理解文意；第三，让学生现场用脚步表演模拟出急行军的声音，唤醒与启动学生的感知觉，使他们迅速实现生活经验与文本内容的联结。】

师：那么，有形的画面又会带给我们怎样的感受、引发我们怎样的心情呢？如果你的眼前浮现的是这样的画面——

（课件呈现）

儿童散学归来早，忙趁东风放纸鸢。

——［清］高鼎《村居》

师：我们一起读——

（生齐读）

师：东风就是春风。春风里的画面浮现在你的眼前，你的感受、你的心情是怎样的呢？

生：我就感觉很开心，很愉快。

师：那是肯定的。来，把这份感受读出来——

（生朗读诗句）

师：真好，你们看，这样的形象、这样的画面在脑海当中浮现的时候，心情就不一样了，开心，快乐，愉悦。我们一起读——

（生齐读诗句）

师：画面变了，感受和心情会不会也跟着变呢？继续看——

（课件呈现）

南风不用蒲葵扇，纱帽闲眠对水鸥。

——［唐］李嘉祐《寄王舍人竹楼》

师：我们一起读——

（生齐读诗句）

师：南风就是夏风。当你的眼前浮现出夏风中的画面，你的心情又是什么？

生：我就会觉得很闲适，很舒服。

师：我想，这样的感受应该属于我们在座的所有人吧。我们一起把这种闲适、舒服的感觉读出来——

（生齐读诗句）

师：是的，画面和心情总是连在一起的。我们继续看，当你的眼前浮现的是这样的画面时——

（课件呈现）

千里黄云白日曛，北风吹雁雪纷纷。

——［唐］高适《别董大》

师：我们一起读——

（生齐读）

师：当北风中这样的画面出现的时候，你还会闲适吗？（生自由应答：不会）你还会愉悦吗？（生自由应答：不会）那么，你的感受又是什么呢？

生：我感觉悲苦、凄凉。

师：是的，我的感受跟你是一样的。来，把这种感受读出来——

（生朗读诗句）

师：很显然，形象不同，感受不同；画面不同，心情不同。这就意味着，有形的画面跟无形的感情是连在一起的。

（形成如下板书）

师：（指着板书）我们看，有形的画面常常会引起无形的感情，不同的形会引发不同的情；反过来看，无形的感情常常会生成有形的画面，不同的情会生出不同的形。是吧？那么，我们来看一看，当淅淅沥沥的秋声响起，这样的画面浮现在欧阳修的脑海中——

（课件呈现）

波涛夜惊，风雨骤至。

（生齐读此句）

师：欧阳修的心情会变得怎样呢？

生：我觉得他的心情是有点儿害怕。

生：我感觉他还会觉得非常惊讶。

师：害怕，惊讶。我们想象着这样的画面，波涛夜惊，风雨骤至，一起把这样的感受读出来——

（生齐读此句）

师：就是这样的形象让欧阳修产生了这样的心情。那么，当鏦鏦铮铮的秋声响起，这样的画面浮现在欧阳修的脑海中——

（课件呈现）

金铁皆鸣；

（生齐读此句）

师：欧阳修的心情又会是怎样的呢？

生：我感觉这个时候秋风是萧瑟可怕的，他感到非常害怕。

师：也是害怕，也是惊悚。一起把这种心情读出来——

（生齐读此句）

师：是的，想到这样的形就会引发这样的——

生：（齐答）情。

师：我们继续看，秋声还在变，联想的画面还在变。当踏踏嗒嗒的秋声响起，这样的画面浮现在欧阳修的脑海中——

（课件呈现）

赴敌之兵，衔枚疾走，不闻号令，但闻人马之行声。

（生齐读）

师：欧阳修的心情还会怎样呢？

生：我觉得他应该是惊慌的，惴惴不安的。

师：他是惊悚的，是惴惴不安的，我们一起读——

（生齐读此句）

师：难怪，当这样的秋声从西南方传来的时候，欧阳修会发出"异哉"的感叹啊！

（课件出示）

初淅沥以萧飒，忽奔腾而砰湃，如波涛夜惊，风雨骤至。

异哉！

其触于物也，鏦鏦铮铮，金铁皆鸣；

异哉！

又如赴敌之兵，衔枚疾走，不闻号令，但闻人马之行声。

异哉！

师：来，我们合作朗读。联想的文字我来读，感叹的文字你们读，去体验当时欧阳修听到这样的秋声想到这样的画面，他内心的不安、惊悚和惶恐。

363

师：（朗读）初淅沥以萧飒，忽奔腾而砰湃，如波涛夜惊，风雨骤至——

生：（齐读）异哉！

师：（朗读）其触于物也，鏦鏦铮铮，金铁皆鸣——

生：（齐读）异哉！

师：（朗读）又如赴敌之兵，衔枚疾走，不闻号令，但闻人马之行声——

生：（齐读）异哉！

师：我们反过来，你们读作者的联想，我来读作者的感叹。起——

生：（齐读）初淅沥以萧飒，忽奔腾而砰湃，如波涛夜惊，风雨骤至——

师：（朗读）异哉！

生：（齐读）其触于物也，鏦鏦铮铮，金铁皆鸣——

师：（朗读）异哉！

生：（齐读）又如赴敌之兵，衔枚疾走，不闻号令，但闻人马之行声——

师：（朗读）异哉！

【用春风之和煦、夏风之凉爽、冬风之悲怆，对比秋风之惊悚、肃杀。在这一板块中，相关诗句的引入，既是拓展与积累，又是比较与衬托。

比较之后，秋风、秋声以及秋声背后的秋情都更容易理解了，此时，王老师"异哉"插入句中，重组文本，与学生轮读。声声"异哉！"似旁白，又似批注慨叹，形成了艺术化的课堂效果。】

三、悟：文化之"秋声"

师：问题来了，为什么秋声会让欧阳修浮现这样的画面、产生这样的心情呢？大家不妨结合自己的生活经验和阅读积累，猜猜看。

生：因为欧阳修的这篇文章叫《秋声赋》，他写的是秋天的场景。一般文言文、古诗还有文人墨客的作品，凡是写到秋的意象都是悲伤凄凉、万物凋零一类的，然后呢，这篇文章又这样描写，一会儿写"波涛夜惊，风雨骤至"，一会儿写"鏦鏦铮铮，金铁皆鸣"，最后又写像夜晚行军一样，画面的变化很快。欧阳修的心情也是骤而上骤而下，所以让人感觉很害怕。再加上秋天本身给人的感觉是悲伤、凄凉的，所以他就有点儿害怕。

师：看来，你读过不少书啊！腹有诗书，才能这样侃侃而谈、头头是道啊！我给大家提供一段资料，大家一起来看看。

（课件呈现）

无论过去还是现在，百花凋零、草木枯萎的秋天，总会引起人们的悲凉和伤感。最早悲叹秋天的是战国时期的宋玉，他在《九辩》这首诗的开头写道："悲哉！秋之为气也。"此后，这种悲秋的文化绵绵不绝，代有其人。

（生默读）

师：这段话中，有一个字出现的频率特别高，哪个字？

生：我觉得是悲伤的"悲"字。

师：是的，就是这个"悲"字。（板书：悲）咱们一起来看。"悲"字在这段话中前后一共出现了四次。我们一起来读一读这四个"悲"词。第一个——

生：（齐读）悲凉。

师：第二个——

生：（齐读）悲叹。

师：第三个——

生：（齐读）悲哉。

师：第四个——

生：（齐读）悲秋。

【聚焦"悲"字，是词语积累，更是对"悲秋"之"悲"字的注解。】

（形成如下板书）

365

师：从资料中我们知道，这悲秋的传统始于战国时期的宋玉。从宋玉开始，这种悲秋的文化在我们这个民族里绵绵不绝，代有传人。你们看，唐代诗人杜甫在《登高》中这样写道——

万里悲秋常作客

——［唐］杜甫《登高》

（生齐读诗句）

师：面对草木凋零的秋天，万里漂泊、客居他乡的诗人，能不悲凉和伤感吗？继续看，宋代诗人袁去华在《惜分飞》中这样写道——

平日悲秋今已老

——［宋］袁去华《惜分飞》

（生齐读诗句）

师：平日里，遇到秋天就会伤感；忽然间，自己早已年华老去，此情此景，能不悲凉和伤感吗？继续看，元代诗人董嗣杲在《客寓无眠信口赋秋感》中这样写道——

白头有句独悲秋

——［元］董嗣杲《客寓无眠信口赋秋感》

（生齐读诗句）

师：一样的年华老去，一样的悲秋情绪。只不过因为客居他乡，多了一份深深的孤独。继续看，明代诗人陈子龙在《秋日杂感》中这样写道——

行吟坐啸独悲秋

——［明］陈子龙《秋日杂感》

（生齐读诗句）

师：行走的时候，感叹着秋天的悲凉；坐下的时候，感叹着秋天的悲凉。悲秋的情绪，怎样才能排遣啊？继续看，清代诗人朱彝尊在《玉楼春》

中这样写道——

悲秋楚客今逾甚

——［清］朱彝尊《玉楼春》

（生齐读诗句）

师：以为悲秋只是古人的情绪，没想到，今天的人们更加悲秋。继续看，近代诗人王国维在《好事近》中这样写道——

人间何苦又悲秋

——［近代］王国维《好事近》

（生齐读诗句）

师：是啊，一朝又一朝，一代又一代，悲秋的情绪绵绵不绝，难怪近代王国维发出这样的感叹：何苦呢？何苦又要悲秋呢？

师：孩子们发现没有，从宋玉开始，绵延了两千多年，中国文化一直就有这样一种悲秋的传统。而这样的传统对于当时的欧阳修来说，会不会受到影响呢？

生：（自由应答）会。

师：会不会受到感染呢？

生：（自由应答）会。

师：你们的猜测是有道理的。其实，他在接下去的文章里，就发出了这样的感叹——

（课件呈现）

噫嘻悲哉！此秋声也。

——［宋］欧阳修《秋声赋》

师：我们一起读——

（生齐读）

师：我们把它放到文章中去，跟欧阳修一起来感叹一回吧！

（课件出示）

初淅沥以萧飒，忽奔腾而砰湃，如波涛夜惊，风雨骤至。

噫嘻悲哉！此秋声也。

其触于物也，鏦鏦铮铮，金铁皆鸣；

噫嘻悲哉！此秋声也。

又如赴敌之兵，衔枚疾走，不闻号令，但闻人马之行声。

噫嘻悲哉！此秋声也。

师：（朗读）初淅沥以萧飒，忽奔腾而砰湃，如波涛夜惊，风雨骤至——

生：（齐读）噫嘻悲哉！此秋声也。

师：（朗读）其触于物也，鏦鏦铮铮，金铁皆鸣——

生：（齐读）噫嘻悲哉！此秋声也。

师：（朗读）又如赴敌之兵，衔枚疾走，不闻号令，但闻人马之行声——

生：（齐读）噫嘻悲哉！此秋声也。

【在这一板块，王老师引领学生了解"悲秋"之传统，在历代诗文的语境中体会思与境浑、含蓄无垠的意境美。

之后，拓展补充"噫嘻，悲哉！"这一感叹词，通过第二次师生轮读生成一应一答的心理场。"噫嘻，悲哉！"的插入，是文本的再一次重组，重组之后王老师带领学生在复沓式的朗读中体会作者强烈的感受。师生的轮读，恰似一应一答，一鼓一和，生成一种奇妙的心理场，不仅帮助学生在情境中理解课文意蕴，还带给学生独特的审美体验。另外，这种应答之读，与赋这一文体常见的问答回应之写作手法又是一种暗合与呼应，其妙处值得细细品味。可以说，这一课的朗读设计是基于学生认知心理的，是一次又一次将学生代入语境与语流之中的，读的是同样的句子，体味的却是不一样的感受。丰富多样的诵读设计给学生带来陌生化的体验与情感张力，也为课堂教学释放出源源不断的势能，达到了预期的教学效果。】

四、思：时代之"秋声"

师：孩子们，面对欧阳修这样的感慨，你们难道就没有什么问题想要问问他吗？

生：我想问一下，为什么欧阳先生要悲秋？

生：我想问一下，为什么他会感到悲伤？一般来说，在秋天我们也不会特别感受到这种悲伤、凄凉，他是不是心里有什么不愉快的事情？

生：童子告诉他"星月皎洁，明河在天，四无人声，声在树间"，他的反应是什么？

生：我想问，欧阳修当时的生活条件是怎样的，会让他发出这么强烈的感慨。

师：问得真好！虽然，我们现在还不是非常了解、非常清楚欧阳修当时的生活处境、社会环境和自我心境，但是，我们有理由相信，他的悲秋、他的如此强烈的感慨，一定是有原因的，大家同意吗？

生：（自由应答）同意。

师：但是，我们也有理由相信，并不是每个人都会悲秋，并不是每个人对秋天的感受都是凄凉、悲苦的，大家同意吗？

生：（自由应答）同意。

师：比如，我们在一年级的时候，读过《秋天》这篇课文，你们感受到悲秋的心情了吗？

生：（齐答）没有。

师：又比如，我们在三年级的时候，读过《秋天的雨》这篇课文，你们感受到悲秋的心情了吗？

生：（齐答）没有。

师：再比如，我们在五年级的时候，读过《四季之美》这篇课文，你们感受到悲秋的心情了吗？

生：（齐答）没有。

师：所以我在想，对秋天，你们也应该会有自己的感受、自己的想法。

那么现在，你就把自己当成欧阳修家的那位童子，面对欧阳修的悲秋，你有什么话想对欧阳修说一说呢？（古琴乐起）拿起笔，真诚地面对自己，也真诚地面对欧阳修，告诉他，欧阳先生——

（生想象写话）

师：好，一位是千年之前的欧阳修，一位是千年之后的童子。因为秋声，因为秋天，因为延续千年的悲秋传统，于是，就有了我们现在这场跨越千年的对话——

生：欧阳先生，虽然秋天带着凄凉，但是我们要以乐观的心态去看待它，我认为秋带给人的还有美丽和丰收，如"停车坐爱枫林晚，霜叶红于二月花""一年好景君须记，最是橙黄橘绿时"。

师：我也想起一句古诗，"自古逢秋悲寂寥，我言秋日胜春朝"。很好，这是你对秋天的感受与理解。哪位继续对话？

生：欧阳先生，秋天不一定是一个肃杀、凄凉的季节，它也有美好、优雅的一面，在秋天这个季节，有丰收的喜悦，有多彩颜色的美丽，希望您能多看到季节美好的一面，那也是十分令人身心愉悦的。

师：把脸一直向着阳光，这样就不会看到阴影。是啊，角度变了，感受和心情也会变啊。请继续——

生：欧阳先生，秋，不必悲叹。虽说先前宦海沉浮，政治改革艰难，但是，老天必会"不拘一格降人才"。而且，现在秋天已至，万紫千红的春天还会远吗？我认为，秋天不只是"今夜月明人尽望，不知秋思落谁家"的凄苦，更是"自古逢秋悲寂寥，我言秋日胜春朝"的喜悦之情。

师：有道理！我们无法改变季节的更替，无法改变秋天的逝去，但是，我们却可以改变自己内心对秋天的看法。

生：欧阳先生，万物皆有生死，秋天只是轮回中的一步。秋天到了，万物凋零，但也留下了许多果实，许多水果来自秋天，美丽的红枫也源自秋天。万物皆有喜有悲，也许于您，秋是悲的，但各人有各人的看法，秋天也有它美丽、丰收的一面。

师：岁月流转，四季更迭。草木枯了，会有再绿的时候；大雁去了，会

诗意语文课堂实录与品悟

有再来的时候。这样一想，对秋天的感受真的就会不一样啊！

生：欧阳先生，你不必悲秋，恨秋，怨天尤人。秋天不仅是肃杀的象征，还可以作为快乐的象征。秋天是收获的季节，硕大的果实、金黄的麦子可以带给你快乐，可以带给你收获。秋天也是一个美丽的季节，蓝蓝的天空中飞着南归的大雁，大地上金黄的麦浪随风舞蹈，填满你内心的将是来自秋天的快乐。

师：一面是肃杀，一面是丰收；一面是凄凉，一面是美丽。哪个季节又不是两面的呢？就看你是如何选择的。选择肃杀，那么，秋对你就是悲苦的；选择丰收，那么，秋对你就是喜悦的。

师：看来，你们一个个都是"喜秋派"啊！那么，我想问一问，你们刚才说的这些话，欧阳修会不会懂，会不会信呢？

生：我觉得欧阳修可能会更加悲伤，"哎，都没人懂我"。

生：我认为欧阳先生不会听。这篇《秋声赋》是他晚年所作，他这篇文章所抒发的是没有办法有所作为的悲伤心态，所以我觉得他的心态很可能不会改变。

生：我觉得以欧阳修的聪明才干，他看到我们说得这么有道理，可能会信吧。

师：有人说，欧阳修可能会信；有人说，欧阳修根本不会信。其实，信与不信，要找到最终答案，只有一个办法——去读欧阳修《秋声赋》的原文。

（课件呈现）

秋声赋

［宋］欧阳修

欧阳子方夜读书，闻有声自西南来者，悚然而听之，曰："异哉！"初淅沥以萧飒，忽奔腾而砰湃，如波涛夜惊，风雨骤至。其触于物也，鏦鏦铮铮，金铁皆鸣；又如赴敌之兵，衔枚疾走，不闻号令，但闻人马之行声。予谓童子："此何声也？汝出视之。"童子曰："星月皎洁，明河在天，四无人声，声在树间。"

余曰："噫嘻悲哉！此秋声也，胡为而来哉？盖夫秋之为状也：其色惨淡，烟霏云敛；其容清明，天高日晶；其气栗冽，砭人肌骨；其意萧条，山川寂寥。故其为声也，凄凄切切，呼号愤发。丰草绿缛而争茂，佳木葱茏而可悦；草拂之而色变，木遭之而叶脱。其所以摧败零落者，乃其一气之余烈。夫秋，刑官也，于时为阴；又兵象也，于行用金，是谓天地之义气，常以肃杀而为心。天之于物，春生秋实，故其在乐也，商声主西方之音，夷则为七月之律。商，伤也，物既老而悲伤；夷，戮也，物过盛而当杀。"

"嗟乎！草木无情，有时飘零。人为动物，惟物之灵；百忧感其心，万事劳其形；有动于中，必摇其精。而况思其力之所不及，忧其智之所不能；宜其渥然丹者为槁木，黟然黑者为星星。奈何以非金石之质，欲与草木而争荣？念谁为之戕贼，亦何恨乎秋声！"

童子莫对，垂头而睡。但闻四壁虫声唧唧，如助予之叹息。

（生齐声惊叹）

师：据我所知，《秋声赋》这篇原文在我们高中的语文书里。那就意味着，想找到最终答案，你们还得等上几年？

生：三四年吧。

师：至少得等上三四年。有人可能不愿意等，迫不及待想要去读原文，我先给你们打一支预防针，其实你们刚才的惊叹已经说明，《秋声赋》太难了！真的！太难了！当然，如果你愿意知难而进，我佩服。也有人说，那就先等一等吧，欲速则不达，等到了高中再读，也许真的就完全读懂了呢。如果你愿意循序渐进，我尊重。但是，对于秋声，悲，还是不悲？真的是我们每个人值得思考的问题。这个问题有没有标准答案呢？我不知道。但是，我知道，不去思考，不去阅读，我们永远不会有答案。

下课。

【"主客问答"是文赋传统的写作样式，欧阳修弃虚为实，以自己为主客问答之"主"，而以"童子"为客，建构了《秋声赋》的基本结构形式。有趣的是，欧阳修明知是"秋声"却故意让童子出门看那是什么声音，以引出童子的回答。后来南宋的李清照"试问卷帘人"一句，也是如此。从首段"星月皎洁，明河在天"到文末"童子莫对，垂头而睡"，童子清澈纯真的形象与欧阳修复杂万端的悲秋心态形成对比，给文章带来别样的意趣。

在教学的最后一个板块，王老师让学生化身童子，与欧阳修对话，这一读写结合是对原文"童子莫对"的颠覆。孩子们书写自己对秋天的感悟，无疑，他们幼小的生命对"悲秋"所蕴含的秋思秋情、万物盛衰之理等哲学问题不可能有真切的体会，他们对秋天的认识是"秋天固然有一些让人悲伤的地方，也有更多令人欣喜的地方呀"。看似简单的对话，对悲秋的主题做了解构，也在一定程度上遥遥呼应了欧阳修"何恨乎秋声"的体悟。

至于秋声中永恒的悲伤以及秋思所蕴含的万物盛衰的自然生命哲学之思，在此时的课堂上尚无法深入涉及，好在启思留在了课末。"悲"与"不悲"的选择根本不重要，重要的是文化的种子、经典的种子已然植下，留待日后的岁月里慢慢发芽。】

以我观文　以情悟秋

　　节选的经典文言文本教什么、如何教，这是笔者设计和实施《秋声赋（节选)》一课所面临的最大挑战。欧阳修《秋声赋》原文凡4段，500多字。本课节选的《秋声赋（节选)》唯1段，130多字。且不论思想的深度与广度，仅就篇幅来看，节选文本所呈现的内容信息就不足原文的三分之一。

　　如果仅就节选文本教学《秋声赋》，势必存在三大问题：首先，原文由秋声触发的人生观与生活态度就被完全抽空了，这种抽空是致命的，因为对人生的忧患哲思乃是《秋声赋》的灵魂和精髓；其次，节选文本对秋声一连串文采富丽、声韵铿锵的铺排式描摹，就完全失去了审美情感的基础，因为对秋声的一个又一个新颖的比喻，所营造的汪洋恣肆、威力无敌的情绪氛围，背后完全是以悲秋为其情感支点的，情感一旦被悬空，文字与修辞就势必沦为某种知识与技巧，这同样也是致命的；最后，《秋声赋》一文在延续两千多年的悲秋文脉中所处的地位、所具有的独特意义也势必落空，因为节选文本对悲秋文脉的承续不是显性的，而是一种草蛇灰线式的伏延，而伏延的意图和意义只有在行文至作者对秋声的宏大议论时（集中在第3自然段)，方能彰显。

　　那么，如何知难而进、突破上述种种教学障碍呢？

一、蓄势：引发深度思考

　　蓄势要解决的核心问题只有一个：为什么秋声会引发作者这样强烈的感

受而非那样强烈的感受？学生一旦于此生疑，进一步思考因秋而起的人生观与生活态度就有了饱满的认知动机与情感张力。

而要让学生于此生疑，则需要创设三个条件：锁定重点——以博喻手法描摹秋声的一连串排比；析出联想——对秋声的描摹既有见闻（声音的模拟），亦有联想（画面的描绘）；体会情绪——所联想的种种画面皆以悲秋为其情感底色。

笔者的教学正是按照这一逻辑秩序设计和展开的。

在初读感知阶段，笔者通过拈出四个"声字句"，既梳理了节选文本的写作顺序，也让学生直观把握了写作重点。

但是，对重点内容的把握仅仅只是锁定还是远远不够的，最需要用力之处在于品读具体的描摹手法和特色上。对于这一点，笔者一是通过抓住特征词语"如"来引导学生区分描摹上的见闻和联想，二是引导学生将联想的文字还原成具象的画面和氛围，三是激活学生的具身认知去亲身体验那个特定的场合与情境。最典型的莫过于"但闻人马之行声"的具身还原，现场效果十分理想，学生完全被卷入由自己共同营造的那种紧张、惊悚而且峻烈的氛围中。

当然，蓄势做到这一步还没有完，最终必须让学生体会到联想画面统一于悲秋的情感底色中，也就是说，必须在"形象"（联想画面）与"情感"（悲秋底色）之间形成一种认知联结与情感联通。对此，笔者首先借助学生相对熟悉的诗歌意象，诸如"春风里放纸鸢""夏风里看水鸥""北风里别友人"等，使学生觉知到意象背后必然承载情感，并体验到不同意象所承载的情感是不同的。循此逻辑，再逐一拈出欧阳修对秋声的三次联想"波涛夜惊，风雨骤至""金铁皆鸣""赴敌之兵，衔枚疾走，不闻号令，但闻人马之行声"，并逐一感受这些形象背后所折射出来的情感色彩，诸如害怕、紧张、惊讶、悚惧等。为了不断强化如此形象与如此情感之间的联结，笔者还采用复沓回环、一唱三叹的诵读方式，通过最感性、最直接的文言文本的组合诵读，将作者的悲秋情绪渲染到峰值，从而完成蓄势待发的教学节奏。

二、旁通：触及悲秋文脉

旁通，就是由《秋声赋（节选）》的某一意义节点生发开去，旁征博引，融会贯通，使学生在一个更为宏阔、更为辽远的背景中体认作者对秋声何以作此联想、何以生此情感。没有旁通，或者说，没有一个更为宏大的叙事背景，则学生对秋声联想的解读极有可能囿于一般的心理体验。而事实上，经典之所以经典，恰恰在于"经典就是将当下的嘈杂之音化作嗡嗡背景声的作品，而这背景声同时也是经典存在所不可或缺的"。（卡尔维诺语）这所谓的"背景声"，就是横亘数千年的"悲秋文化"。

从对秋声的心理体验看，似乎"异哉""噫嘻悲哉"的慨叹只属于作者个体，其实不然，貌似纯粹个体感受的背后，乃是隐隐藏匿于层层记忆之下伪装成个人或集体的无意识。这无意识的反应，正是由文化的影响和塑造所致。

基于这样的课程理解，笔者在教学中采取了如下策略和路径，以期由个体的悲秋（经验）引向集体无意识的悲秋（文化），并由集体无意识的悲秋（文化）返观个体的悲秋（经验），从而推动学生对文本主旨的深度理解。

一是通过阅读链接，让学生从知性层面了解悲秋文化。为此，笔者在教学中为学生提供了如下资料：

无论过去还是现在，百花凋零、草木枯萎的秋天，总会引起人们的悲凉和伤感。最早悲叹秋天的是战国时期的宋玉，他在《九辩》这首诗的开头写道："悲哉！秋之为气也。"此后，这种悲秋的文化绵绵不绝，代有其人。

二是通过文脉梳理，让学生从诗性层面体悟悲秋文化。为此，笔者按历史秩序引导学生诵读感受如下悲秋的古典诗句：

> 万里悲秋常作客
>
> ——［唐］杜甫《登高》
>
> 平日悲秋今已老
>
> ——［宋］袁去华《惜分飞》

白头有句独悲秋

　　——［元］董嗣杲《客寓无眠信口赋秋感》

行吟坐啸独悲秋

　　　　——［明］陈子龙《秋日杂感》

悲秋楚客今逾甚

　　　　——［清］朱彝尊《玉楼春》

人间何苦又悲秋

　　　　——［近代］王国维《好事近》

　　最终，这样纵横交织的资料链接，让学生领悟到，从宋玉开始，绵延了两千多年，中国文化一直就有这样一种悲秋的传统。而这样的传统对于当时的欧阳修来说，不能不受其影响、受其感染。

三、对话：点燃人生感悟

　　对话，自然是学生与欧阳修之间的心灵交流、情感交汇、思想交锋。之所以要郑重设置对话环节，笔者的意图有三：一是在激活和调动学生自身对秋天的感受和理解，这既是与欧阳修对话的起点，也是与整个悲秋文化对话的支点，无论学生对秋天的体验是喜是悲，抑或不喜不悲；二是在平等对话中让学生察觉，各人的地位、境况不同，对秋声的感受与认知也就千差万别，悲秋只是秋文化的一种取向，而非唯一取向，就当代学生而言，他们对秋天的生活经历和阅读体验，更多地表现为一种丰收、美好的记忆；三是在喜秋与悲秋的思想交锋中，产生某种认知张力，促使学生想要更全面地了解欧阳修、更整体地把握《秋声赋》。

　　事实上，仅仅停留在文化共感的层面去体认《秋声赋》的悲秋情思，既是狭隘的，也是肤浅的。因为《秋声赋》绝非只是一篇意味消沉、声调凄切的悲秋之作。如果知人论世、以意逆志，则正如臧克家所言："他的忧伤，不是为了个人的名利，而是有点先天下之忧的意味在。"

因此，对话的深层意图在于，为学生深入理解欧阳修在《秋声赋》中所隐含的对传统悲秋文化的超越播下一颗生命的种子。

笔者在课终为学生呈现了《秋声赋》的原文，随着学生的阵阵惊叹，我也完成了本次教学跟学生之间的最后对话：

师：据我所知，《秋声赋》这篇原文在我们高中的语文书里。那就意味着，想找到最终答案，你们还得等上几年？

生：三四年吧。

师：至少得等上三四年。有人可能不愿意等，迫不及待想要去读原文，我先给你们打一支预防针，其实你们刚才的惊叹已经说明，《秋声赋》太难了！真的！太难了！当然，如果你愿意知难而进，我佩服。也有人说，那就先等一等吧，欲速则不达，等到了高中再读，也许真的就完全读懂了呢。如果你愿意循序渐进，我尊重。但是，对于秋声，悲，还是不悲？真的是我们每个人值得思考的问题。这个问题有没有标准答案呢？我不知道。但是，我知道，不去思考，不去阅读，我们永远不会有答案。

回到文前提出的三大挑战：对人生的忧患哲思被抽空，因悲秋而起的情感体验被悬空，绵延千年的悲秋文化被落空；笔者以为，在蓄势引发的质疑情境中，被悬空的"因悲秋而起的情感体验"得到了稳健的落实；在旁通所开拓的文化土壤中，被落空的"绵延千年的悲秋文化"也水到渠成地落地了；而更令人欣慰的是，在平等、安全、真诚的多元对话中，极有可能被完全抽空的"对人生的忧患哲思"这一文本主旨的感悟，也有了一个山川异域、静待花开的可能。愚以为，更好的教学不是将可能变成现实，恰恰相反，而是将现实变成更大的可能。

图书在版编目（CIP）数据

诗意语文课堂实录与品悟／王崧舟，林志芳著. —上海：华东师范大学出版社，2022
ISBN 978-7-5760-3347-2

Ⅰ.①诗…　Ⅱ.①王…②林…　Ⅲ.①小学语文课—教案（教育）　Ⅳ.① G623.202

中国版本图书馆 CIP 数据核字（2022）第 197192 号

大夏书系·语文之道

诗意语文课堂实录与品悟

著　　者　王崧舟　林志芳
策划编辑　朱永通
责任编辑　万丽丽
责任校对　杨　坤
装帧设计　奇文云海·设计顾问

出版发行　华东师范大学出版社
社　　址　上海市中山北路 3663 号　　邮编　200062
网　　址　www.ecnupress.com.cn
电　　话　021-60821666　　行政传真　021-62572105
客服电话　021-62865537
邮购电话　021-62869887　　地址　上海市中山北路 3663 号华东师范大学校内先锋路口
网　　店　http://hdsdcbs.tmall.com/

印 刷 者　北京密兴印刷有限公司
开　　本　700×1000　16 开
印　　张　25
字　　数　369 千字
版　　次　2022 年 11 月第一版
印　　次　2022 年 11 月第一次
印　　数　6 100
书　　号　ISBN 978-7-5760-3347-2
定　　价　72.00 元

出 版 人　王　焰

（如发现本版图书有印订质量问题，请寄回本社市场部调换或电话 021-62865537 联系）